普通高等教育"十三五"规划教材·会计精品系列

初级会计学

（第二版）

张宇／主编

吕沙 符蓉／副主编

立信会计出版社
LIXIN ACCOUNTING PUBLISHING HOUSE

图书在版编目(CIP)数据

初级会计学 / 张宇主编. —2版. —上海：立信
会计出版社,2019.8
普通高等教育"十三五"规划教材. 会计精品系列
ISBN 978-7-5429-6253-9

Ⅰ.①初⋯ Ⅱ.①张⋯ Ⅲ.①会计学-高等学校-教
材 Ⅳ.①F230

中国版本图书馆 CIP 数据核字(2019)第 163834 号

策划编辑 孙 勇
责任编辑 方士华 孙 勇
封面设计 南房间

初级会计学(第二版)

出版发行	立信会计出版社			
地 址	上海市中山西路 2230 号		邮政编码	200235
电 话	(021)64411389		传 真	(021)64411325
网 址	www.lixinaph.com		电子邮箱	lixinaph2019@126.com
网上书店	http://lixin.jd.com		http://lxkjcbs.tmall.com	
经 销	各地新华书店			
印 刷	常熟市梅李印刷有限公司			
开 本	787 毫米×1092 毫米		1/16	
印 张	16.5		插 页	1
字 数	369 千字			
版 次	2019 年 8 月第 2 版			
印 次	2019 年 8 月第 1 次			
印 数	1—2100			
书 号	ISBN 978-7-5429-6253-9/F			
定 价	39.00 元			

如有印订差错,请与本社联系调换

第二版前言

随着第四次技术革命的到来,人工智能、大数据、区块链等技术的不断成熟,机器人取代会计的忧虑给会计人才培养带来了前所未有的冲击。作为主要介绍会计基本概念、基本理论、基本方法和基本程序的初级会计学还有无必要单独存在,更成为了会计理论界和实务界开始质疑的问题。我们认为,人工智能、区块链等技术对传统会计及会计行业带来的冲击,不是对会计及会计行业的颠覆,而是对会计及会计行业做出革命性变革的促进。正如计算机的发展推动会计行业实现了会计电算化一样,人工智能、区块链的发展也必然带来会计及会计行业的重构,而会计及会计行业本身不会因此而消亡。作为会计学科基石的会计基本概念、基本理论、基本方法和基本思想等依然不可或缺,作为会计学入门课程的初级会计学依然有单独存在的必要。

顺应会计环境的这些变化,近几年我国的相关法律法规(特别是税法)、会计准则等进行了较大幅度的调整。为了将这些变化引入教材,我们对《初级会计学》第一版的内容进行了以下修订。

(1) 按照新的增值税税率对书中案例及例题所涉及的数据进行了修改;

(2) 按照2017年修订的《企业会计准则第14号——收入》对收入的确认部分进行了修订,如修订了收入确认的标准,简单介绍了收入确认和计量的"五步法"模型;

(3) 按照新修订的《中华人民共和国公司法》关于注册资本的相关规定对投入资本的核算进行了解释;

(4) 按照新的财务报表格式及编制要求对资产负债表、利润表和所有者权益变动表的格式及填制内容进行了全面修订;

(5) 按照新修订的《企业会计准则第22号——金融工具确认和计量》对所

涉及的相关内容进行了调整;

（6）对原教材中存在的其他疏漏和错误也一并进行了修改。

感谢几年来使用本教材的广大读者对我们工作的支持和对本书的肯定! 经过本次修订,书中可能依然会存在不少不足之处,恳请读者继续向我们提出宝贵的修改意见和建议!

编　者

2019 年 8 月

第一版前言

21世纪是知识经济时代,同时也是经济全球化时代,社会分工越来越细化,组织间的联系越来越紧密。在此背景下,作为微观个体的企业面临的环境越来越复杂。这对企业的经营管理活动和开展经营管理活动所需信息提出了更多、更高和更新的要求。因此,作为一种管理活动和信息系统的会计显得越来越重要。

初级会计学是介绍会计基本概念、基本理论、基本方法和基本程序的专业入门课程。目前国内有关初级会计学的教材很多,但就风格而言,主要有两类:一类是侧重理论型,这类教材注重对整个会计理论体系的介绍,而忽视对会计实际操作的讲授,主要适用于研究型高校的学生;另一类是侧重实践型,这类教材注重会计具体操作,主要适用于教学型本科院校和职业院校的学生。而大量的教学研究型和研究教学型高校的财经类专业学生却很难找到一本适合的初级会计学教材。我们组织相关老师,编写的这本《初级会计学》教材正是为了满足这两类高校学生的需求。

本教材具有以下特点。

一、理论、实务兼顾。任何学科的存在都是建立在一定理论基础上的,会计学也不例外,因此,作为会计学专业入门课程的初级会计学不应该忽视对会计学基本理论的介绍。同时,会计毕竟是一种实践操作性活动,因此,编写教材时我们立足于让读者建立对会计操作的感性认识,使读者能够掌握会计操作的基本技能。

二、结构体系完整、紧凑。本教材在介绍会计基本理论的基础上,以会计的完整业务流程安排结构,在具体处理上,注重知识的前后逻辑关系,对多个地方都会涉及的知识点如会计科目、会计账户、账簿、成本计算、财产清查等进行了精心安排,尽量避免前后知识的重复。

三、侧重阐释、简明易懂。无论是对基本理论的阐述,还是对实务操作的介绍,我们都强调对知识的阐释,以使学生能知其然、知其所以然。在阐释中,我们尽量用规范、简明的语言进行合理、通俗地表达。

四、例题丰富、各章独立。为了便于读者理解,我们在各章的编写中都列举了很多例题,在列举例题时,我们摒弃了不少教材全书采用一套例题的做法,而是独立列举各章例题,从而避免了全书一套例题带给读者学习时前后翻阅例题的不便,这既丰富了教材的例题,也能让读者更轻松、方便地学习。

本教材由张宇担任主编,吕沙、符蓉担任副主编。全书共分十二章,其中张宇编写第一章和第四章;吕沙编写第二章、第六章和第七章;符蓉编写第八章、第十一章;董怀军编写第三章;刘娅编写第五章;李洋编写第九章;谢柳芳编写第十章;胡艳编写第十二章。主编张宇拟订了全书大纲,并对各章内容进行了全面初审,副主编吕沙对各章内容进行了二审和三审,并完成格式编排。最后,主编张宇对全书内容进行了总纂。

本教材主要作为财经类专业本专科学生教学用书,也可以作为财经工作者在实际工作中的参考资料。

在教材编写过程中,尽管我们花费了大量心血,但书中疏漏和不足之处在所难免,恳请读者批评指正。

编　　者

目　录

第一章 总 论

第一节 会计的含义、职能与目标

物质资料的生产离不开劳动资料、劳动对象和人的劳动三大要素，人们进行的生产活动，既是生产要素的消耗过程，又是物质财富的形成过程。为了提高经济效益，人们总是力求以最少的投入取得最大的产出，要实现该目的，必须对投入的劳动耗费和产出的劳动成果进行记录、计算、分析和比较，以确切掌握生产活动的过程和结果，这导致了会计活动的产生。

一、会计的含义

到底什么是会计，至今依然有不同的看法，目前代表性的认识有以下两种。

（一）信息系统论

由于企业提供的信息中 60% 以上是财务信息，因此，信息系统论认为，会计是一个以提供财务信息为主的信息系统。信息系统是一个具有数据输入、数据加工处理和信息输出功能的有机体系，会计就是将企业所发生的各类经济活动，通过收集原始数据，运用确认、计量、记录、报告等手段，对数据进行处理，并向信息使用者提供相关会计信息的一个系统。

（二）管理活动论

管理是指一定组织中的管理者，通过实施计划、组织、人员配备、指导与领导、控制等职能来协调他人的活动，使别人同自己一起实现既定目标的活动过程。管理活动论认为，会计所从事的就是一种经济管理工作，会计是经济活动的重要组成部分，它采用专门的方法对经济活动进行反映和监督，并参与计划、组织、控制等活动。

信息系统论主要站在企业外部视角对会计进行认识，管理活动论则主要从企业内部视角对会计进行认识，由于认识问题的角度不同，我们不能简单地判断这两种观点孰对孰错。要全面、完整理解什么是会计，需要将两种观点结合起来思考，因此，可以对会计进行如下描述：会计是以货币为主要计量单位，通过运用一系列专门的方法和程序，对经济活动进行连续、系统、全面地反映，对经济活动进行组织、控制、调节和指导，进而为有关各方提供决策有用的财务信息的一种活动，它既是一种管理活动，又是一个信息系统。

二、会计的职能

职能是事物内在的、固有的功能，会计的职能是会计作为经济管理活动和信息系统所具有的内在的、固有的功能。概括起来,会计的基本职能主要有以下两个。

（一）反映职能

会计是一个信息系统,它通过记录、计算、分类和汇总等手段将经济实体发生的经济活动的内容转换成会计信息,成为能够在会计报告中综合反映企业经济活动状况的会计资料。会计的反映职能是会计的首要职能,也是企业管理活动的基础。会计反映职能具有以下基本特征。

（1）会计以货币作为主要计量单位,对企业的经济活动状况进行反映。虽然经济计量尺度有实物尺度、劳动尺度和货币尺度三种,但由于经济活动的复杂性,人们不可能简单地将不同类别的经济业务加以计量、汇总,只能通过按一定程序进行加工处理后生成,并提供以价值量表现的会计数据,才能掌握经济活动的全过程及其结果。所以,会计从数量上反映企业的经济活动状况,是以货币作为主要计量单位,以实物量度及劳动量度作为辅助单位。

（2）会计反映是对经济活动进行连续、系统和完整的记录。在正常情况下,企业的经营活动是连续不断地进行的,反映企业经营活动的资金也是周而复始地运转着的,会计对单位发生的每一项经济业务所涉及的资金的来龙去脉都要进行不间断地记录,而且是按照经济业务发生的时间先后顺序逐笔记录的。同时,企业是一个整体,各个部门和人员尽管有不同的分工,但他们的工作都是相互联系、相互影响的,会计对企业相互联系的经营活动进行反映,其提供的信息是一个系统的整体,通过会计信息能够了解企业经营活动的全貌。因此,会计反映具有连续性、系统性和完整性。会计反映的连续性是指对会计对象的计量、记录和报告要连续进行,不能有任何中断;会计反映的系统性是指采用科学的核算方法对会计信息进行加工处理,保证所提供的会计数据资料能够成为一个有序的整体,从而揭示客观经济活动的规律性;会计反映的完整性是指对所有的会计对象都要进行确认、计量、记录和报告,不能有任何遗漏。

（3）会计反映是对企业经济活动全过程的反映。会计不只对已发生的经济活动进行反映,也要对正在发生的经济活动以及将要发生的经济活动进行反映。会计对已发生和正在发生的经济活动进行事后、事中记录、核算和分析,是会计反映的基础工作。但随着社会经济的不断发展,市场竞争日趋激烈,经济活动日益复杂,经营管理需要增强预见性。因此,会计需要由事后、事中反映进一步发展到事前反映,以分析和预测经济前景,为经营管理决策提供更多的经济信息。

（二）控制职能

任何经济活动都是有目标的,控制就是促使企业的活动按照既定的目标运行。会计控制就是通过价值手段运用预测、决策、监督、分析和考评等具体方法,促使经济活动按照规定的要求运行,以达到预期目标。会计控制具有以下两个方面的特点。

（1）会计控制是对企业经济活动全过程的控制。这种全过程控制包括事后控制、事中控制和事前控制。会计的事后控制是对已发生的经济活动以及相应的资料进行审查、分析;会计的事中控制是通过对正在发生的经济活动及相关资料进行审查,以纠正经济活动中的偏差,促使有关部门合理组织经济活动,使经济活动按照预定的目标及规定进行;会计的事前控制是在经济活动开始前对未来的经济活动是否符合有关法令、政策的规定,是否符合市场经济规律的要求,经济上是否可行等方面进行审查。

(2)会计控制主要运用价值指标进行。会计控制主要依据会计反映形成的基础财务信息进行。会计反映是以货币为计量单位进行的,由此生成的财务信息便表现为一项项价值指标,会计控制就是依据这些价值指标对有关经济活动进行监督和控制,以避免出现大的偏差。

三、会计目标

目标是行为要达到的结果和境地,会计目标是会计工作要达到的结果和境地。按照层递关系不同,会计目标分为会计总目标和会计具体目标。

(一)会计总目标

会计总目标是会计工作所要达到的最终结果和境地。会计工作属于经济管理的重要组成部分,研究和认识会计总目标必须结合经济管理的目标,会计总目标应当从属于经济管理总目标。在市场经济条件下,经济管理总目标是提高经济效益。作为经济管理重要组成部分的会计工作,当然也应该以提高经济效益为最终目标。

(二)会计具体目标

会计具体目标是会计总目标的具体化,是会计工作要实现的直接结果。结合会计工作自身的特征和工作内容,可以将会计具体目标概括为:向会计信息使用者提供与企业财务状况、经营成果和现金流量等有关的会计信息,反映企业管理层受托责任的履行情况,以便于会计信息使用者作出经济决策。会计信息的使用者来自企业内部和外部两个方面,会计信息的内部使用者主要是企业经营管理者,除此之外,还包括治理层和企业员工等;会计信息的外部使用者主要包括所有者、债权人、企业开户行、客户、供货商以及政府部门等。

第二节 会计对象和会计要素

一、会计对象

会计作为一种行为活动,理所当然存在活动的工作内容,我们把会计活动的工作内容称为会计对象。对企业的生产经营活动进行反映和控制是会计的主要工作,因此,企业的生产经营活动就是会计的工作对象,而会计对企业的生产经营活动的反映和控制是以货币为主要计量单位的,因此,我们可以将会计对象具体概括为企业生产经营活动中的资金运动。

二、会计要素

会计对象是企业生产经营活动中的资金运动,但这过于笼统,我们需要分析资金运动的来龙去脉,以将会计对象具体化。就资金的来龙去脉看,资金运动包括来源和去向两个方面,如果把不断运动的资金定格到一点看,资金来源不外乎两个方面:一是所有者的投入,二是债权人的借入,这两方面来源的资金对企业有不同的要求,我们分别把它们称为所有者权益和负债;资金的去向就是对不同来源资金的具体占用形式,是资金运用的结果,我们把它称为资产。如果我们把资金运动放在一个时间段来看,会发现在这段时间里,因为生产经营的需要,企业要投入并消耗资金,同时会陆续获得产出,再将这段时间的产出与消耗相抵,能看出经营活动的盈亏,我们把投入并消耗的资金称为费用、把陆续获得的产出称为收入、把经营活动的盈亏称为利润。因此,作为会计对象的资金运动就可以具体分为资产、负债、所有者权益和收入、费用、利润六个部分,它们形成了资金运动的具体要素,我们把它们称为会计要素。所以,会计要素是会计对象的具体化,是构成会计对象不可缺少的要件。我国财政部颁布的《企业会计准则——基本准则》中也将我国企业的会计要素分为六项,即资产、负债、所有者权益、收入、费用、利润。接下来,本节将以《企业会计准则——基本准则》为依据、以企业为对象对六大会计要素进行具体阐述。

(一)资产

资产是指由企业过去的交易或事项形成的、由企业拥有或控制的、预期会给企业带来经济利益的资源。从概念可以看出资产具有以下特征。

(1)资产是由企业过去的交易或事项形成的。资产是资金运动的结果,因此只有过去的交易或事项才能形成资产,尚未发生的交易或事项不能形成资产,也不能作为资产增加的依据,资产必须是现时的资产,而不能是预期的资产。

(2)资产必须是由企业拥有或控制的。要确认为企业的资产,企业必须能对其进行支配,而支配的前提是企业对资产拥有所有权或实质的控制权。能否将一项资源确认为企业的一项资产,一般看企业是否对其拥有所有权,但在一些特殊情况下,企业可能对某些资源不拥有所有权,但能够对它进行实质性控制,这种资源也可以作为企业的资产加以确认。

(3)资产预期会给企业带来经济利益。即使是经济资源,但如果不能给企业带来经济利益,则不能确认为企业的资产,如无法实现价值的产品、无法收回的款项等。

(4)资产是能够用货币加以可靠计量的。要将企业拥有或控制的经济资源确认为资产,必须能以货币加以可靠计量,如果一项经济资源不能以货币进行可靠计量,就不能也无法将其确认为企业的资产。

为了能进一步认识资产,可按不同标准对资产进行分类。

(1)按是否具有实物形态,可将资产分为有形资产和无形资产。有形资产是指具有一定实物形态的资产,如货币资金、原材料、往来款项、机器设备、房屋及建筑物等。无形资产是指没有实物形态可供企业长期使用的资产,如商标权、专利权、著作权、非专利技术等。

(2)按流动性,可将资产分为流动资产和非流动资产。所谓资产的流动性就是资产在正常生产经营中转化为现金的能力。流动资产是能在1年(含1年)或超过1年的一个营业周期内变现的资产,如货币资金、应收账款、预付账款、存货等。非流动资产是指只能在1年以上或超过1年的一个营业周期以上变现的资产,如长期股权投资、固定资产、无形资产等。

（二）负债

负债是指由过去的交易或事项形成的，预期会导致经济利益流出企业的现时义务，从概念可以看出负债具有以下特征。

（1）负债是由企业过去的交易或事项形成的、由企业承担的现时义务。负债是由企业过去的交易或事项形成的，企业预期在将来要发生的交易或事项可能产生的债务，不能确认为负债；负债是现时义务，不是潜在义务。

（2）负债是将来要清偿的义务，且清偿会导致经济利益流出企业。一项义务需要在将来清偿，才能确认为负债，如果一项义务在发生时就清楚在将来不需清偿，则该义务不能确认为一项负债；企业需要以资产或劳务偿付债务，从而会导致企业经济利益的流出，如果清偿一项债务并不导致企业经济利益流出，则该项负债不能确认为企业的一项负债。

（3）负债必须能以货币计量，其金额是可以确定或估计的。会计是以货币作为主要计量单位的，凡不能用货币计量的经济业务都不能构成会计核算的内容；负债通常需要确定到期的偿付金额，或者虽无确切的偿付金额，但有一个合理的估计数，如果一项债务金额无法确定或估计，在会计上就不能确认为企业的负债。

为了更好地反映企业所承担负债的具体情况，可按不同标准对负债进行分类。

（1）按照负债的流动性，可将负债分为流动负债和非流动负债。所谓负债的流动性就是负债需要偿付的时间长短。流动负债是指在1年（含1年）或超过1年的一个营业周期内需偿付的负债，如短期借款、应付票据、应付账款、预收账款、应付职工薪酬、应交税费、应付股利、其他应付款等。非流动负债是指偿还期在1年以上或超过1年的一个营业周期以上的负债，如长期借款、应付债券、长期应付款等。

（2）按照负债应付金额是否确定，可将负债分为应付金额肯定的负债、应付金额视经营情况而定的负债和应付金额需要估计的负债。应付金额肯定的负债是指在确认该负债时其金额就是确定的负债，如短期借款、应付票据、应付账款、预收账款、长期借款、应付债券等；应付金额视经营情况而定的负债是指在发生时，其金额不能具体确定，需待企业在一定的经营期期末才能确定的负债，如应交税费、应付股利等；应付金额需要估计的负债是指由过去交易或事项形成的现时义务，但其金额甚至偿还期、具体债权人等在资产负债表日仍难以具体确定的负债，其金额只能根据相关信息，用一定方法进行估计，如产品质量担保债务、未决诉讼债务等。

（三）所有者权益

所有者权益是指企业资产扣除负债后由所有者享有的剩余权益。对公司而言，所有者权益也称股东权益。所有者权益表明企业的产权关系，即企业归谁所有。所有者权益由所有者投入资本、直接计入所有者权益的利得和损失、留存收益等形成。直接计入所有者权益的利得和损失是指不应计入当期损益、但会导致所有者权益发生增减变动、又与所有者投入资本或者向所有者分配利润无关的利得和损失。利得是指由企业非日常活动所形成的、会导致所有者权益增加的、与所有者投入资本无关的经济利益流入。损失是指由企业非日常活动所发生的、会导致所有者权益减少的、与向所有者分配利润无关的经济利益的流出。

所有者权益包括四个部分：实收资本或股本、资本公积、盈余公积和未分配利润。实收资本是指投资者按照企业章程或合同、协议的规定，实际投入企业的资本。资本公积是指企业来源于盈利以外的那部分积累，它包括资本（或股本）溢价和其他资本公积两部分，资本（或股本）溢价是指企业投资者投入的资金超过其在注册资本中所占份额的部分，其他资本公积是指直接计入所有者权益的利得和损失。盈余公积是指企业按照规定比例从净利润中提取的各种公积金，它们往往具有特定用途，我国《公司法》规定，公司制企业的盈余公积包括法定盈余公积和任意盈余公积两个部分，法定盈余公积是指企业按照规定比例从净利润中提取的盈余公积，一般按净利润的 10% 提取，任意盈余公积是指企业经股东大会或类似机构批准按照规定的比例从净利润中提取的盈余公积。经股东大会或类似机构批准，企业提取的盈余公积可以用于弥补亏损、转增资本（股本），符合规定条件的企业，也可以用来分派股利。未分配利润是指截至年末未分配的利润，包括企业以前年度累计的尚未分配的利润，以及本年度实现的未分配利润。盈余公积与未分配利润合称留存收益。

所有者权益和负债是企业取得资金的两条渠道，都是对企业资产的要求权，但两者之间又存在着明显的区别，具体表现如下。

（1）性质不同。负债体现的是企业与债权人的关系，企业应当按期偿还负债并按事先的约定向债权人支付利息；而所有者权益体现的是企业的产权关系，即企业的净资产归谁所有，一般不需偿还。

（2）权利不同。债权人无权参与企业的经营管理，也无权分享企业的净利润，无需分担其净亏损；而所有者有权控制或参与企业的财务和经营决策，有权分享企业的净利润，需要分担其净亏损。

（3）风险不同。企业在破产清算时，债权人拥有优先求偿权，只有在清偿所有负债后，剩余部分才是所有者权益。

（四）收入

收入有广义的收入和狭义之分，我国《企业会计准则——基本准则》采用的是狭义的收入概念。收入是指企业在日常活动中形成的、会导致所有者权益增加的、与所有者投入资本无关的经济利益的总流入。它具有以下特征。

（1）收入是在企业的日常活动中产生的，而不是从偶发的交易或事项产生。日常活动是指企业为实现其经营目标而从事的所有经常性活动，以及与之相关的其他活动。例如，制造业企业销售商品、提供劳务是日常活动，由此产生的经济利益流入就是收入；有些交易或事项也能为企业带来经济利益，但不属于企业的日常活动，其流入的经济利益就不是收入，而是利得，如加工制造业出售固定资产而带来的经济利益流入就不能作为收入。

（2）收入的取得表现为资产的增加或负债的减少或两者兼而有之。

（3）收入的实现会导致企业所有者权益增加。因为收入是经济利益的总流入不是净流入，所以，企业取得收入一定能够导致所有者权益增加，企业实现的收入如果扣除相关费用后的净额，则既可能增加所有者权益，也可能减少所有者权益。值得注意的是，引起所有者权益增加的并非都是收入。

（4）收入只包括本企业的经济利益的流入，不包括为第三方或客户代收的款项。例如，收取的增值税款、代收的利息等，不能作为收入。

按企业经营业务的主次，收入可分为主营业务收入和其他业务收入。主营业务收入与其他业务收入的划分，一般根据营业执照上的营业范围确定。由于市场经济中企业多元化的发展，很多企业的主营业务和其他业务的界限很难分清楚，因此，我国2006年2月发布的《企业会计准则》在利润表中取消了主营业务收入和其他业务收入划分，不再将它们区分作为单列项目，而统一为营业收入列报。但在实际工作中，如果从企业内部控制出发，若企业能明确区分主营业务和其他业务，在账务处理上也可以设置相应的"主营业务收入""其他业务收入"等账户，以加强对营业的内部控制。

（五）费用

费用也有广义和狭义之分，我国《企业会计准则——基本准则》采用的是狭义的费用概念。费用是指企业在日常活动中发生的、会导致所有者权益减少的、与向所有者分配利润无关的经济利益的总流出。它具有以下一般特征。

（1）费用是企业在日常活动中发生的经济利益的流出。企业为了获取收入，必然要消耗人力、物力和财力，这些人力、物力和财力的消耗，构成了取得收入的费用，它的发生，会导致企业经济利益的流出，并可以从企业收入中得到抵补。非日常活动导致企业经济利益的流出不属于费用，而是损失。

（2）费用的发生会导致经济利益流出企业，表现为资产的减少或负债的增加，或者两者兼而有之。

（3）费用会导致所有者权益的减少。一般而言，企业所有者权益会随收入的增加而增加，当然也就随费用的增加而减少。

费用按照经济用途的不同，可分为计入产品成本、劳务成本的费用和不计入产品成本、劳务成本的费用。计入产品成本、劳务成本的费用可进一步分为直接费用和间接费用，其中直接费用包括直接材料、直接人工和其他直接费用，间接费用是指制造费用。不计入产品成本、劳务成本的费用包括管理费用、财务费用和销售费用。

（六）利润

利润是指企业在一定会计期间的经营成果，即企业在一定会计期间内实现的收入减去费用后的净额、直接计入当期利润的利得或损失。它具有以下基本特征。

（1）利润的大小取决于收入、费用、直接计入当期损益的利得或损失的差额。

（2）利润的本质属于企业的所有者权益。

（3）利润不等同于企业取得的货币资金。

（4）利润应当进行分配，亏损则应当予以弥补。

利润按来源和在利润表中的列报程序，可以分为以下三个层次。

1. 营业利润

营业利润 ＝ 营业收入 － 营业成本 － 税金及附加 － 销售费用 － 管理费用
－ 财务费用 － 资产减值损失 ＋ 公允价值变动收益 ＋ 投资收益

2. 利润总额

利润总额 ＝ 营业利润＋营业外收入－营业外支出

3. 净利润

净利润 ＝ 利润总额－所得税费用

净利润属于企业确认的收益,企业确认的收益由已确认且已实现的收益和已确认但尚未实现的收益两个部分组成,这些收益通称为综合收益,其中已确认且已实现的收益就是净利润,已确认但尚未实现的收益一般称为其他综合收益。有关其他综合收益的内容将在本书第十一章财务会计报告及《中级财务会计学》教材相关章节中展开介绍。

三、会计等式

通过以上对资产、负债、所有者权益、收入、费用、利润六个会计要素的介绍可以看出,会计要素之间存在着十分密切的联系。反映各会计要素之间基本关系的等式称为会计等式,也叫会计平衡公式,它是设置会计科目与账户、进行复式记账和编制财务报表的理论基础和依据,是会计基本理论的重要内容。会计等式分为表明静态要素之间关系的会计等式、表明动态要素之间关系的会计等式和表明静态要素与动态要素之间关系的会计等式。由此,我们得到三个不同的会计等式:

$$资产 ＝ 负债＋所有者权益 \tag{1-1}$$

$$利润 ＝ 收入－费用 \tag{1-2}$$

$$资产 ＝ 负债＋所有者权益＋(收入－费用) \tag{1-3}$$

等式(1-1),反映了资产、负债和所有者权益的平衡关系,是会计等式中的最基本等式。它表明企业在某一时点的财务状况,反映的是企业资金运动的静态状况。

等式(1-2),反映了收入、费用和利润的平衡关系,它是等式(1-1)运动的结果。它表明了企业在某个会计期间所获得的经营成果,反映的是企业资金运动的动态状况。

企业的资金只有在运动中才能增值,资金进入企业用于经营后,一方面取得收入,另一方面发生费用,收入与费用相抵后形成净利润。净利润归所有者所有,属于所有者权益,因此,净利润成为等式(1-1)和等式(1-2)的纽带,即:资产＝负债＋(所有者权益＋净利润),更直观的表述为:资产＝负债＋所有者权益＋(收入－费用),即等式(1-3)。

等式(1-3)把企业的财务状况与经营成果联系起来,说明了企业经营成果对资产和所有者权益产生的影响,反映了企业在会计期内结算前的任一时刻的财务状况和经营成果。企业会计期末结算后,收入和费用相抵后形成的利润纳入所有者权益,收入、费用消失,等式(1-3)变为等式(1-1)。同样,等式(1-3)消失时,等式(1-2)也自然融入等式(1-1)。因此,等式(1-1)是一种恒等式,等式(1-3)和等式(1-2)不能代替等式(1-1)。

由上面三个会计等式的关系可以看出,企业通过负债和所有者权益两条渠道获得资金,资金的具体占用形成资产,在企业的生产经营活动中资产转化为费用,同时取得收入,收入扣除费用形成利润,利润属于所有者权益。资产、负债、所有者权益、收入、费用和利润这六大会计要素无论如何转化,最终都回到资产、负债和所有者权益之间的平衡关系上来。因此,等式(1-1)"资产＝负债＋所有者权益"是会计恒等式,任何经济业务的发生都不会破坏这一平衡关系。

四、经济业务对会计等式的影响

经济业务包括企业对外经济往来所发生的经济事项和发生于企业内部的经济事项,无论是发生于企业外部的经济事项,还是发生于企业内部的经济事项,都会引起会计等式发生增减变化。概括起来,经济业务对会计等式的影响有以下四种基本类型。

（1）引起会计等式两边会计要素同时等额增加。

（2）引起会计等式两边会计要素同时等额减少。

（3）引起会计等式左边会计要素相同金额此增彼减。

（4）引起会计等式右边会计要素相同金额此增彼减。

（一）引起资产、负债、所有者权益要素变动的经济业务对会计等式的影响

企业发生的经济业务会引起资产、负债和所有者权益变动,从而影响会计等式,具体可表现为以下九种,见表1-1("＋"表示增加,"－"表示减少)。

表1-1　　　　引起资产、负债和所有者权益变动的经济业务对会计等式的影响

经济业务	资产	=	负债	+	所有者权益
1	+		+		
2	+				+
3	−		−		
4	−				−
5	+/−				
6			+/−		
7					+/−
8			+		−
9			−		+

【例1-1】　巴蜀公司20×4年12月31日的资产、负债和所有者权益分别是1 000 000元、400 000元和600 000元。20×5年1月5日,巴蜀公司向银行取得为期3个月的短期借款200 000元,存入银行。

该业务发生前,巴蜀公司:资产(1 000 000)＝负债(400 000)＋所有者权益(600 000),资产、负债和所有者权益三者关系是平衡的。该业务发生后,巴蜀公司资产(银行存款)增加了200 000元,同时负债(短期借款)也增加了200 000元,资产、负债和所有者权益三者关系依然保持平衡。该业务对会计等式的影响可表示如下:

资产	=	负债	+	所有者权益
1 000 000		400 000		600 000
+200 000		+200 000		
总计 1 200 000	=	600 000	+	600 000

【例 1-2】 承[例 1-1],1 月 8 日,巴蜀公司收到投资人 A 的一笔货币资金投资 100 000 元,款项已存入银行。

该业务发生后,巴蜀公司资产(银行存款)增加了 100 000 元,同时所有者权益也增加了 100 000 元,资产、负债和所有者权益三者关系依然保持平衡。该业务对会计等式的影响可表示如下:

资产	=	负债	+	所有者权益
1 200 000		600 000		600 000
+100 000				+100 000
总计 1 300 000	=	600 000	+	700 000

【例 1-3】 承[例 1-2],1 月 10 日,巴蜀公司用银行存款 50 000 元支付前欠甲公司的货款。

该业务发生后,巴蜀公司资产(银行存款)减少了 50 000 元,同时负债也减少了 50 000 元,资产、负债和所有者权益三者关系依然保持平衡。该业务对会计等式的影响可表示如下:

资产	=	负债	+	所有者权益
1 300 000		600 000		700 000
−50 000		−50 000		
总计 1 250 000	=	550 000	+	700 000

【例 1-4】 承[例 1-3],1 月 12 日,巴蜀公司决定缩减公司规模,经批准减少注册资本 200 000 元,以银行存款退还投资者。

该业务发生后,巴蜀公司资产(银行存款)减少了 200 000 元,同时所有者权益也减少了 200 000 元,资产、负债和所有者权益三者关系依然保持平衡。该业务对会计等式的影响可表示如下:

资产	=	负债	+	所有者权益
1 250 000		550 000		700 000
−200 000				−200 000
总计 1 050 000	=	550 000	+	500 000

【例 1-5】　承例[1-4],1 月 13 日,巴蜀公司开出现金支票 30 000 元,支付购买原材料款,材料已验收入库。

该业务发生后,巴蜀公司资产(银行存款)减少了 30 000 元,同时资产(材料)增加了30 000 元,资产、负债和所有者权益三者关系依然保持平衡。该业务对会计等式的影响可表示如下:

资产	=	负债	+	所有者权益
1 050 000		550 000		500 000
+30 000				
−30 000				
总计 1 050 000	=	550 000	+	500 000

【例 1-6】　承[例 1-5],1 月 15 日,巴蜀公司签发一张商业汇票 50 000 元,抵欠到期的乙公司购货款。

该业务发生后,巴蜀公司负债(应付账款)减少了 50 000 元,同时负债(应付票据)增加了 50 000 元,资产、负债和所有者权益三者关系依然保持平衡。该业务对会计等式的影响可表示如下:

资产	=	负债	+	所有者权益
1 050 000		550 000		500 000
		+50 000		
		−50 000		
总计 1 050 000	=	550 000	+	500 000

【例 1-7】　承[例 1-6],1 月 16 日,经巴蜀公司股东会协商,同意将公司资本公积90 000 元,转增注册资本。

该业务发生后,巴蜀公司所有者权益(资本公积)减少了 90 000 元,同时所有者权益(实收资本)增加了 90 000 元,资产、负债和所有者权益三者关系依然保持平衡。该业务对会计等式的影响可表示如下:

资产	=	负债	+	所有者权益
1 050 000		550 000		500 000
				+90 000
				−90 000
总计 1 050 000	=	550 000	+	500 000

【例 1-8】　承[例 1-7],1 月 17 日,经巴蜀公司董事会协商,将公司持有的一笔可转换债券 150 000 元转为实收资本。

　　该业务发生后,巴蜀公司所有者权益(实收资本)增加了 150 000 元,同时负债(应付债券)减少了 150 000 元,资产、负债和所有者权益三者关系依然保持平衡。该业务对会计等式的影响可表示如下:

资产	=	负债	+	所有者权益
1 050 000		550 000		500 000
		−150 000		+150 000
总计 1 050 000	=	400 000	+	650 000

　　【例 1-9】　承[例 1-8],1 月 19 日,经巴蜀公司股东会研究决定,准备向投资者分配利润(发放股利)120 000 元。

　　该业务发生后,巴蜀公司所有者权益(利润分配——未分配利润)减少了 120 000 元,同时负债(应付股利)增加了 120 000 元,资产、负债和所有者权益三者关系依然保持平衡。该业务对会计等式的影响可表示如下:

资产	=	负债	+	所有者权益
1 050 000		400 000		650 000
		+120 000		−120 000
总计 1 050 000	=	520 000	+	530 000

　　(二)引起收入、费用要素变动的经济业务对会计等式的影响

　　企业发生的引起收入、费用要素变动的经济业务,往往不是仅引起收入、费用之间发生变动,也会带来资产、负债和所有者权益的变动,"资产＝负债＋所有者权益＋(收入－费用)"这一等式揭示了会计期内任一时点会计要素之间的平衡关系。经济业务发生引起收入、费用要素变动对会计等式的影响,具体可表现为以下六种,见表 1-2("＋"表示增加,"－"表示减少)。

表 1-2　　　　　　　　　　引起收入、费用要素变动的经济业务对会计等式的影响

经济业务	资产	＋	费用	＝	负债	＋	所有者权益	＋	收入
1	＋								＋
2	－		＋						
3			＋		＋				
4									＋
5							＋		
6	－								

　　【例 1-10】　承[例 1-9],1 月 22 日,巴蜀公司销售产品实现收入 80 000 元,货款尚未

收到。

该业务发生后,巴蜀公司资产(应收账款)增加了 80 000 元,同时收入(主营业务收入)增加了 80 000 元,会计等式依然保持平衡。该业务对会计等式的影响可表示如下:

资产	+	费用	=	负债	+	所有者权益	+	收入
1 050 000				520 000		530 000		
+80 000								+80 000
1 130 000			=	520 000	+	530 000	+	80 000

【例 1-11】　承[例 1-10],1 月 22 日,巴蜀公司结转上述已销产品成本 60 000 元。

该业务发生后,巴蜀公司资产(库存商品)减少了 60 000 元,同时费用(主营业务成本)增加了 60 000 元,会计等式依然保持平衡。该业务对会计等式的影响可表示如下:

资产	+	费用	=	负债	+	所有者权益	+	收入
1 130 000				520 000		530 000		80 000
−60 000		+60 000						
1 070 000	+	60 000	=	520 000	+	530 000	+	80 000

【例 1-12】　承[例 1-11],1 月 24 日,巴蜀公司本月发生广告费 40 000 元,款项尚未支付。

该业务发生后,巴蜀公司负债(其他应付款)增加了 40 000 元,同时费用(销售费用)增加了 40 000 元,会计等式依然保持平衡。该业务对会计等式的影响可表示如下:

资产	+	费用	=	负债	+	所有者权益	+	收入
1 070 000		60 000		520 000		530 000		80 000
		+40 000		+40 000				
1 070 000	+	100 000	=	560 000	+	530 000	+	80 000

【例 1-13】　承[例 1-12],1 月 25 日,巴蜀公司向丙公司发出商品,价值 90 000 元,该商品货款已于上月预收。

该业务发生后,巴蜀公司负债(预收账款)减少了 90 000 元,同时收入(主营业务收入)增加了 90 000 元,会计等式依然保持平衡。该业务对会计等式的影响可表示如下:

资产	+	费用	=	负债	+	所有者权益	+	收入
1 070 000		100 000		560 000		530 000		80 000
				−90 000				+90 000
1 070 000	+	100 000	=	470 000	+	530 000	+	170 000

【例 1-14】 承[例 1-13]，1 月 31 日，巴蜀公司计算出本月取得的收入170 000 元，为了计算本月经营成果，月末将收入进行结转。

该业务发生后，巴蜀公司收入（主营业务收入）减少了 170 000 元，同时所有者权益（本年利润）增加了 170 000 元，会计等式依然保持平衡。该业务对会计等式的影响可表示如下：

资产	+	费用	=	负债	+	所有者权益	+	收入
1 070 000		100 000		470 000		530 000		170 000
						+170 000		−170 000
1 070 000		100 000		470 000		700 000		

【例 1-15】 承[例 1-4]，1 月 31 日，巴蜀公司计算出本月发生的费用 100 000 元，为了计算本月经营成果，月末将费用进行结转。

该业务发生后，巴蜀公司费用（主营业务成本、销售费用）减少了 100 000 元，同时所有者权益（本年利润）减少了 100 000 元，会计等式依然保持平衡。该业务对会计等式的影响可表示如下：

资产	+	费用	=	负债	+	所有者权益	+	收入
1 070 000		100 000		470 000		700 000		
		−100 000				−100 000		
1 070 000			=	470 000		600 000		

第三节　会计核算的基本前提和会计记账基础

一、会计核算的基本前提

会计所处的社会经济环境非常复杂，会计人员会面对很多变化不定的因素，有必要对会计核算环境事先作出判断和限定。因此，进行会计核算需要有会计核算前提。会计核算的基本前提是会计人员对会计核算所处的变化不定的社会经济环境所作的合理推断，又称会计假设或会计假定。会计核算前提是人们在长期的会计实践中逐步认识和总结所形成的，会计核算基本前提是会计理论中最基础的组成部分。会计核算基本前提包括：会计主体、持续经营和货币计量三项。

（一）会计主体

会计主体又称会计实体，是指会计工作为之服务的特定企业。确定会计主体在于界定特定会计主体会计核算的空间范围。资产、负债、所有者权益、收入、费用和利润这些会计要素都是与特定会计主体相联系的，如果会计主体不明确，会计要素就无法界定。对会计主体的界定，就企业来说，要求会计核算区分自身的经济活动与其他企业的活动；区分企业的经济活动与企业投资者的经济活动。会计主体与法律主体不是一个概念,一般来说,法律主体必然是会计主体,但会计主体并不一定是法律主体。

（二）持续经营

持续经营是指会计主体的生产经营活动将无限期地延续下去,在可以预见的未来会计主体不会因进行清算、解散或倒闭而不复存在。持续经营假设界定了会计核算的时间范围。

一个企业的未来发展方向有两种可能:一是按照经营目标持续经营;二是经营不善导致破产清算。企业是否持续经营,在会计原则、会计方法的选择上有很大差别。在持续经营的情况下,企业的各项资产将在正常的经营过程中被消耗或出售,而它所承担的债务也将在正常的经营过程中被清偿,会计人员需据此选择会计原则和会计方法。比如,固定资产按历史成本入账,持有期间采用一定的折旧方法对固定资产进行折旧核算,以反映其价值磨损情况,而不采用变现价值进行计量。

持续经营假设是会计人员根据企业发展的一般情况所作的假定,但企业不能持续经营的可能性总是存在的。如果种种迹象表明企业不能持续经营,就应当改变会计核算的原则和方法,并在企业财务报告中作相应披露。

在持续经营的前提下,企业的经营活动将永无休止地进行下去。从理论上讲,只有等到企业经营结束后,才能计算经营成果,编制财务报表,并向有关各方提供会计信息。但等到企业经营结束提供的会计信息对相关各方而言已没有太大的价值。为了满足相关方面对会计信息的需求,客观上需要将企业川流不息的经营长河人为地划分为若干相等的期间,分期间结算账目并分期编制财务报表。因此,在持续经营前提下派生出会计分期前提。

会计分期是指将会计主体持续不断的经营活动人为分割为一定期间,每一个期间就构成一个会计报告期。会计分期的目的是将持续进行的生产经营活动划分为连续、相等的期间,据以结算盈亏,按期编制财务报告,从而及时向各方面提供有关企业财务状况、经营成果和现金流量的信息。

会计分期假设对制定会计原则、会计程序和方法有重要影响,有了会计分期,才产生了本期与非本期的概念,才产生了权责发生制和收付实现制,才使不同类型的会计主体有了记账基准,进而出现了应收、应付、递延等会计处理方法。

会计分期的起讫时间的划分一般有三种:①历年制,从每年1月1日起至12月31日止为一个会计期间。②4月制,从每年4月1日起到次年的3月31日止为一个会计期间。③7月制,从每年7月1日起到次年的6月30日止为一个会计期间。我国和国际上绝大多数国家采用历年制。

（三）货币计量

货币计量前提是指在会计核算中以货币作为统一的主要计量单位来计量、记录和报告企业的生产经营活动。在市场经济条件下,货币是商品的一般等价物,是衡量商品价值的共同尺度,自货币产生以后,便为会计核算提供了一个简单而普遍适用的手段。其他计量单位,如长度、重量、台、件等,只能从一个侧面反映企业的生产经营活动,计量单位之间无法换算,也无法在量上进行比较,而以货币作为会计计量工具,可以全面反映企业的财务状况、经营成果和现金流量。

在货币进入信用货币时代特别是纸币时代以后,不同时点相同货币的币值在发生变动,这样,即使以货币进行计量,但同一企业不同时点的财务状况、不同期间的经营成果也没法比较,为了使同一企业不同时点和期间的会计信息具有可比性,必须对货币计量前提再设定前提,即假定用来进行计量的货币的币值不变。因此币值不变假设是货币计量前提的前提。只有在币值不变或变化甚微的情况下,不同时点的资产的价值才具有可比性,不同时间的收入和费用才能进行比较,才能计算确定企业经营成果,会计核算提供的会计信息才能真实反映企业的经营状况。但发生恶性通货膨胀时,货币购买力不断下降,导致币值不变会计假设以及在此基础上所应用的历史成本计价原则严重脱离现实,以历史成本为基础的会计信息的有用性受到严重挑战,相应的通货膨胀会计理论和方法随之产生。

二、会计记账基础

在持续经营和会计分期前提下,企业开展经济活动时,常常会遇到货币收支与交易或事项的发生不在一个会计期间的情况,企业对发生的这类经济活动在哪个期间进行反映,会直接影响企业经营成果在不同会计期间的变动。就理论而言,对该类经济活动的处理方法有两种,即权责发生制和收付实现制。

权责发生制是指凡是当期已经实现的收入和已经发生或应负担的费用,不论款项是否已经收付,都应当作为当期的收入和费用;凡是不属于当期的收入和费用,即使款项已经收付,也不应当作为当期的收入和费用。权责发生制确定本期收入和费用以应收应付为标准,所以又称应收应付制。

收付实现制是相对于权责发生制而言的,它是以实际收到现金或支付现金作为确认收入和费用的标准,即实际收到现金时作为收入的实现,实际支付现金时,作为费用的发生。由于收付实现制确定本期收入和费用以现金收付为标准,所以又称实收实付制。

收付实现制的优点是会计处理简单,不需对账簿记录进行期末账项调整,但不符合配比原则;权责发生制可以正确反映各个会计期间所实现的收入和为实现收入应负担的费用,从而可以把各期的收入和与其相关的费用、成本相配比,在期末时,也需要根据账簿记录对期末账项进行调整,以正确确定各期的财务成果。因此,企业一般采用权责发生制作为记账基础。

第四节　会计信息质量要求

会计信息质量要求是对企业所提供的会计信息质量的基本要求;是会计确认、计量和报告质量的保证,是使会计信息对其使用者决策有用所应具备的基本特征。我国《企业会计准则——基本准则》提出了关于会计信息质量的八项要求,即可靠性、相关性、清晰性、可比性、实质重于形式、重要性、谨慎性和及时性。

一、可靠性

可靠性要求企业应当以实际发生的交易或事项为依据进行会计确认、计量和报告,如实反映符合会计确认和计量要求的会计要素及其他相关信息,保证会计信息真实可靠、内容完整。可靠性是会计信息质量的首要要求,它包括以下含义。

(1)企业应当以实际发生的交易或事项为依据进行会计处理,不能以虚构的交易或事项为依据进行会计处理。

(2)企业应当如实反映其所应反映的交易或事项,将符合会计要素定义及其确认条件的会计要素等如实反映在报表中,以反映企业生产经营活动的真实面貌。

(3)企业应当在遵循重要性和成本效益原则的前提下,保证会计信息的完整性,包括编制报表和附注的完整性,不能随意减少应披露的信息。

二、相关性

相关性是指企业提供的会计信息应当能够反映企业的财务状况、经营成果和现金流量,以满足会计信息使用者的需要。这里的相关,是指与使用者的决策相关,要求会计信息有助于会计信息使用者对企业过去、现在和未来的情况作出评价和预测。

相关的会计信息应当有助于使用者评价企业过去的决策,证实或修正过去有关的预测,因而具有反馈价值;相关会计信息还应当具有预测价值,有助于会计信息使用者根据会计报告所提供的会计信息预测企业未来的财务状况、经营成果和现金流量。为了满足会计信息质量的相关性要求,企业应当在会计处理中充分考虑使用者的决策模式和信息需求。

三、清晰性

清晰性也称可理解性,是指企业提供的会计信息应当清晰明了,便于具备一定相关专业知识的会计信息使用者理解和使用。

企业提供会计信息是为了信息使用者使用,使用者要能使用会计信息,前提是其对会计信息的内涵、内容的了解和理解,因此,要求企业提供的会计信息本身应当清晰明了,易于理解。

由于会计信息具有专业性,因此强调会计信息的可理解性是建立在会计信息使用者具有一定会计专业知识、且愿意对会计信息进行研究基础上的。

四、可比性

可比性是指企业提供的会计信息之间能够进行比较分析。可比性包括纵向可比和横向可比。

(1)纵向可比。纵向可比要求同一企业不同时期发生的相同或相似的交易或事项,应当采用一致的会计政策,不得随意变更。会计信息纵向可比,便于使用者了解企业财务状况、经营成果的变化趋势,从而全面评价过去、预测未来。要求会计信息纵向可比,并不是不允许企业变更会计政策;如果企业的经营情况、经营范围、经营方式、经营环境以及国家有关政策等发生变化时,企业根据实际情况变更会计政策可以提供更可靠、更相关的会计信息,企业可以按规定变更会计政策,但应当在财务报告附注中说明有关会计政策变更的情况。

(2) 横向可比。横向可比要求同一时期,不同企业发生相同或相似的交易或事项,应当采用规定的会计政策,确保会计信息口径一致、相互可比。会计信息横向可比,便于使用者评价不同企业的财务状况、经营成果的水平及其变动情况,从而有助于使用者作出科学合理的决策。

五、实质重于形式

实质重于形式是指企业应当按照交易或事项的经济实质进行会计处理,不应仅以交易或事项的法律形式为依据。这里的实质是指交易或事项的经济实质,形式是指经济业务的法律形式。

在会计实务中,交易或事项的法律形式并不总能完全真实地反映其实质内容,因此,会计信息对交易或事项的反映,必须根据交易或事项的经济实质进行判断,并据此进行会计处理。

六、重要性

重要性是指企业提供的会计信息应当反映与企业财务状况、经营成果和现金流量有关的所有重要交易或事项。会计不可能对企业发生的所有交易都进行一样详略程度的反映,需要根据重要性的不同分别作出不同详略程度的处理。对重要的会计事项应当单独而详细反映,并在财务报告中予以充分、准确的披露;对于次要的会计事项,在不影响会计信息真实性和不至于误导会计信息使用者作出正确判断的情况下,可适当简化处理。

对重要性的判断没有统一标准,在很大程度上取决于会计人员的专业判断。一般从重要性的质和量两个方面加以判断。从质上看,如果某一事项有可能对使用者决策产生影响,就属于重要项目;从量上看,当某一事项的金额达到一定规模,可能对使用者决策产生影响,就属于重要项目。

七、谨慎性

谨慎性是指企业对交易或事项进行会计处理时,应当保持应有的谨慎,应充分估计可能发生的损失和费用,尽量低估企业的资产与收益。提出谨慎性要求,目的是使企业所提供的会计信息尽可能减少使用者的决策风险。

在市场经济条件下,企业的生产经营活动充满着风险和不确定性,谨慎性的会计信息质量要求,就是需要企业在面临不确定性因素的情况下作出职业判断时,保持应有的谨慎,充分估计各种风险和损失。

但是,谨慎性不是说企业可以根据自身情况,随意调整各要素的计价;谨慎性的应用并不允许企业设置秘密准备。如果企业故意低估资产或收益、故意高估负债或费用,就不符合会计信息可靠性和相关性要求,从而对会计信息使用者的决策产生误导,这是不被允许的。

八、及时性

及时性是指企业对于发生的交易或事项,应当及时进行会计处理,不得提前或延后。因为会计分期的存在,企业的会计信息即使是可靠的、相关的,但如果不能及时提供,这样的会计信息也可能变得无效,最终降低会计信息对信息使用者的决策相关性。

为保证会计信息的及时性,企业应做到:①及时收集会计信息,即在交易或事项发生后,及时收集和整理原始凭据;②及时处理会计信息,即按照会计准则的规定,及时对发生的交易或事项进行会计处理;③及时传递会计信息,即在国家规定的时限内,及时将有关会计信息传递给会计信息使用者。

第二章 会 计 方 法

第一节 会计基本方法

会计方法是实现会计职能、发挥会计作用和达到会计目标的手段和措施。对于会计方法究竟包含哪些内容,会计理论界与实务界存在不同的看法,大多数人认为它至少包括五个方面的内容:会计核算、会计分析、会计监督、会计预测及会计决策。

一、会计核算

会计作为经济管理的重要组成部分,是由一整套科学的方法体系组成的。由于客观经济业务纷繁复杂,在生产、交换、分配和消费的过程中会产生大量的经济信息,会计主体要将经济信息转化成会计信息,必须依照会计准则相关规定对大量的经济信息进行确认、计量、记录、分类、汇总和加工处理,使其成为有效的会计信息。这个信息转换的过程称为会计核算。会计核算是其他会计方法的基础。

二、会计分析

会计分析是利用会计资料及其他经济资料,对企业的生产经营活动过程及其结果进行比较、分析和评价。它包括定性分析和定量分析两类:前者是会计人员在调查研究的基础上,凭借经验和有关信息资料,对企业经济活动的现状、问题及发展趋势作出分析和推断;后者则是会计人员通过运用一些技术方法对经济活动情况作出数量上的分析。从一定意义上说,会计分析是会计监督、会计预测、会计决策的前奏。

三、会计监督

会计监督贯穿于会计工作的全过程,对于发挥会计职能、完成会计任务起着重要的作用。它是指以《会计法》及有关财经法规为依据,对会计凭证、会计账簿和财务报表等会计资料的真实性、合规性和正确性进行检查的方法,具体包括核对、调节、审阅、盘点和抽查等方法。

四、会计预测

会计预测是通过会计核算及会计分析所提供的资料与市场环境诸因素的相关性,揭示经济活动的规律性,预测经济活动的发展趋势,为会计决策提供可选择的方案。会计预测是可行性研究的重要组成部分。

五、会计决策

会计决策是企业经营决策的重要组成部分,是会计参与企业经营决策的过程。由于会计信息使用货币量度,因此它具有综合性的特点。会计信息能够综合反映企业生产经营活动的优缺点,会计信息中的利润指标可以综合说明一个单位经营管理水平的高低。

第二节 会计核算方法

会计核算方法是指对企业已经发生的经济活动进行连续、系统和全面地反映和监督所采用的方法。会计对象的多样性和复杂性,决定了用来对其进行反映和监督的会计核算方法不能采用单一的方法形式。因此,会计核算方法由设置科目和账户、复式记账、填制和审核凭证、登记账簿、成本计算、财产清查和编制报表等具体方法构成。

一、设置科目和账户

设置科目和账户是对会计对象具体内容进行科学分类,记录不同会计信息资料的一种专门方法。由于会计对象的具体内容是复杂多样的,要对其进行系统性核算和经常性监督,就必须对经济业务进行科学的分类,以便分门别类、连续地记录,据以取得多种不同性质、符合经营管理所需要的信息和指标。例如,对于企业存放在银行的货币资金的增减变化,就要设置"银行存款"账户来记录和核算其增减变化及结存情况。

二、复式记账

复式记账是对每项经济业务,都要以相等的金额在两个或两个以上的相关账户中记录的方法。复式记账法要使每项经济业务所涉及的两个或两个以上的账户之间产生一种平衡关系,以了解和掌握经济业务的内容,检查会计记录的正确性。采用复式记账法,可以全面反映每一笔经济业务的来龙去脉,可以防止差错,而且便于检查账簿记录的正确性和完整性。

三、填制和审核凭证

填制和审核凭证是为了审查经济业务的合理、合法性,保证账簿记录的正确、完整的方法。会计凭证是记录经济业务的发生情况、明确经济责任、作为记账依据的书面证明。会计凭证分为原始凭证和记账凭证。对于已经发生的经济业务,都必须由经办人员或单位填制原始凭证,并签名、盖章,然后交由会计部门或其他相关部门审核。只有经审核后确认无误的原始凭证,才能作为填制记账凭证和登记账簿的依据。填制和审核凭证可以为经济管理提供真实、可靠的会计信息。

四、登记账簿

登记账簿是指在账簿中连续、完整、科学地记录和反映经济活动与财务收支的方法。账簿是用来全面、系统地记录各项经济业务的簿籍,是保存会计数据资料的重要工具。登记账簿应以记账凭证为依据,按照规定的会计科目开设账户,并将记账凭证中反映的经济业务分别记入有关账户。登记账簿有利于全面、系统地记录和反映企业生产经营活动的情况,把大量而分散的核算资料进行归类整理,为编制财务报表和经营管理提供所需要的会计数据。

五、成本计算

成本计算是指对生产经营过程中所发生的各种费用,按照一定对象和标准进行估计和分配,进而计算和确定各对象的总成本和单位成本。通过成本计算,可以确定材料的采购成本、产品的生产成本和销售成本,可以反映和监督生产经营过程中发生的各项费用是否节约或超支,可以为企业计算盈亏或财务成果奠定基础。

六、财产清查

财产清查是指盘点实物、核对账目,查明各项财产物资和资金的实有数额。在财产清查中发现有财产、资产账面数额与实存数额不符的情况,应该及时调整账簿记录,使账存数与实存数保持一致,并查明账实不符的原因,明确责任。通过财产清查,可以查明各项财产物资、债权债务的情况,能防止各种物资积压和毁损,减少应收应付款项拖欠等情况的发生;有利于加强物资管理,提高资金利用率,促进企业经济效益的提高,并保证会计信息的质量。

七、编制报表

财务报表是根据账簿记录,按照规定的格式,定期编制的反映会计主体财务状况、经营成果和现金流量的总结性报告体系。编制财务报表是对日常核算的总结,是将账簿内容定期地加以分类整理和汇总,提供经济管理所需要的核算指标。财务报表提供的信息不仅可以为企业管理者决策服务,也可以满足信息使用者了解企业财务状况和经营成果的需要。

上述会计核算的各种方法是相互联系、密切配合的,它们构成了一个完整的方法体系,即经济业务发生后,经办人员取得或填制的原始凭证由会计人员审核后,会计人员按设置的账户,运用复式记账的方法编制记账凭证并据以登记账簿;对于本期生产经营过程中发生的各项费用按规定的方法进行成本计算;定期或根据需要进行财产清查,在保证账实相符的基础上定期编制财务报表。

第三节　会计信息处理方法

会计作为一项有效及有序的管理活动,需要会计核算系统不断提供正确的会计信息。企业日常发生的经济业务,包含着大量的经济信息,但不可能将全部经济信息都直接记录下来,只有先按一定的标准或规定进行会计确认,转化为会计信息,再进行统计分类,才能够使其进入会计核算系统。因此,确认是会计核算的基础,而要进行会计确认就必须同时解决会计计量问题,只有将经济信息按一定的规则量化为会计信息,才能够进行确认,不能够进行会计计量的信息自然也不能进行确认。会计对经济业务进行确认、计量的结果还必须在会计特有的载体上进行记录。会计确认、计量和记录的目的,是为管理活动提供有用、正确的财务会计信息。

一、会计确认

会计确认是按照规定的标准和方法,辨认和确定经济信息是否可以作为会计信息进行正式记录并列入财务报表的过程。会计核算过程实质上是一个信息变换、加工和传输的过程,会计确认是信息变换的关键环节。

（一）初次确认和再次确认

在众多的经济业务中,有些属于会计核算和监督的内容,有些则不属于会计核算和监督的范围,如果不加以区别确认,将所有的经济信息一并进行会计处理,则势必影响最终提供的会计信息的质量。因此,在会计核算系统正式接收、记录经济业务的有关数据之前,应进行必要的确认。只有对能够经过确认输入会计核算系统的经济数据,通过会计特有的方法进行分类、加工、记录和整理,最后汇总编制成财务报表,才可为管理者提供有助于经营管理的会计资料。会计确认可分为初次确认和再次确认。

1. 初次确认

初次确认是指当企业发生各项经济业务时,确定反映各项经济业务的原始经济信息是否可以进入企业会计核算系统。原始的经济信息的载体就是伴随经济业务发生的原始凭证。所以初次确认从审核及填制原始凭证开始,对经济业务所产生的原始数据及内容进行具体的识别、判断、选择和归类,以便对其进行正式的记录。初次确认主要看发生的经济业务是否属于本会计主体、能否用货币计量,如果发生的经济业务属于本会计主体且可用货币计量,则可以进入会计核算系统;反之,则应排除在会计核算系统之外。经过初次确认的经济信息首先按一定的标准进行分类,然后运用复式记账法编制记账凭证,将经济信息转化为会计信息,并登记有关账簿。

2. 再次确认

再次确认是指确认会计账簿资料中哪些内容应列入财务报表,以及如何列入财务报表的过程。经过初次确认的原始数据,借助会计的核算方法转化为账簿资料。为了便于管理者使用,账簿资料还要依据管理者的需要,继续进行加工、浓缩、提炼,或加以扩充、重新归类、组合,这就是再次确认。再次确认还包括对已确认的经济数据在日后由于物价变动影响而进行的再次确认,如企业购入的各种存货,经初次确认后,以实际成本记录在账簿中,若物价发生变动,按照谨慎性原则,需对变动影响再次确认。再次确认实际上是对已经形成的会计信息再提炼、再加工,以保证其真实性及正确性,满足各方面会计信息使用者的需要。

（二）会计确认标准

会计确认标准是指适用于所有会计要素的确认标准,即不同会计要素确认的共性内容,具有普遍适用性。

1. 可定义性

凡是企业经济活动过程中能够用货币计量的经济信息都属于会计确认的范围。在具体会计工作中具有会计信息属性的经济信息可以具体化为会计要素,即资产、负债、所有者权益、收入、费用和利润等,按照这些要素的定义和特征加以确认,就是可定义性。可定义性要求先确认发生的经济业务能否进入会计核算系统,然后对能够进入会计核算系统的经济业务按照会计要素的定义将其具体确认为某一会计要素。

2. 可计量性

可计量性是会计确认的核心问题,是指被确认的经济信息应当具有一个相关的可计量属性,以足以可靠地计量。在可定义的基础上,经济信息必须能够量化,能够以货币计量,这样才能保证经过确认后的信息具有统一的数量尺度,可以进行比较和加工。

3. 可靠性

可靠性是指信息是真实的、可核实的和中立的。会计信息要真实、可靠,能如实、完整地反映交易或事项,且这些交易或事项必须根据它们的实质和经济事实,而不仅仅是根据它们的法律形式进行核算和反映。因此,在会计确认时,要认真审核原始凭证所记载的经济数据是否真实,辨别有关经济数据能否加以查证。

4. 相关性

相关性是指所确认事项的相关信息对信息使用者进行经济决策有用,能对信息使用者的决策行为产生实质性的影响,帮助其进行预测和决策。相关性要求针对会计信息使用者的具体需要,排除不相关的数据,增强信息的有用性,如在财务报表中增加补充资料以满足不同会计信息使用者的需要。

(三)会计要素的确认

1. 资产的确认

资产是由企业过去的交易或者事项形成的、由企业拥有或者控制的、预期会给企业带来经济利益的资源。对符合资产定义的资源,在同时满足以下条件时,应确认为资产:①与该资源有关的经济利益很可能流入企业。如果一项支出已经发生,但在本会计期间及以后的会计期间都不会形成经济利益并流入企业,则这项支出不形成资产;②该资源的成本或价值能够可靠地加以计量。凡是作为资产的,必须能够可靠地计量其成本或价值;若不能准确计量,但能进行合理估计,也可以确认为资产。

2. 负债的确认

负债是由企业过去的交易或者事项形成的、预期会导致经济利益流出企业的现时义务。在负债的确认中,符合负债定义的义务,在同时满足以下条件时,应确认为负债:①与该义务有关的经济利益很可能流出企业,要偿还债务,企业必须付出资产或劳务,则导致企业所拥有的经济利益的资源流出;②未来流出的经济利益的金额能够可靠地计量。作为负债,一般都有一个到期偿还的确切金额,即使没有确切的金额,也能合理地估计偿还金额。

3. 所有者权益的确认

所有者权益是企业资产扣除负债后由所有者享有的剩余权益,也就是企业的所有者对企业净资产享有的所有权。净资产是资产总额减去负债以后的余额,不能像资产和负债那样可以单独确认,其确认须依附于资产和负债的确认,资产和负债的确认标准即为所有者权益的确认标准。

4. 收入的确认

进入 21 世纪以来,企业面临的环境日益多变,企业间的业务趋于复杂化、企业的业务模式趋于多样化,因此,收入的确认成为了一个非常复杂的问题。2017 年我国修订后的《企业会计准则第 14 号——收入》对企业收入的确认和计量作出了具体规定,本教材仅对收入的确认标准和确认与计量的基本步骤进行简单说明,更多内容参见相关《中级财务会计学》。

(1) 收入确认标准。收入的确认以实现为原则,而销售方对实现时间的判断一般有两个选择:一是交付商品时,二是收到货款时。2017 年修订后的《收入》准则规定,企业应当在履行了合同中的履约义务,即在客户取得相关商品控制权时确认收入(以"控制权转移"取代"风险和报酬转移"作为收入确认的判断标准,这是新《收入》准则的一大变化)。取得控制权是指客户能够主导该商品的使用并从中获得几乎全部经济利益,也包括客户有能力阻止其他方主导该商品的使用并从中获得经济利益。

(2) 收入确认与计量的基本步骤。鉴于收入确认和计量的复杂性,出于指导企业判断其是否向客户转移了商品和服务的控制权,新《收入》准则设定了统一的收入确认、计量的"五步法"模型,即收入确认与计量的基本步骤,具体如下。

第一步,识别与客户订立的合同。合同是双方或多方订立有法律约束力的权利和义务的协议。由于合同的多样性和复杂性,会计在确认企业的收入时需要辨认该合同是否已获得交易双方的签字和盖章、是否具有商业实质(即履行该合同将改变企业未来现金流量的风险、时间分布或金额)、是不是可执行的合同(即该合同有明确的与所转让的商品相关的支付条款)、交易对价是否很可能收回等。

第二步,识别合同中的单项履约义务。履约义务是合同约定的企业向客户交付商品和服务的承诺。如果承诺交付的商品和服务是可以明确区分的,则每一项交付商品和服务的承诺就构成一单项履约义务。

第三步,确定交易价格。交易价格是企业预期有权获得的作为交付商品和服务的对价总称。交易价格在合同中一般会有明确规定,但往往也会存在一些影响交易价格的因素,比如折扣、折让、退货、奖励、罚金、礼券等可变对价情形;合同中存在的重大融资成分;非现金对价;应付给客户的对价等。

第四步,将交易价格分摊至各单项履约义务。当合同中包含两项或多项履约义务时,企业应当在合同开始日,按照各单项履约义务所承诺商品的单独售价的相对比例,将交易价格分摊至各单项履约义务。单独售价是指企业向客户单独销售商品或服务的价格。如果不能直接观测到单独销售价格,企业需要采用包括市场调整法、成本加成法以及余值法等方法估计单独售价。

第五步,履行每一单项履约义务时确认收入。通过向客户转移商品和服务的控制权的方式履行了履约义务时,企业可以确认收入。转移控制权可以是在某个时点完成,也可以是在某个时段完成,因此,收入确认有"时点确认"和"期间确认"两种情况。在确认履行每一单项履约义务的收入时,企业应当根据实际情况,首先判断履约义务是否满足在某一时段内履行的条件,如不满足,则该履约义务属于在某一时点履行的履约义务,具体判断条件见相关《中级财务会计学》教材,本教材不展开。

以上五个步骤中,第一、第二、第五步主要与收入确认有关,第三、第四步主要与收入的计量有关。

5. 费用的确认

费用与收入是相对应的概念,费用是为得到收入而付出的代价。费用被定义为:企业在日常活动中发生的、会导致所有者权益减少的、与向所有者分配利润无关的经济利益的总流出。符合费用定义且同时具备以下条件时,应确认为费用:①经济利益很可能流出企业从而导致企业资产减少或者负债增加;②经济利益的流出额能够可靠地计量。

6. 利润的确认

利润是企业在生产经营过程中各项收入抵减各项耗费后的余额。利润不能像收入、费用那样单独确认,它的确认只能依附于一定期间内的收入和费用的确认,收入、费用的确认标准即为利润的确认标准。

二、会计计量

(一)会计计量与会计确认

会计计量是根据被计量对象的特征,选择运用一定的计量基础和计量单位,确定应记录项目金额的会计处理过程。会计确认与会计计量总是不可分割地联系在一起,企业在日常活动中产生的大量经济信息只有经过会计确认才能进入会计核算系统,而会计确认又离不开会计计量,因为只有可以计量的经济信息才能被会计核算系统接受,在经过初次确认和再次确认后列入企业的财务报表。会计确认是会计计量的前提,它决定着某个经济信息能否作为某个会计要素进入会计核算系统,主要解决会计核算的定性问题。会计计量是会计确认的结果,它决定已确认的经济信息如何按真实与相关的金额列示在企业的财务报表上,主要解决会计核算中的定量问题。可以说,会计核算过程基本上是一个会计计量的过程。

(二)会计计量单位

会计计量单位是指计量尺度的量度单位。会计计量单位的选择经历了漫长的发展过程,从最早的某些象征性符号向各种实物量度、劳动量度不断发展。到了商品经济社会,劳动量度也难以对众多的经济活动进行综合的反映,于是货币作为商品内在价值尺度的必然表现形式,取代了实物量度单位和劳动量度单位,成为会计统一的计量尺度。会计计量虽以货币计量为主,但不排除使用劳动量度、实物量度计量,如存货可按货币和实物两种量度计量。也就是说,以货币计量为主导计量,以劳动计量和实物计量为辅助计量。

为了使会计计量的结果具有可比性,客观上要求对不同时期会计计量对象进行计量的货币单位保持稳定。但是,在现实中,这种理想的计量单位是很难找到的,因为货币的量度单位在实务中是指它的购买力,而货币的购买力由于受不同时期的生产力水平和货币供应量等因素的影响,是经常变动的。为了满足会计信息的决策有用性,在会计上就产生了名义货币单位和实际购买力货币单位两种可供会计主体选择的计量单位。现行国际惯例是:在物价变动不超过恶性通货膨胀的程度下,一般以各国法定的名义货币作为计量单位,忽略货币购买力的变化对会计计量对象的影响。

(三) 会计计量属性

会计计量属性也可以称为计量基础,是指所用量度的经济属性,即按什么标准、从什么角度来计量,是从不同的会计角度反映会计要素的金额的确认基础。会计计量属性有以下五种。

1. 历史成本

历史成本(又称实际成本)是指按照形成某项会计要素时所付出的实际成本进行计量。按历史成本计量是会计的一条重要原则,也是会计计量中最重要和最基本的属性。在历史成本计量模式下,资产按照购置时支付的现金或者现金等价物的金额,或者按照购置资产时所付出的对价的公允价值计量。负债按照因承担现时义务而实际收到的款项或者资产的金额,或者承担现时义务的合同金额,或者按照日常活动中为偿还负债预期需要支付的现金或现金等价物的金额计量。

历史成本计量属性具有客观、可靠、数据容易采集、符合会计核算真实性等优点。因此,在币值基本稳定的前提下,会计核算采用历史成本计量,是当前世界各国的通用做法。但历史成本属性也有其内在的局限性,尤其在物价明显变动的情况下。第一,物价变动时,按历史成本确定的资产的账面价值难以反映其实际价值。第二,基于各交易时点的历史成本代表着不同的价值量,物价明显变动时,其可比性是有限的。

2. 重置成本

重置成本(又称现行成本)是指现在形成某项会计要素可能付出的成本代价。在重置成本计量模式下,资产按照现在购买相同或者相似资产所需支付的现金或者现金等价物的金额计量。负债按照现在偿付该项债务所需支付的现金或者现金等价物的金额计量。重置成本的优点是考虑了通货膨胀的实际情况,能避免物价变动的虚计收益,有利于资本保全。但重置成本的确定比较困难,会影响会计信息的可比性。在社会生产力飞速发展的今天,随着时间的推移,很难找到两个不同时期相同或类似的资产。

3. 可变现净值

可变现净值是指出售时可能收回的金额(售价扣除可能发生的费用后的净值)。在可变现净值计量下,资产按其正常对外销售所能收到的现金或者现金等价物的金额扣减该资产至完工时估计将要发生的成本、估计的销售费用以及相关税金后的金额计量。可变现净值虽然在操作上有一定的难度,但可以真实地反映资产的价值。

4. 现值

现值是指对未来现金流量以恰当的折现率进行折现后的价值,是考虑货币时间价值的一种计量属性。在现值计量下,资产按照预计从其持续使用和最终处置中产生的未来净现金流入量的折现金额计量。负债按照预计期限内需要偿还的未来净现金流出量的折现金额计量。现值可以反映资产带来的经济利益流入的金额,或者偿还债务相关的经济利益流出的金额,但会受主观因素的影响。

5. 公允价值

公允价值是指在公平交易过程中,熟悉情况的交易双方自愿进行资产交换或负债清偿的金额①。公允价值的确定条件是公平交易,交易的双方对所进行的交易活动是熟悉的,而且交易双方都是自愿的。在此基础上确定的资产金额和债务金额都属于公允价值。公允价值可以真实地反映资产、负债的价值,但公允价值要求市场必须是成熟的,同时也具有不易操作的问题。

【例 2-1】 光明工厂 20×0 年 1 月 1 日购买一台设备,设备预计使用 10 年,截至 20×2 年 12 月 31 日,该设备在不同计量属性下的金额如表 2-1 所示。

表 2-1　　　　　　　　　　　　设备计量属性表　　　　　　　　　　　单位:元

内　容	金额	计量属性
20×0 年 1 月 1 日,以银行存款 150 000 元购进	150 000	历史成本
20×2 年 12 月 31 日,如果重新购买一台已使用 3 年的相同或相似设备,预计将支付的全部款项为 130 000 元	130 000	重置成本
20×2 年 12 月 31 日,如果将该设备出售,预计售价为 125 000 元,出售时支付的各项费用合计为 5 000 元	120 000	可变现净值
该设备可以继续使用 7 年,预计每年带来的收益为 15 000 元,共计 105 000 元,将未来的收益折算为 20×2 年 12 月 31 日的价值为 97 000 元	97 000	现值
该设备在类似的市场上,双方自愿交易的价格为 125 000 元	125 000	公允价值

计量属性的选择取决于会计信息使用者的需要,由于各种不同的会计信息使用者对会计信息的需求不同,因此计量属性的选择也就存在差别。企业在对会计要素进行计量时,一般应当以历史成本作为会计计量的属性。这是因为历史成本具有可靠、简便、可验证等其他计量属性不能比拟的优点。但历史成本也存在一定的缺陷,因此,企业有时也将其与其他计量属性结合使用。例如,存货价值的确定一般采用历史成本计量属性,如果价格波动较大导致可变现净值较低,也可以采用其他计量属性,如按照成本与可变现净值孰低原则计量。

(四)会计计量模式

会计计量包括了对计量属性和计量单位的选择。会计计量就是要解决会计对象应选择何种属性进行计量以及应采用什么单位进行计量的问题。由于存在多种计量属性和计量单位,它们之间的不同组合就形成不同的会计计量模式。因此,会计计量模式就是将会计上的计量单位和计量属性进行有机组合后所形成的对会计对象实施计量的基本方式。例如,将历史成本与名义货币单位组合、历史成本与实际购买力货币单位组合、重量成本与名义货币单位组合、重量成本与实际购买力货币单位组合,等等。各种计量模式都有一

---

① 我国财政部颁布并于 2014 年 7 月 1 日起施行的《企业会计准则第 39 号——公允价值计量》中定义的公允价值为:市场参与者在计量日发生的有序交易中,出售一项资产所能收到或者转移一项负债所需支付的价格。

定的优缺点,企业应当依据不同的会计环境以及不同时期的客观需要,选择相应的会计计量模式。

三、会计记录

会计确认、计量的结果不仅要通过会计记录反映,而且会计确认和计量都要融合在会计记录之中。也就是说,在具体进行会计处理过程中并没有单独划分出确认和计量阶段,确认和计量实际上融合在会计记录的各种具体方法之中。会计记录是在确认和计量的基础上对企业经济活动轨迹进行描述的方法和手段,主要包括上节已经述及的下列专门方法:①设置科目和账户;②复式记账;③填制和审核凭证;④登记账簿;⑤成本计算;⑥财产清查;⑦编制报表。

四、财务会计报告

会计的基本职能是向会计信息使用者(包括股东、债权人、政府管理机构、税务部门等)提供与决策相关的信息,会计信息使用者所需要的信息是多种多样的,但归纳起来主要有以下三方面:①在某一特定日期,企业的财务状况如何;②在某一特定时期内,企业的经营成果如何,盈利能力如何;③在某一特定时期内企业的现金流量如何。企业主要是通过资产负债表、利润表和现金流量表等报表来满足会计信息使用者的需要。为此,会计人员需要对大量的经济业务通过确认、计量和记录等工作,最后进行报告,向会计信息使用者提供资产负债表、利润表和现金流量表等报表及其附注资料。

（一）资产负债表

资产负债表是反映企业某一特定日期财务状况的财务报表,是一种静态报表,反映了企业在某一特定时点上的资产、负债和所有者权益的情况。资产负债表是根据资产、负债和所有者权益之间的相互关系,按照一定的分类标准和一定次序,将企业在一定日期的资产、负债和所有者权益各项目进行适当的排列、分类、汇总后编制而成的。通过资产负债表可以使信息使用者了解企业的财务状况、偿债能力、筹资能力;分析企业资产、负债和所有者权益构成的合理性、财务状况的优劣;评价企业财务状况的安全性。

提供资产负债表的具体步骤如下。

（1）初次确认。分析发生的经济业务信息,将符合可定义性并且能够以货币计量的经济业务纳入会计核算系统。

（2）入账。通过审核原始凭证分析具体的经济业务,编制会计分录,填制记账凭证或登记日记账,将能够以货币表现的经济业务记录到会计信息的载体上。

（3）过账。根据已编制的记账凭证登记分类账簿,以便分类反映各会计要素。

（4）结账。结清各资产、负债和所有者权益等账户的发生额和余额,并将余额转入下期,为编制报表做好准备工作。

（5）编表。根据上述结账后的账户余额编制资产负债表。

（二）利润表

利润表是反映企业在一定期间经营成果的报表,主要是为会计信息使用者提供有关企业经营成果方面的信息。所谓经营成果是指企业一段时间内的利润总额及其形成过程。利润表是根据权责发生制的原则,将某一会计期间的收入与同期的成本、费用相配比,计算出利润,总括地反映企业的收入、费用和利润情况的报表。通过利润表可以使信息使用者了解企业的利润构成情况、盈利能力,分析企业利润形成的合理性,评价经营业绩的优劣。

提供利润表的具体步骤与资产负债表基本相同,具体如下。

(1)初次确认。分析经济业务,将能够以货币计量的经济业务纳入会计核算系统。

(2)入账。通过审核原始凭证分析具体的经济业务,编制会计分录,填制记账凭证或登记日记账,将能够以货币表现的经济业务记录到会计信息的载体上。

(3)过账。根据已编制的记账凭证登记分类账簿,以便分类反映各会计要素。

(4)调整。依据权责发生制原则对分类账户的有关记录进行期末账项调整,以便正确计算各期损益。

(5)结账。将各种收入账户和费用账户余额转到有关账户中,结清收入和费用账户,以便结出本期的经营成果。

(6)编表。根据调整后的账户发生额编制利润表。

(三)现金流量表

由于初级会计学是会计学的入门课,编制现金流量表比较复杂,相关内容在本教材"第十一章财务会计报告"和《中级财务会计》教材相关章节中具体介绍。

第三章 会计科目与账户

第一节 会计科目

一、设置会计科目的意义

会计是一种经济管理活动,而管理离不开分类,分类是管理的基础,或者说分类是管理的一种形式,会计出于核算的需要,对其工作对象——企业的生产经营活动进行了分类,形成了前文已述及的六大会计要素。但由于企业的经营业务错综复杂,以六大会计要素来反映企业经营管理活动未免过于笼统,为了能对企业的经营管理活动作出更详细的反映,需要对六大会计要素做更进一步的分类,即将每一会计要素再细分为若干项目,对会计要素进一步细分的项目就是会计科目。所以,会计科目是对会计要素的具体内容进行分类核算的标志或项目。

设置会计科目是会计记录的一种专门方法,通过设置会计科目,可以对不同性质、纷繁复杂的经济业务进行合理分类,将杂乱无章的经济数据变成有规律、易识别的经济信息,为进一步将其转化为会计信息准备条件。通过设置会计科目,对会计要素的具体内容进行科学分类,能够为会计信息的使用者提供科学、详细的分类指标体系,会计科目的设置决定着账户开设和报表结构设计。

二、设置会计科目的原则

1. 针对性原则

科目设置的多少和详细程度要结合具体会计对象的特点和经济管理的具体要求,根据不同单位经济业务的特点,本着全面核算经济业务的全过程及结果的目的来确定,同时要充分考虑国家宏观经济管理要求和企业自身经济管理要求。

2. 简明性原则

会计科目是进行分类核算的标识,因此会计科目的名称要简单明确、字义相符,力求避免误解和混乱,要尽量采用经济生活中习惯使用的名称,这样才既便于使用,又利于理解。

3. 统一性原则

可比性是会计信息质量要求之一,为了使各个企业提供的会计信息能够具有横向可比性,各单位在设置会计科目时应尽可能做到统一,即各单位在设置会计科目时应按照国家统一会计制度的规定设置会计科目,不得随意设置。

4. 灵活性原则

由于不同企业具有不同经济业务,不同经济业务具有自身的特殊性,如果在会计科目设置上一味强调统一性,可能会造成企业设置的某些科目丧失有用性,因此,在会计科目设置上,允许企业有一定的灵活性。即在不违背国家统一规定的前提下,企业可以根据自身的业务特点和实际情况,增加、减少或分拆、合并某些会计科目。

5. 稳定性原则

稳定性是会计信息质量的另一要求,为了便于分析比较不同时期会计核算指标并在一定范围汇总核算指标,设置的会计科目应保持相对稳定,不能经常变动会计科目的名称、内容、级次。

三、会计科目分类

为了更好理解会计科目的性质和作用,进一步研究会计科目之间的相互关系,更好地使用会计科目,需要对会计科目进行分类。

1. 按会计科目反映的经济内容分类

会计的经济内容就是用货币反映的经济活动,即资金运动。前文在述及会计要素时,从资金运动的静态和动态角度分析了六大会计要素,而会计科目是对会计要素具体内容进行分类核算的标志或项目,因此,会计科目按经济内容也可以分为资产类科目、负债类科目、所有者权益类科目、收入类科目、费用类科目和利润类科目。由于收入和费用在每一会计期末都要通过结转进行配比,用于计算会计利润,确定损益,因此,一般将收入类科目、费用类科目进行归并,与利润类科目一起称为损益类科目。为了计算企业生产产品和提供劳务所发生的成本,可以设置成本类科目。针对特殊行业,如银行业,为了反映和核算其联行往来、外汇买卖、同城票据清算等业务的资金往来,需要设置相应科目,这些科目就经济内容看,不仅反映资产,也反映负债,属于资产负债共同类科目,简称共同类科目。因此,按会计科目反映的经济内容,可以把会计科目分为资产类科目、负债类科目、共同类科目、所有者权益类科目、成本类科目和损益类科目。我国企业常用的会计科目是按照反映的经济内容划分的,具体见表3-1。

表 3-1　　　　　　　　　　　　企业常用会计科目表

编号	科目	编号	科目	编号	科目
	一、资产类	1221	其他应收款	1511	长期股权投资
1001	库存现金	1231	坏账准备	1512	长期股权投资减值准备
1002	银行存款	1401	材料采购	1601	固定资产
1012	其他货币资金	1402	在途物资	1602	累计折旧
1121	应收票据	1403	原材料	1603	固定资产减值准备
1122	应收账款	1404	材料成本差异	1701	无形资产
1123	预付账款	1405	库存商品	1702	累计摊销
1131	应收股利	1471	存货跌价准备	1801	长期待摊费用

（续表）

编号	科目	编号	科目	编号	科目
1811	递延所得税资产	2901	递延所得税负债	5201	劳务成本
1901	待处理财产损溢		三、共同类		六、损益类
	二、负债类	3001	清算资金往来	6001	主营业务收入
2001	短期借款	3002	货币兑换	6051	其他业务收入
2201	应付票据	3101	衍生工具	6111	投资收益
2202	应付账款	3201	套期工具	6301	营业外收入
2203	预收账款	3202	被套期项目	6401	主营业务成本
2211	应付职工薪酬		四、所有者权益类	6402	其他业务成本
2221	应交税费	4001	实收资本	6403	税金及附加
2231	应付利息	4002	资本公积	6601	销售费用
2232	应付股利	4101	盈余公积	6602	管理费用
2241	其他应付款	4103	本年利润	6603	财务费用
2501	长期借款	4104	利润分配	6711	营业外支出
2502	应付债券		五、成本类	6801	所得税费用
2701	长期应付款	5001	生产成本	6901	以前年度损益调整
2801	预计负债	5101	制造费用		

2. 按会计科目提供核算指标的详细程度分类

会计科目按提供核算指标的详细程度可以分为总分类科目和明细分类科目。总分类科目也称总账科目或一级科目，是对会计要素的具体内容所做的总括分类，它反映企业财务状况、经营成果方面的总括信息，是编制财务报表的主要依据。明细分类科目也称细目或明细科目，是对总分类科目的进一步分类。明细分类科目是反映企业财务状况、经营成果方面的详细信息，是了解企业各项目具体内容的主要依据。在实际工作中，大多数总分类科目都需要设置明细科目。如果某一总分类科目下的明细分类科目较多，可以在总分类科目和明细分类科目之间增设二级科目，二级科目也称子目。比如，如果企业材料的类别、品种较多，为便于管理和控制，可在"原材料"总分类科目下，按材料的类别设置"原料及主要材料""燃料""辅助材料"等二级科目，在二级科目"原料及主要材料"下再按品名设置"A材料""B材料""C材料"等。现以"原材料"为例，用表3-2说明总分类科目、二级科目和明细分类科目之间的关系。

表 3-2　　　　　　　　　　总分类科目、二级科目和明细分类科目之间的关系

总分类科目 （一级科目）	二级科目 （子目）	明细科目或细目 （三级科目）
原材料	原料及主要材料	A 材料 B 材料 C 材料
	燃料	汽油 柴油 天然气
	辅助材料	铁丝 铁钉 油漆

第二节　会计账户

一、设置账户的意义

通过设置会计科目对会计要素的具体内容进行了分类，但会计科目只是各项目的名称，它没法反映企业经营活动中的资金运动，不能对企业日常发生的经济业务进行连续、系统、完整的记录，要反映企业经营活动中的资金运动需要通过设置账户来实现。账户是按照会计科目设置的、对经济业务内容进行分类记录、具有一定结构和格式的记账实体。

会计科目和账户是不同的两个概念，它们既相区别又相联系。其相同点在于都对经济业务进行分类，都反映一定的经济业务内容；其不同点表现在：会计科目只是经济业务分类核算的项目或标志，只说明一定经济业务的内容，账户却不只反映经济内容，还具体反映资金的增减变化。

二、账户的格式

要账户反映资金运动，就必须赋予它一定的结构，用于反映资金的增加、减少或结余数额。不同的记账方法下，账户的结构不同；同一记账方法，不同性质的账户，其结构也不同。但不管采用何种记账方法，也不管何种性质的账户，其基本结构大体相同，即账户一般可以划分为左边和右边两个方向，每一方向再根据实际需要分成若干栏次，用来分类登记经济业务及其会计要素的增减金额及其变动结果。账户一般应包括以下内容。

（1）账户名称，即会计科目。

（2）日期，即经济业务发生的时间。

（3）摘要，概括说明所记录经济业务的内容。

（4）凭证号数，登记账户所依据的会计凭证编号。

（5）增加和减少的金额及余额，记录会计事项增减变动的结果。

最基本的账户格式设计见表 3-3。

表 3-3　　　　　　　　　　　　　　账 户 的 格 式

账户名称

日期	凭证号数	摘要	增加金额	减少金额	余额

在实际教学中,为了方便演示和练习,经常将账户格式简化成"T"形账户。"T"形账户的格式见表 3-4。

表 3-4　　　　　　　　　　　　　"T"形账户格式

借方　　　　　　　　　　　　　　××账户　　　　　　　　　　　　　　贷方

第四章　复式记账及其应用

第一节　复式记账原理

在会计实务中，企业结合自身的业务特点设置会计科目，并按会计科目开设了账户后，就需要采用一定的记账方法将企业发生的经济业务在账户中记录和反映出来。

记账方法是指在经济业务发生后如何将其记录在账户中的方法。它包括两类：一类是单式记账法；另一类是复式记账法。

一、单式记账法

单式记账法是对每项经济业务只在一个账户中进行单方面记录和反映的记账方法。比如，企业发生的用银行存款 100 000 元购买原材料的经济业务，为了反映其资金的变动情况，只在银行存款账户中记录减少 100 000 元。单式记账只从一个方面（账户）反映企业资金的变动，或者也从两个方面（账户）反映资金的变动，但两个方面（账户）之间没有建立对应关系。

单式记账法下账户之间的记录没有直接联系，没有相互平衡的关系，不能全面、系统地反映经济业务的来龙去脉，也不便于检查账户记录的正确性、真实性。在会计发展的初期，经济活动比较单一，经济业务也较为简单，单式记账法的弊端没有凸显出来。但随着商品经济的发展，经济活动越来越多，经济业务也越来越复杂，单式记账法已无法适应复杂的商品生产和交换的需要，逐渐被复式记账法所取代。

二、复式记账法

复式记账法是单式记账法的对称，它是在每一项经济业务发生后，同时在两个或两个以上的账户中从两个方向以相等的金额进行记录的一种记账方法。

与单式记账法相比，复式记账法具有以下几个特征和优点。

(1) 复式记账法对每项经济业务都要在相互联系的两个或两个以上的账户中进行记录。这样记录的结果，不仅可以了解每一项经济业务的来龙去脉，而且可以通过会计要素的增减变动，全面、系统地了解经济活动的过程和结果。

(2) 复式记账法要求以相等的金额在两个或两个以上的账户同时进行登记，因此，可以对账户记录的结果进行试算平衡，以检查账户记录的正确性。

(3) 复式记账法设置了完整的账户体系，能对每一经济业务进行全面反映。

复式记账法按照采用的记账符号和记账规则的不同，可以分为借贷记账法、收付记账法和增减记账法。其中,借贷记账法是世界各国普遍采用的一种记账方法,在我国也是应用最广泛的一种记账方法。自1993年7月1日起,我国规定企业会计核算一律采用借贷记账法。

第二节 借贷记账法

借贷记账法是以"借"和"贷"作为记账符号,记录会计要素增减变动情况的一种复式记账法。

根据考证,借贷记账法起源于13世纪的意大利。当时,意大利的商品经济有了长足的发展,在商品交换中,为了适应商业资本和借贷资本经营者管理的需要,逐步形成了借贷记账法。"借""贷"两字的含义,最初是从借贷资本家角度来解释的,借贷资本家以经营货币资金的借入和贷出为主要业务,对于借进的款项,记在贷主(creditor)名下,表示自身的债务增加;对于贷出的款项,则记在借主(debtor)名下,表示自身的债权增加。这样"借""贷"两字分别表示债权(应收款)、债务(应付款)的变化。随着商品经济的发展,经济业务的内容日趋复杂,记录的经济业务不再局限于货币资金的借贷,而逐渐扩展到财产物资、经营损益和经营资本的增减变化,这时,为了求得记账的一致性,对于非货币资金的借贷业务,也以"借""贷"两字说明经济业务的变化情况。之后,"借""贷"两字逐渐失去了原来的含义,转化为纯粹的记账符号。

到了15世纪,借贷记账法逐渐完备,被用来反映资本的存在形态和所有者权益的增减变化。1868年明治维新后日本从英国学习西式簿记;20世纪初,清政府派人赴日学习,借贷记账法由日本传入我国。目前,世界各国都采用借贷记账法进行会计核算,使借贷记账法生成的会计信息成为通用的国际商业语言。

一、理论基础

借贷记账法的对象是会计要素的增减变化过程及其结果。如前所述,六大会计要素之间存在客观必然的数量关系,即以下会计等式:

$$资产 = 负债 + 所有者权益 \tag{4-1}$$

$$利润 = 收入 - 费用 \tag{4-2}$$

$$资产 = 负债 + 所有者权益 + (收入 - 费用) \tag{4-3}$$

任何一项经济业务的发生,都会涉及会计要素的变化,而且至少会涉及两个及以上会计要素的变化。在一个会计要素发生增减变化时,另一个或两个及以上会计要素必然随之发生增减变动,以维持平衡公式不被破坏。只有维持会计要素之间的平衡关系,在相关的账户中进行等额登记,才能保证记录经济业务的完整性。所以,上述会计等式特别是等式(4-1)为借贷记账法提供了理论依据。

二、记账符号

记账符号是一种记账方法的外在标志,任何经济业务的发生都会涉及资金的变动,而这种变动不外乎两种情况,即增加和减少,也就是资金变动的方向。每种记账方法都需要使用不同符号以反映资金变动方向。借贷记账法就是以"借"和"贷"两字作为记账符号,来反映资金的增减变动情况。这里的"借"和"贷"纯粹作为记账符号,不表示借款或贷款事项,也无其他任何含义,只表示资金运动增加和减少两个方向,在特定账户中,通常称为借方和贷方,具体借方和贷方所代表的经济内容,则需通过账户的具体性质加以确定。

三、账户结构

对资金运动增减变动的反映,需通过账户的结构来实现。借贷记账法的账户基本结构是:每一个账户都分为左右两个方向,规定账户左边为"借方",账户右边为"贷方"。发生的经济业务在账户中进行记录时,如果记录在借方时,可以称为"借记××科目";如果记录在贷方时,可以称为"贷记××科目"。由于存在会计分期,从某一期间看,在期初,账户一般有期初余额,在期末,账户一般有期末余额。

借贷记账法下,账户的借方和贷方是反映资金相反变动的两个方向,对某账户而言,如果规定借方记录增加额,其贷方就记录减少额;如果规定借方记录减少额,其贷方就记录增加额。但究竟账户在哪个方向表示增加额,在哪个方向表示减少额,则取决于账户反映的经济内容和账户的性质。账户正常余额一般在反映资金增加的那个方向。因此,不同账户的具体结构是不同的。

（一）资产类账户

人们根据借贷记账法的理论依据——会计恒等式"资产＝负债＋所有者权益"规定,资产类账户借方记录资产的增加额,贷方记录资产的减少额。在某一会计期间内,借方记录的合计数称为借方发生额,贷方记录的合计数称为贷方发生额,该期期初有余额,称为期初余额,期初余额与本期借方发生额和本期贷方发生额的差额相加得到的结果就是期末余额。资产类账户的正常余额一般在借方。用公式表示为:

资产类账户期末借方余额 ＝ 期初借方余额＋本期借方发生额－本期贷方发生额

为了教学的方便,教材中一般用"T"形账户来代替实际账户。资产类账户的结构如表 4-1 所示。

表 4-1

借方		资 产 类 账 户	贷方
期初余额	×××		
（1）本期增加额	×××	（3）本期减少额	×××
（2）本期增加额	×××	（4）本期减少额	×××
本期发生额	×××	本期发生额	×××
期末余额	×××		

（二）负债类和所有者权益类账户

由会计恒等式"资产＝负债＋所有者权益"可知,负债类和所有者权益类账户的结构与资产类结构是刚好相反的。因此负债类和所有者权益类账户的贷方记录增加额,借方记录减少额,余额一般在贷方。用公式表示为:

$$负债类和所有者权益类账户期末贷方余额 ＝ 期初贷方余额＋本期贷方发生额$$
$$－本期借方发生额$$

用"T"形账户反映的负债类和所有者权益类账户的结构如表4-2所示。

表 4-2

借方		负债类和所有者权益类账户	贷方
		期初余额	×××
（3）本期减少额	×××	（1）本期增加额	×××
（4）本期减少额	×××	（2）本期增加额	×××
本期发生额	×××	本期发生额	×××
		期末余额	×××

（三）费用成本类账户

由会计等式"资产＝负债＋所有者权益＋收入－费用"可知,费用类账户的结构与资产类账户相同,而成本是费用对象化的结果,可以看成一种资产,所以费用成本类账户的结构与资产类账户的结构基本相同,账户的借方记录成本费用的增加额,贷方记录成本费用的减少额,成本类账户的余额在借方,费用类账户借方记录的增加额一般都要通过贷方转出,所以费用类账户通常没有余额。

用"T"形账户反映的费用类账户的结构如表4-3所示(成本类账户结构与资产类账户结构一样,这里从略)。

表 4-3

借方		费用类账户	贷方
（1）本期增加额	×××		
（2）本期增加额	×××	（3）转出额	×××
本期发生额	×××	本期发生额	×××

（四）收入类账户

由会计等式"资产＝负债＋所有者权益＋收入－费用"可知,收入类账户的结构与负债类及所有者权益类账户同向,收入类账户的贷方记录增加额,借方记录减少额,由于贷方记录的收入增加额一般要通过借方转出,因此收入类账户通常也没有余额。

用"T"表账户反映的收入类账户的结构如表4-4所示。

表 4-4

借方	收入类账户		贷方
	(1) 本期增加额		×××
(3) 转出额	×××	(2) 本期增加额	×××
本期发生额	×××	本期发生额	×××

四、记账规则

前文已述及,企业发生的任何经济业务引起的资金运动都不会破坏会计恒等式"资产＝负债＋所有者权益"的平衡关系,同时,复式记账法又要求对每一经济业务所引起的所有方面的资金运动都要加以反映,因此,借贷记账法在具体记账时,必须遵循相应的记账规则,概括起来就是:有借必有贷,借贷必相等。它包括以下两方面的意思。

(1) 对任何一项经济业务都必须在借方账户和贷方账户同时记录,不能只在借方账户中记录,而不在贷方账户中记录,也不能只在贷方账户中记录,而不在借方账户中记录。

(2) 对每一项经济业务记录于借方账户的合计金额与记录于贷方账户的合计金额必须相等。

下面具体通过几个例子对借贷记账法的记账规则进行进一步阐述。

【例 4-1】 巴蜀公司 201×年 12 月 2 日接受 A 公司追加投资 30 万元,所收款项存入银行。

分析:该业务引起资产和所有者权益两个会计要素发生变化,即资产——银行存款增加,所有者权益——实收资本增加,资产的增加记录于其账户的借方,所有者权益增加记录于其账户的贷方。因此,应该在"银行存款"账户的借方记录 30 万元,同时在"实收资本"账户贷方记录 30 万元,有借方、有贷方,且借方账户金额与贷方账户金额相等。

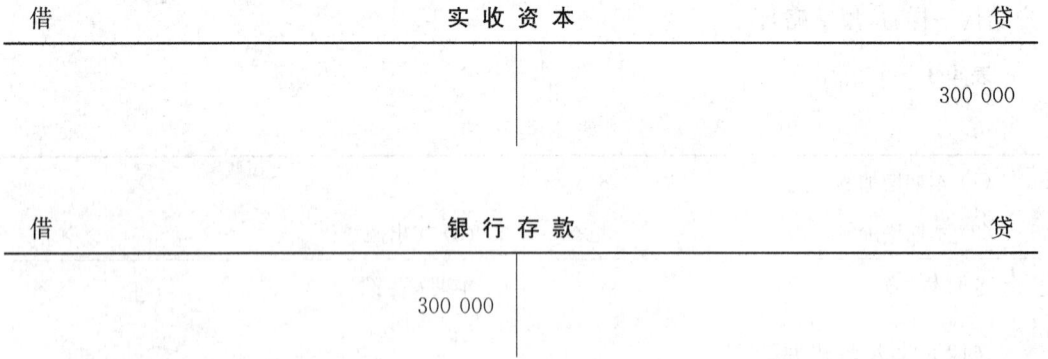

借	实 收 资 本	贷
		300 000

借	银 行 存 款	贷
300 000		

【例 4-2】 巴蜀公司 201×年 12 月 5 日从银行取得为期 6 个月的借款 10 万元,款项已转入公司账户。

分析:该业务引起资产和负债两个会计要素发生变化,即资产——银行存款增加,负债——短期借款增加,资产的增加记录于其账户的借方,负债的增加记录于其账户的贷方。因此,应该在"银行存款"账户的借方记录 10 万元,同时在"短期借款"账户贷方记录 10 万元,有借方、有贷方,且借方账户金额与贷方账户金额相等。

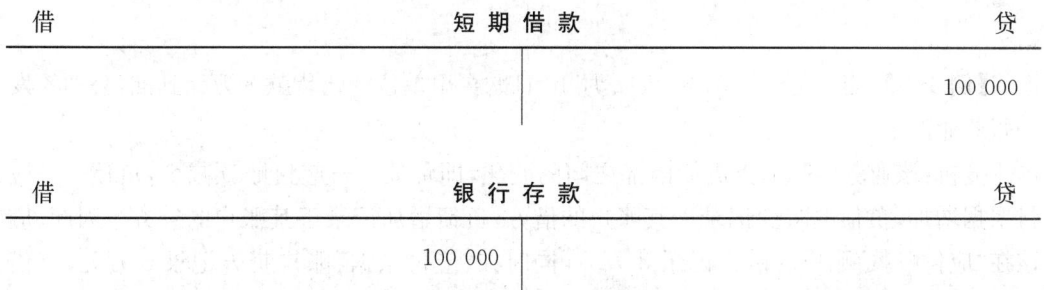

【例 4-3】 巴蜀公司 201×年 12 月 7 日购买原材料一批,价值 5 万元,材料已入库,款项以银行存款付讫。

分析:该业务引起两类资产内部之间的变化,即资产——银行存款减少,资产——原材料增加,资产的增加记录于其账户的借方,资产减少记录于其账户的贷方。因此,应该在"银行存款"账户的贷方记录 5 万元,同时在"原材料"账户借方记录 5 万元,有借方、有贷方,且借方账户金额与贷方账户金额相等。

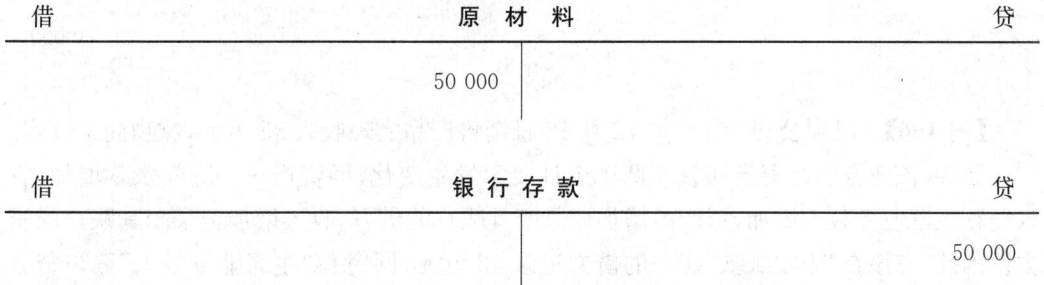

【例 4-4】 巴蜀公司 201×年 12 月 9 日购买原材料一批,价值 15 万元,材料已入库,以银行存款支付 10 万元,余款暂欠。

分析:该业务引起资产和负债两个会计要素、三方面资金发生变化,其中资产——原材料增加,资产——银行存款减少,负债——应付账款增加,资产的增加记录于其账户的借方,资产减少记录于其账户的贷方,负债的增加记录于其账户的贷方。因此,应该在"原材料"账户借方记录 15 万元,同时在"银行存款"账户的贷方记录 10 万元,在"应付账款"账户的贷方记录 5 万元,有借方、有贷方,且借方账户金额与贷方账户金额相等。

借	原　材　料	贷
150 000		

借	银　行　存　款	贷
		100 000

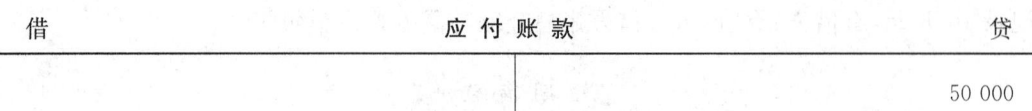

借	应 付 账 款	贷
		50 000

【例 4-5】 巴蜀公司 201×年 12 月 10 日购买甲单位的购货款 8 万元到期,公司签发一张商业汇票。

分析:该业务引起两类负债内部之间的变化,即负债——应付账款减少,负债——应付票据增加,负债的减少记录于其账户的借方,负债增加记录于其账户的贷方。因此,应该在"应付账款"账户的借方记录 8 万元,同时在"应付票据"账户贷方记录 8 万元,有借方、有贷方,且借方账户金额与贷方账户金额相等。

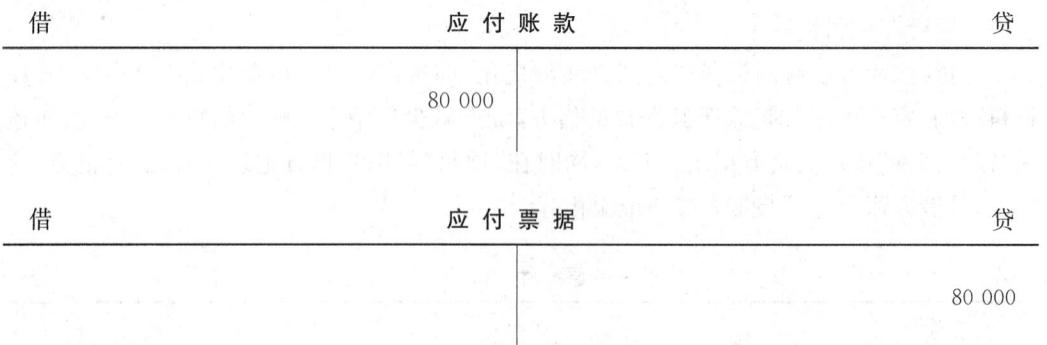

借	应 付 账 款	贷
	80 000	

借	应 付 票 据	贷
		80 000

【例 4-6】 巴蜀公司 201×年 12 月 12 日销售产品实现收入 12 万元,款项尚未收到。

分析:该业务引起资产和收入两个会计要素发生变化,即资产——应收账款增加,收入——主营业务收入增加,资产的增加记录于其账户的借方,收入增加记录于其账户的贷方。因此,应该在"应收账款"账户的借方记录 12 万元,同时在"主营业务收入"账户贷方记录 12 万元,有借方、有贷方,且借方账户金额与贷方账户金额相等。

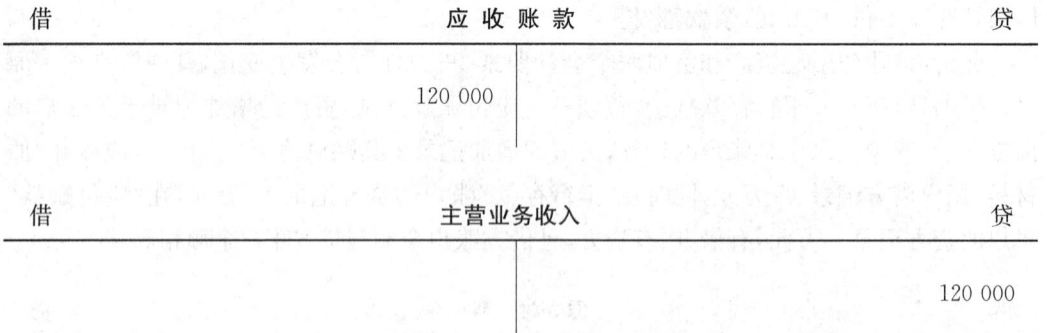

借	应 收 账 款	贷
	120 000	

借	主营业务收入	贷
		120 000

【例 4-7】 巴蜀公司 201×年 12 月 18 日以现金支付购买办公用品费 2 000 元。

分析:该业务引起资产和费用两个会计要素发生变化,即资产——库存现金减少,费用——管理费用增加,费用的增加记录于其账户的借方,资产减少记录于其账户的贷方。因此,应该在"管理费用"账户的借方记录 2 000 元,同时在"库存现金"账户贷方记录 2 000 元,有借方、有贷方,且借方账户金额与贷方账户金额相等。

借	管 理 费 用	贷
	2 000	

借	库 存 现 金	贷
		2 000

通过上面的例题,可以看出,企业所发生的经济业务无论引起会计要素怎样的增减变化,在用借贷记账法进行处理时,都遵循了"有借必有贷,借贷必相等"的记账规则。

每一笔经济业务要在账簿中登记,就涉及登记在哪些账户的哪个方向和记录多少金额的问题,为了防止登账错误,需要在经济业务发生时先编制会计分录,然后再根据会计分录登记账簿。会计分录是标明某项经济业务应借、应贷账户名称及金额的一种记录。在实际工作中,编制会计分录是通过填制记账凭证来完成的。

将[例4-1]的经济业务用会计分录可以表示为:

借:银行存款　　　　　　　　　　　　　　　　　　　　　　　300 000
　　贷:实收资本　　　　　　　　　　　　　　　　　　　　　　300 000

将[例4-4]的经济业务用会计分录可以表示为:

借:原材料　　　　　　　　　　　　　　　　　　　　　　　　150 000
　　贷:银行存款　　　　　　　　　　　　　　　　　　　　　　100 000
　　　　应付账款　　　　　　　　　　　　　　　　　　　　　　50 000

在会计分录中,总会在有关账户之间形成应借应贷的关系,应借账户与应贷账户之间形成的关系称为账户的对应关系,形成对应关系的账户互称为对应账户。例如,[例4-1]中的借方"银行存款"账户与贷方"实收资本"账户就是对应账户;[例4-4]中的借方"原材料"账户分别与贷方"银行存款"账户和"应付账款"账户形成对应关系,而同为贷方的"银行存款"账户和"应付账款"账户之间不形成对应关系。

会计分录有简单会计分录与复合会计分录之分。简单会计分录是只有一个借方账户和一个贷方账户对应组成的会计分录,即"一借一贷"分录,[例4-1]所编制的会计分录就是简单会计分录;复合会计分录是有两个以上账户相对应组成的会计分录,具体包括"一借多贷""多借一贷"和"多借多贷"会计分录,[例4-4]所编制的分录就是复合会计分录。

简单会计分录反映问题直观,便于检查;复合会计分录可以集中、全面反映某项经济业务的整体情况,可简化记账手续。在编制会计分录时,可以编制"一借一贷"简单分录和"一借多贷""多借一贷"复合分录。在实际工作中,如果一项经济业务涉及多个借方和贷方科目,为全面反映该业务,也可以编制多借多贷的复合会计分录,但不允许将几项经济业务合并编制复合分录。

五、试算平衡

企业需要对每一会计期间内发生的大量经济业务编制会计分录,而这些会计分录在编制过程中难免发生错误,为了保证会计核算的准确性,在记账之前,应当对编制的会计分录的正确性进行检查。这项检查工作是通过进行试算平衡来完成的。试算平衡就是根据"资产=负债+所有者权益"的平衡关系,按照记账规则的要求,通过汇总计算和比较,来检查账户记录的正确性、完整性。

根据记账规则,发生的每一笔业务的借方发生额都与其贷方发生额相等,那么一个会计期间发生的所有经济业务的借方发生额合计数也必然与其贷方发生额合计数相等。以此进一步可以推出,一个会计期间全部账户的期末借方余额也必然等于期末贷方余额;全部账户的期初借方余额也必然等于期初贷方余额。因此,可以得出借贷记账法下试算平衡的三个公式。

(1)发生额试算平衡公式:

$$全部账户借方发生额合计 = 全部账户贷方发生额合计$$

(2)期末余额试算平衡公式:

$$全部账户期末借方余额 = 全部账户期末贷方余额$$

(3)期初余额试算平衡公式:

$$全部账户期初借方余额 = 全部账户期初贷方余额$$

在每个月结束时,试算平衡在已经结出各个账户的本月发生额和月末余额后进行,一般通过编制试算平衡表来进行。试算平衡表有两种:一种是将本期发生额和余额试算平衡分别列表编制,见表4-5和表4-6;另一种是将本期发生额和余额合并在一张表上进行试算平衡,见表4-7所示。

表 4-5　　　　　　　　　总分类账户余额试算平衡表
年　月　　　　　　　　　　　　　　金额单位:元

会计科目	借方余额	贷方余额
合计		

表 4-6　　　　　　　　　总分类账户本期发生额试算平衡表
年　月　　　　　　　　　　　　　　金额单位:元

会计科目	借方发生额	贷方发生额
合计		

表 4-7　　　　　　　　　**总分类账户本期发生额及余额试算平衡表**

年　月　　　　　　　　　　　　　　　　金额单位:元

会计科目	期初余额		本期发生额		期末余额	
	借方	贷方	借方	贷方	借方	贷方
合计						

通过试算平衡表来检查账簿记录是否正确时,如果借贷不平衡,就可以肯定账户的记录或计算有错误,但如果借贷平衡,却不能肯定记账没有错误。因为有些错误并不影响借贷双方平衡,如重记或漏记某些经济业务、将借贷方向弄反等错误,就不能通过试算平衡发现。

第三节　借贷记账法的应用

为进一步熟练地掌握账户和借贷记账法的运用,在本节我们以制造业日常发生的主要经济业务为例,系统地说明在采用借贷记账法的情况下,如何建立一套完整的账户体系,如何利用这套账户体系进行日常的会计账务处理。

一般来讲,对于制造业企业,与其他企业一样,要生存、要发展,首先需要筹集经营活动所需的资金。企业筹集了足够资金后,便可开展日常的生产经营活动。制造业的日常生产经营活动是以生产过程为中心,实现供应过程、生产过程和销售过程三者的统一。

供应过程的主要业务包括材料的采购、装运、验收,支付材料买价、运杂费,办理与供应、运输等单位的结算业务以及计算采购成本等。这一阶段,企业将货币资金转化为储备资金。

一方面,在生产过程中,生产工人通过对原材料的加工制作,生产出市场所需的各种产品;另一方面,产品的生产过程,又是各要素的消耗过程,包括材料的消耗、固定资产的消耗、员工的人力消耗等,将这些消耗形成的费用中可对象化的部分,按照产品对象进行归集和分配,得到产品的总成本和单位成本,企业将储备资金转化为生产资金。随着完工产品的验收入库,实现了生产资金向成品资金的转化。

在销售过程中,企业通过销售商品取得销售收入,同时,在销售过程中,还需要支付必要的产品包装、运输、广告等销售所需的费用,要计算销售成本,要发生销售税金,办理货款及其他各项销售费用的结算,实现产品资金向货币资金的转化。

企业在组织上述生产经营活动过程中,还会发生管理费用、财务费用,用所取得的营业收入扣除各种营业成本、费用后,计算确定盈亏及应交所得税,确定财务成果。最后,年终应确定利润分配政策,对全年的利润按规定程序进行合理分配。

企业在进行日常经营的同时,除了取得收入、获取利润之外,还要履行其他的对各个利益相关群体的义务,表现为一部分资金以发放工资、上缴税费、偿还本息以及支付股利等形式逐步退出企业。

一、筹集资金业务的核算

企业要从事生产经营活动必须要有足够的资金,因此,企业在生产经营之初必须首先筹集一定数量的资金。一般情况下,企业的资金来自两个方面,即外部筹集和内部积累。外部筹集资金主要是指企业股东投入的资金和向债权人借入的资金。内部积累资金主要是指企业的生产经营活动中产生的现金流入。外部筹集资金通过非生产经营活动得到,内部积累资金则由经营收入转化而来。本节只讨论外部筹集资金业务的核算,内部积累资金的核算放到资金的回收和分配中进行阐述。

外部筹集资金按来源不同分为股权筹资和负债筹资,这两种筹资方式有着各自不同特点,决定了其不同的会计核算方式。

(一) 投入资本的核算

2013年我国修订了《中华人民共和国公司法》,在公司注册资本方面变原来的实缴制为认缴制。在实缴制下,公司的注册资本与实收资本一致。在新《公司法》的认缴制下,实收资本不再作为工商登记事项,工商部门只登记认缴的注册资本总额,不需登记实收资本,投资者认缴的资本可以在公司章程约定的时间内分期缴纳。在投资者未缴足注册资本时,公司的注册资本不等于实收资本。投资者实际缴纳注册资本,可以采用货币资金、实物资产、无形资产等形式。无论采用哪种形式,都会导致企业资产和所有者权益同时增加。企业对投资者的投入资本进行核算时,涉及"实收资本(或股本)"和"资本公积"账户,投资形成的各种资产,则在不同的资产账户中反映。

1. "实收资本"或"股本"账户

企业的实收资本是投资者按照企业章程或合同约定,实际投入企业的资本。实收资本属于所有者权益,是一种长期资金,除非企业进行清算或减资,否则一般不会返还投资者。因企业组织形式不同,对"实收资本"采用的会计账户也不一样。股份有限公司设置"股本"账户进行核算,其他企业设置"实收资本"账户进行核算。

投资者投入资本或追加资本时,记入"实收资本"或"股本"账户的贷方,在没有减资和企业不进行清算的情况下,该账户没有借方发生额,期末余额在贷方,表示投资者投入企业的实际资本额。该账户一般按具体投资者设置明细分类账户进行明细核算。其结构如表4-8所示。

表4-8

借方	实收资本(或股本)	贷方
	期初余额	
减资或注销资本金额	投资者投入资金或追加投资	
	期末余额:投入资本的实际金额	

【例4-8】　百能公司20×4年1月1日注册成立,投资人李铭投入货币资金500万

元,公司将款项存入开户行。

分析:该业务引起资产和所有者权益两个会计要素同时增加,银行存款增加记录其账户的借方,实收资本增加记录其账户的贷方。因此,应该在"银行存款"账户的借方记录500万元,同时在"实收资本"账户贷方记录500万元。其会计分录为:

借:银行存款　　　　　　　　　　　　　　　　　　　　　　　　5 000 000
　　贷:实收资本——李铭　　　　　　　　　　　　　　　　　　　　　　5 000 000

2. "资本公积"账户

资本公积是所有者权益中的重要组成部分,它不属于投资者缴入的法定资本金,也不属于企业生产经营的积累,它主要包括资本溢价(或股本溢价)和直接计入所有者权益的利得和损失。

资本溢价(或股本溢价)是企业收到投资者的超出其在企业注册资本(或股本)中所占份额的投资。

直接计入所有者权益的利得和损失是指不应计入当期损益、会导致所有者权益发生增减变动的、与所有者投入资本或者向所有者分配利润无关的利得或损失。

对资本公积一般设置"资本(或股本)溢价""其他资本公积"明细账户进行明细核算。

"资本公积"账户的贷方反映各种原因引起的资本公积的增加额,借方反映各种原因引起的资本公积的减少额,期末余额在贷方,表示企业实际拥有的资本公积数额。其账户结构如表4-9所示。

表4-9

借方	资 本 公 积	贷方
	期初余额	
资本公积的减少额	资本公积的增加额	
	期末余额:资本公积的实际金额	

【例4-9】　20×4年1月20日,百能公司吸收新的投资人加入,根据协议,投资人陈力出资120万元,其中100万元作为实收资本、20万元作为资本溢价,款项全部存入银行。

分析:该业务引起资产和所有者权益两个会计要素同时增加,银行存款增加记录在其账户的借方,实收资本增加记录其账户的贷方,超过实收资本的金额作为资本公积,资本公积增加记录在其账户的贷方。因此,应该在"银行存款"账户的借方记录120万元,同时在"实收资本"账户贷方记录100万元,在"资本公积——资本溢价"账户贷方记录20万元。其会计分录为:

借:银行存款　　　　　　　　　　　　　　　　　　　　　　　　1 200 000
　　贷:实收资本——陈力　　　　　　　　　　　　　　　　　　　　　1 000 000
　　　　资本公积——资本溢价　　　　　　　　　　　　　　　　　　　　200 000

(二)借入资金的核算

借入资金是企业除了使用自有资金外的另一个资金来源的主要形式,借款需按期支付利息,到期归还本金。借入资金按照偿还期限不同分为短期借款和长期借款。

1. 短期借款的核算

短期借款是指企业在生产经营过程中,由于季节性、生产经营周转的需要向银行或其他金融机构借入的、偿还期限在 1 年以下(含 1 年)的各种借款,短期借款属于流动负债。

企业可设置"短期借款"账户核算短期借款的借入、偿还及结欠情况,该账户属于负债类账户。借入短期借款时,记入该账户的贷方,表示企业本期短期借款的增加;归还短期借款时,记入该账户的借方,表示短期借款的减少;期末余额在贷方,表示尚未归还的短期借款本金。该账户应按债权人设置明细分类账,并按借款种类进行明细核算。其结构如表 4-10 所示。

表 4-10

借方	短 期 借 款	贷方
归还的短期借款	期初余额 收到的短期借款	
	期末余额:尚未归还的短期借款	

【例 4-10】 20×4 年 1 月 23 日,百能公司向银行借入期限为 6 个月的借款 50 万元,年利率 5%,款项存入银行。

分析:该业务引起资产和负债两个会计要素同时增加,银行存款增加记入其账户的借方,短期借款的增加记入其账户的贷方。因此,应该在"银行存款"账户的借方记录 50 万元,同时在"短期借款"账户贷方记录 50 万元。其会计分录为:

借:银行存款   500 000

    贷:短期借款   500 000

2. 长期借款的核算

长期借款是企业向银行或其他金融机构借入的、偿还期在 1 年以上(不含 1 年)的各种借款,长期借款属于非流动负债。

企业一般设置"长期借款"账户核算长期借款的借入、偿还和结欠情况,该账户属于负债类账户。企业借入的长期借款本金以及按期计提的利息记入该账户的贷方,企业偿还长期借款的本息记入该账户的借方,期末余额在贷方,表示尚未归还的长期借款本金和利息。长期借款按债权人设置明细账,并按贷款种类进行明细核算。其结构如表 4-11 所示。

表 4-11

借方	长 期 借 款	贷方
归还长期借款本息	期初余额 取得长期借款本金和计提的利息	
	期末余额:尚未归还的长期借款本息	

【例 4-11】 20×4 年 1 月 28 日,百能公司向银行借入期限为 2 年的借款150 万元,年利率 6%,到期一次还本付息,款项存入银行。

分析:该业务引起资产和负债两个会计要素同时增加,银行存款增加记入其账户的借方,长期借款的增加记入其账户的贷方。因此,应该在"银行存款"账户的借方记录 150 万元,同时在"长期借款"账户贷方记录 150 万元。其会计分录为:

借:银行存款　　　　　　　　　　　　　　　　　　　　　　　　　　　1 500 000

　　贷:长期借款　　　　　　　　　　　　　　　　　　　　　　　　　　　　　1 500 000

二、采购业务的核算

供应过程是为生产过程准备劳动对象的阶段,也是制造企业生产经营过程的第一个阶段。供应过程的主要经济业务是购进材料,企业购进材料业务主要包括材料采购并验收入库,支付采购费用,以及结转材料实际采购成本等。企业购进材料时,根据款项的支付方式不同分为三种情况:①材料验收入库的同时支付了款项;②材料已验收入库,款项尚未支付;③企业先预付款项,以后才收材料。如果一次购买多种材料,还会涉及采购费用在不同材料成本间的分配问题。

在该阶段,会计核算的主要内容有取得材料并验收入库和办理款项结算手续两个环节。在取得材料并验收入库环节的核算中要注意:一是材料入库前通过"在途物资"账户进行核算,等到验收入库后再转入"原材料"账户核算;二是合理确定原材料的采购成本。材料的采购成本包括买价、运输费、装卸费、保险费、包装费、仓储费、运输途中的合理损耗以及入库前的挑选整理费等,但采购人员的差旅费、采购机构的经费,一般不包括在原材料的采购成本中。

(一)采购业务核算应设置的主要账户

考虑到本教材是会计学的入门教材,业务不宜过于复杂,因此在介绍该业务的会计核算中,忽略了增值税业务。因此,对采购过程进行会计核算,需要设置以下主要账户。

1."在途物资"账户

"在途物资"账户核算企业已采购,但尚未验收入库的物资的采购成本。它属于资产类账户,借方归集材料物资的实际采购成本,贷方反映已经验收入库的材料的实际成本,期末余额在借方,反映尚未入库的在途材料成本。该账户按材料的种类、规格设置明细分类账进行明细核算。其结构如表 4-12 所示。

表 4-12

借方	在 途 物 资	贷方
期初余额		
材料的实际采购成本	验收入库材料的实际采购成本	
期末余额:在途材料的实际采购成本		

2."原材料"账户

"原材料"账户核算企业各种库存材料的收入、发出和结存的实际成本。它属于资产类账户,借方反映各种途径增加的材料实际成本,贷方反映因领用、出售等各种原因减少的材料实际成本,期末余额在借方,反映月末库存材料的实际成本。该账户按材料的类别、品种和规格设置明细分类账,进行明细核算。其结构如表4-13所示。

表 4-13

借方	原 材 料	贷方
期初余额		
入库材料的实际成本	发出材料的实际成本	
期末余额:库存材料的实际成本		

3. "应付账款"账户

"应付账款"账户核算企业因购买材料、商品或接受劳务等应付给供应单位或劳务提供单位的款项。它属于负债类账户,贷方反映应该支付而没有支付的款项,借方反映实际支付的款项,期末余额一般在贷方,反映尚未支付的款项,如果出现借方余额,则反映多付的购货款。该账户应按供应单位设置明细分类账户进行明细核算。其结构如表4-14所示。

表 4-14

借方	应 付 账 款	贷方
	期初余额	
实际支付的购货款	发生的应该支付而尚未支付的购货款	
期末余额:多付的购货款	期末余额:月末尚未支付的购货款	

4. "预付账款"账户

"预付账款"账户核算企业应购入材料、商品或接受劳务供应时,按照合同规定预付给供应单位的款项。它属于资产类账户,借方反映预付的款项和收到货物后补付给供应单位的款项,贷方反映企业收到货物时的货物的款项以及退回多付的款项,期末余额一般在借方,反映企业实际预付的款项,如果出现贷方余额,则反映企业尚需补付的款项。该账户应按供应单位设置明细分类账户进行明细核算。其结构如表4-15所示。

表 4-15

借方	预 付 账 款	贷方
期初余额		
预付及补付的购货款	收到货物时的货物款项和退回多付的购货款	
期末余额:企业实际预付的款项	期末余额:尚需补付的款项	

如果企业预付款业务不多,也可以不设置该账户,发生预付款业务时,在"应付账款"账户中进行反映。

（二）采购业务的核算

【例4-12】　20×4年1月24日，百能公司从黎明公司购入甲材料20 000千克，单价10元，价款200 000元，款项以转账形式支付，材料已验收入库。

分析：该业务属于购货后立即付款业务，同时材料已经验收入库，因此引起原材料增加，同时带来银行存款减少，原材料增加记入其账户的借方。银行存款减少记入其账户的贷方。因此，应该在"原材料"账户的借方记录20万元，同时在"银行存款"账户贷方记录20万元。其会计分录为：

借：原材料　　　　　　　　　　　　　　　　　　　　　　　　200 000
　　贷：银行存款　　　　　　　　　　　　　　　　　　　　　　　200 000

【例4-13】　20×4年1月25日，百能公司向华夏公司购进乙材料30 000千克，单价20元，价款共计600 000元，对方代垫运输费10 000元，材料已验收入库，款项尚未支付。

分析：该业务属于购货后未付款业务，同时材料已经验收入库，因此引起原材料增加，材料成本包括买价和运输费；同时引起应付账款增加，原材料增加记入其账户的借方，应付账款增加记入其账户的贷方。因此，应该在"原材料"账户的借方记录610 000元，同时在"应付账款"账户贷方记录610 000元。其会计分录为：

借：原材料——乙材料　　　　　　　　　　　　　　　　　　　610 000
　　贷：应付账款——华夏公司　　　　　　　　　　　　　　　　610 000

【例4-14】　20×4年1月26日，百能公司向长江公司购入丙材料5 000千克，单价6元，价款30 000元；购入丁材料4 000千克，单价5元，价款20 000元。款项未付，以银行存款支付运费9 000元，材料尚未验收入库。

分析：该笔业务中由于两种材料共同发生运输费，因此涉及采购费用的分配问题。采购费用的分配一般按以下步骤进行：

（1）确定费用分配标准，材料运费可按买价或重量为标准进行分配。

（2）计算费用分配率。

$$分配率 = 采购费用 \div 各种材料买价（或重量）之和$$

（3）确定某种材料应分配的采购费用：

$$某种材料应分配的采购费用 = 该种材料买价（或重量）\times 分配率$$

本例中，我们按材料重量作为分配标准，即：

$$分配率 = 9\,000 \div (5\,000 + 4\,000) = 1（元/千克）$$
$$丙材料分配的运输费 = 5\,000 \times 1 = 5\,000（元）$$
$$丁材料分配的运输费 = 4\,000 \times 1 = 4\,000（元）$$

因此，丙材料的实际成本为35 000元（30 000+5 000），丁材料的实际成本为24 000元（20 000+4 000）。由于两种材料尚未验收入库，因此需通过"在途物资"账户进行核算。其会计分录为：

借：在途物资——丙材料	35 000	
——丁材料	24 000	
贷：应付账款——长江公司		50 000
银行存款		9 000

【例 4-15】 20×4 年 1 月 29 日，[例 4-14]所购的丙材料、丁材料验收入库。

材料验收入库，应由"在途物资"账户转入"原材料"账户，其会计分录为：

借：原材料——丙材料	35 000	
——丁材料	24 000	
贷：在途物资——丙材料		35 000
——丁材料		24 000

【例 4-16】 20×4 年 1 月 30 日，百能公司以银行存款向祥云公司预付甲材料货款 70 000 元。

分析：该笔业务属于预付款业务，百能公司未设置"预付账款"账户，则通过"应付账款"账户进行核算，其会计分录为：

| 借：应付账款——祥云公司 | 70 000 | |
| 贷：银行存款 | | 70 000 |

【例 4-17】 20×4 年 2 月 6 日，百能公司从祥云公司购买的甲材料到货并验收入库，该批材料款共计 85 000 元，不足款项以银行存款支付。

分析：该业务属于预付材料款收货，一方面反映材料增加，另一方面反映预付账款减少，不足款项以银行存款支付，反映银行存款减少。其会计分录为：

借：原材料——甲材料	85 000	
贷：应付账款——祥云公司		70 000
银行存款		15 000

三、生产业务的核算

生产过程是资金的消耗阶段，该阶段的主要业务是企业利用劳动资料对劳动对象进行加工，把劳动对象加工制造成劳动产品。

生产过程是对要素的消耗过程，企业为了生产产品，需要发生物力资源消耗和人力资源消耗。其中，物力资源消耗包括原材料消耗、周转材料消耗以及固定资产消耗等；人力资源消耗主要通过支付给生产工人的薪酬体现。在每个会计期间，企业需要核算企业对资源的消耗。

生产过程又是劳动产品形成的过程，企业在进行具体会计核算时，需要根据资源如何归集到一定的成本对象，将资源耗费分为直接费用和间接费用。直接费用主要是指某些资源的耗费只是服务于某种产品的生产，而不是两种及以上产品的生产，直接费用主要包括直接材料、直接人工和其他直接支出。间接费用主要是指同时为两种或两种以上的产品生产服务的资源消耗，如车间管理人员的各种薪酬、机器设备的折旧费、水电费等。间接费用核算一般先通过"制造费用"账户进行归集,然后在月末按照一定的方法分配计入各产品成本,最后在月末需将全部生产成本在完工产品和在产品之间进行分配,并将已完工产品的实际成本转入"库存商品"账户。

对于发生的资源消耗费用中不能归集到成本对象的部分,需要按期间进行归集,形成期间费用,会计人员也应该对其加以核算。生产过程中发生的期间费用主要包括为组织和管理生产经营活动而支付的管理费用和为筹集生产经营所需资金而支付的财务费用。

（一）生产业务核算的主要账户

作为加工制造业,会计在核算其生产过程的主要业务时,需设置以下主要账户。

1."生产成本"账户

"生产成本"账户用来核算归集生产产品所发生的各种耗费,并据以确定产品的实际生产成本。它属于成本类账户,借方反映生产产品所发生的直接材料费、直接人工费、其他直接支出费以及归集在制造费用账户而分配转入的间接费用,贷方反映月末转出的完工产品成本,余额在借方,反映月末尚未完工的在产品成本。该账户应按产品品种设置明细分类账,对在产品的数量、金额进行明细核算。其结构如表 4-16 所示。

表 4-16

借方	生 产 成 本	贷方
期初余额		
本期发生的直接材料、直接人工、其他直接支出等费用以及从"制造费用"账户转入的间接费用	完工入库产品的生产成本	
期末余额:期末在产品成本		

2."制造费用"账户

"制造费用"账户用来核算企业生产管理部门为组织和管理生产而发生的各种间接费用,包括车间管理人员的薪酬、生产用房和机器设备的折旧费、保险费、水电费、办公费、一般性材料费、劳务保护费和机物料消耗费等共同性费用。该账户借方反映上述共同费用的发生额,贷方反映按照一定标准分配转入"生产成本"账户的金额,结转后,该账户期末无余额。其结构如表 4-17 所示。

表 4-17

借方	制 造 费 用	贷方
期初余额		
本期发生的生产产品的共同费用	月末分配转入"生产成本"账户的金额	

3."应付职工薪酬"账户

"应付职工薪酬"账户用来核算企业应该支付给职工的各种形式的报酬或补偿,包括短期薪酬、离职后福利、辞退福利和其他长期职工福利,企业提供给职工配偶、子女、受赡养人、已故员工遗属及其他受益人等的福利,也属于职工薪酬。该账户属于负债类账户,贷方反映企业计算的应付给职工的各种形式的报酬或补偿,借方反映企业实际支付给职工的各种报酬或补偿,期末余额一般在贷方,表示月末应付而未付的职工薪酬。企业应按薪酬项目设置应付职工薪酬明细分类账,进行明细核算。其结构如表 4-18 所示。

表 4-18

借方	应付职工薪酬	贷方
	期初余额	
企业实际支付给职工的各种报酬或补偿	企业应付给职工的各种形式的报酬或补偿	
	期末余额:月末应付而未付的职工薪酬	

4. "管理费用"账户

"管理费用"账户用来核算企业为组织和管理生产经营活动所发生的各种耗费,包括公司经费、工会经费、待业保险费、劳动保护费、诉讼费、业务招待费、技术转让费、无形资产摊销费、职工教育经费等。该账户属于费用类账户,借方反映发生的各种管理费用,贷方反映期末结转到"本年利润"账户的金额,结转后该账户期末无余额。企业应按费用项目设置明细分类账,进行明细核算。其结构如表4-19所示。

表 4-19

借方	管 理 费 用	贷方
本期发生的各种管理费用	期末结转到"本年利润"账户的金额	

5. "财务费用"账户

"财务费用"账户用来核算企业筹集生产经营所需资金等而发生的费用,包括利息费用、汇兑损失以及银行结算的手续费等。该账户属于费用类账户,借方反映发生的各种财务费用,贷方反映期末结转到"本年利润"账户的金额,结转后该账户期末无余额。企业应按费用项目设置明细分类账,进行明细核算。其结构如表4-20所示。

表 4-20

借方	财 务 费 用	贷方
本期发生的各种财务费用	期末结转到"本年利润"账户的金额	

6. "累计折旧"账户

"累计折旧"账户用来核算固定资产因损耗而减少的价值。该账户是"固定资产"账户的抵减账户,属于资产类账户。固定资产的原始价值在很大程度上反映了企业的规模、生产能力等因素,需要时常掌握其原始价值信息,因此,固定资产在使用中而减少的价值需要通过"累计折旧"账户单独反映。"累计折旧"账户贷方反映固定资产折旧的发生额,借方反映固定资产处置时转销的累计折旧额,月末余额在贷方,表示企业提取的固定资产折旧的累计数。其结构如表 4-21 所示。

表 4-21

借方	累 计 折 旧	贷方
	期初余额	
处置固定资产而转销的累计折旧	固定资产因损耗而减少的价值	
	期末余额:现有固定资产累计折旧额	

7."累计摊销"账户

"累计摊销"账户用来核算使用寿命有限的无形资产价值的摊销。该账户是"无形资产"账户的抵减账户,属于资产类账户,其贷方反映对无形资产价值的摊销额,借方反映企业处置无形资产时转销的累计摊销额,月末余额在贷方,反映企业无形资产的累计摊销额。其结构如表 4-22 所示。

表 4-22

借方	累 计 摊 销	贷方
	期初余额	
企业处置无形资产时转销的累计摊销额	无形资产价值的摊销额	
	期末余额:现有无形资产的累计摊销额	

8."库存商品"账户

"库存商品"账户核算入库可供销售商品的收入、发出和结存情况,制造业企业的库存商品主要指产成品。该账户属于资产类账户,借方反映完工入库产成品的实际成本,贷方反映实现销售产品的实际成本,余额在借方,反映月末库存商品的实际成本。该账户应按照产品种类、品种、规格设置明细账进行明细核算。其结构如表 4-23 所示。

表 4-23

借方	库 存 商 品	贷方
期初余额		
完工入库产成品的实际成本	实现销售的产品的实际成本	
期末余额:月末库存商品的实际成本		

（二）生产业务的核算

【例 4-18】 20×4 年 1 月 31 日,百能公司汇总本月所领用甲材料:生产 A 产品 150 000 元,车间一般耗用 30 000 元,行政管理部门耗用 20 000 元。

分析:该项领用材料业务,一方面导致材料减少,另一方面直接用于产品生产,引起生产成本增加,用于车间一般耗用,引起制造费用增加,行政部门耗用,引起管理费用增加。其会计分录为:

```
借：生产成本——A产品                                      150 000
    制造费用                                            30 000
    管理费用                                            20 000
    贷：原材料——甲材料                                          200 000
```

【例4-19】 20×4年1月31日，百能公司分配确认本月应付职工薪酬共计230 000元，其中生产A产品工人薪酬180 000元、车间管理人员薪酬20 000元、行政管理人员薪酬30 000元。

分析：该业务一方面导致应付职工薪酬增加，另一方面引起生产成本、制造费用、管理费用分别增加。其会计分录为：

```
借：生产成本——A产品                                      180 000
    制造费用                                            20 000
    管理费用                                            30 000
    贷：应付职工薪酬                                            230 000
```

【例4-20】 20×4年1月31日，百能公司计提本月固定资产折旧费120 000元，其中车间用固定资产折旧费100 000元、行政管理部门用固定资产折旧20 000元。

分析：该业务属于固定资产折旧核算业务，一方面引起累计折旧增加，另一方面引起制造费用、管理费用分别增加。其会计分录为：

```
借：制造费用                                            100 000
    管理费用                                            20 000
    贷：累计折旧                                            120 000
```

【例4-21】 20×4年1月31日，百能公司对其拥有的一项无形资产进行摊销，该无形资产价值24万元，摊销期为4年，每年摊销6万元，每月摊销5 000元。

分析：该业务属于无形资产摊销业务，一方面引起累计摊销增加，另一方面引起管理费用增加。其会计分录为：

```
借：管理费用                                            5 000
    贷：累计摊销                                            5 000
```

【例4-22】 20×4年1月31日，百能公司对制造费用进行汇总并进行分配，其中A产品分配90 000元。

分析：该业务属于制造费用分配业务，一方面引起生产成本增加，另一方面结转制造费用。其会计分录为：

```
借：生产成本——A产品                                      90 000
    贷：制造费用                                            90 000
```

【例4-23】 20×4年1月31日，百能公司采用一定方法，在完工产品和在产品中分配生产成本，经计算，当月完工产品A产品成本300 000元。

分析：该业务属于完工产成品成本核算业务，一方面引起库存商品增加，另一方面引起生产成本减少。其会计分录为：

借：库存商品——A产品		300 000
贷：生产成本——A产品		300 000

四、销售业务的核算

对制造业企业而言,销售过程是从完工产品入库到销售给客户为止的过程,它是产品价值和使用价值的实现过程。企业销售产品取得收入,从而实现产品的价值,同时,企业为取得收入,必须将产品发出去,发出产品的成本就构成与产品收入相匹配的产品销售成本。除此之外,企业为销售产品还要发生广告费、包装费和运输费等销售费用,这些费用尽管与销售产品相关,但无法按特定产品归集,因此,一般将其作为期间费用。企业在销售产品取得收入时,还要按国家有关税法的规定计算缴纳相关税费。综上所述,销售过程的主要业务为:将产品销售出去,并办理货款的结算;按照配比原则,确定产品的销售成本、销售费用和相关营业税费。

(一) 销售业务的主要账户

为了完整反映销售过程的主要业务,应设置以下账户。

1."主营业务收入"账户

"主营业务收入"账户核算企业在销售商品、提供劳务和让渡资产使用权等日常活动中所产生的收入。该账户属于损益类中的收入账户,贷方反映企业实现的收入额,借方反映期末将本期发生的收入转入"本年利润"账户的金额,结转后本账户无余额。该账户应按主营业务的种类、产品类别和品名设置明细分类账,进行明细核算。其结构如表4-24所示。

表4-24

借方	主营业务收入	贷方
期末将本期发生的收入转入"本年利润"账户的金额	企业实现的收入额	

2."应收账款"账户

"应收账款"账户核算企业因销售产品、提供劳务等应向客户单位收取的款项。该账户属于资产类账户,借方反映企业因销售产品、提供劳务等应向客户单位收取而未收到的款项,贷方反映从客户收到的款项,余额一般在借方,反映期末尚未收回的货款。该账户应按债务人设置明细分类账,进行明细核算。其结构如表4-25所示。

表4-25

借方	应 收 账 款	贷方
期初余额		
企业因销售产品、提供劳务等应向客户单位收取而未收到的款项	从客户收到的款项	
期末余额:尚未收回的货款		

3. "预收账款"账户

"预收账款"账户核算企业按照合同规定向客户预收的款项。该账户属于负债类账户,贷方反映从客户预收和补收的款项,借方反映销售实现时转出的金额或退回多收的款项,余额一般在贷方,反映期末企业实际预收的款项,如为借方余额,则反映期末企业应补收的金额。该账户应按客户单位设置明细账,进行明细核算。其结构如表 4-26 所示。

表 4-26

借方	预 收 账 款	贷方
	期初余额	
销售实现时转出的金额或退回多收的款项	从客户预收和补收的款项	
期末余额:期末企业应补收的金额	期末余额:期末企业实际预收的款项	

如果企业预收账款业务不多,也可不设置"预收账款"账户,发生预收业务时,直接通过"应收账款"账户进行核算。

4. "主营业务成本"账户

"主营业务成本"账户核算企业因销售商品、提供劳务和让渡资产使用权等日常活动而发生的实际成本。该账户属于损益类账户中的费用账户,借方反映已销售产品或劳务的实际成本,贷方反映期末转入"本年利润"账户的金额,结转后期末无余额。该账户应按主营业务种类或产品品种设置明细账,进行明细核算。其结构如表 4-27 所示。

表 4-27

借方	主营业务成本	贷方
已销售产品或劳务的实际成本	期末转入"本年利润"账户的金额	

5. "税金及附加"账户

"税金及附加"账户核算企业生产经营中发生的应向国家缴纳的消费税、营业税(注:我国于 2016 年 5 月 1 日开始全面实行营业税改征增值税后,营业税暂时退出了我国税收发展历史的舞台)、城市维护建设税、资源税和教育费附加及房产税、城镇土地使用税、车船税、印花税等税费支出。该账户属于损益类账户中的费用账户,借方反映企业计算确认的应缴的各类相关税费,贷方反映期末转入"本年利润"账户的金额,结转后期末无余额。其结构如表 4-28 所示。

表 4-28

借方	税 金 及 附 加	贷方
企业计算确认的应缴的各类相关税费	反映期末转入"本年利润"账户的金额	

6. "应交税费"账户

"应交税费"账户核算企业因发生经济活动按照税法和有关规定应该向国家缴纳而未缴纳的各种税金及相关款项。该账户属于负债类账户,贷方反映计算确认的应缴而未缴的相关税费,借方反映实际缴纳的相关税费,余额一般在贷方,反映期末应缴而未缴的相关税费的实际额。该账户应按税费的种类设置明细账,进行明细核算。其结构如表 4-29 所示。

表 4-29

借方	应 交 税 费	贷方
	期初余额	
实际缴纳的相关税费	计算确认的应缴而未缴的相关税费	
	期末余额:应缴而未缴的相关税费的实际额	

7. "其他业务收入"账户

"其他业务收入"账户核算企业除主营业务收入以外的其他销售或其他业务的收入。该账户属于损益类账户中的收入账户,贷方反映其他业务实现的收入,借方反映期末转入"本年利润"账户的金额,结转后期末无余额。该账户应按其他业务的种类设置明细分类账,进行明细核算。其结构如表 4-30 所示。

表 4-30

借方	其他业务收入	贷方
期末转入"本年利润"账户的金额	其他业务实现的收入	

8. "其他业务成本"账户

"其他业务成本"账户核算企业为取得其他业务收入而发生的直接耗费。该账户属于损益类账户中的费用账户,借方反映当期发生的为取得其他业务收入而发生的直接耗费,贷方反映期末转入"本年利润"账户的金额,结转后期末无余额。该账户应按其他业务的种类设置明细分类账,进行明细核算。其结构如表 4-31 所示。

表 4-31

借方	其他业务成本	贷方
为取得其他业务收入而发生的直接耗费	期末转入"本年利润"账户的金额	

9. "销售费用"账户

"销售费用"账户核算企业在销售过程中发生的与实现销售相关的各种费用。该账户属于损益类账户中的费用账户,借方反映当期发生的与销售相关的费用,贷方反映期末转入"本年利润"账户的金额,结转后期末无余额。该账户应按费用项目设置明细分类账,进行明细核算。其结构如表 4-32 所示。

表 4-32

借方	销 售 费 用	贷方
发生的与销售相关的费用	期末转入"本年利润"账户的金额	

（二）销售业务的核算

【例 4-24】 20×4 年 1 月 25 日,百能公司向巴蜀公司销售 A 产品 150 件,每件售价 200 元,开具的增值税专用发票上注明价款 30 000 元,增值税税额 4 800 元,巴蜀公司以银行存款支付。

分析:该业务属于商品销售业务,商品已经发出,同时收到了货款或获得收取货款的权利,可以认定商品所有权上的风险和报酬已经转移给购货方,应确认收入的实现。该项业务一方面引起主营业务收入和增值税销项税额的增加,另一方面引起银行存款增加。其会计分录为:

借:银行存款　　　　　　　　　　　　　　　　　　　　　　34 800
　　贷:主营业务收入——A 产品　　　　　　　　　　　　　　30 000
　　　　应交税费——应交增值税（销项税额）　　　　　　　　4 800

【例 4-25】 20×4 年 1 月 26 日,百能公司收到海城公司按合同规定预付的 B 产品购货款 10 000 元,款项存入银行。

分析:该业务属于商品预售业务,收到购货方预付款,但由于还没有向对方发出商品,销售没有真正实现,因此不能确认收入。该项业务,一方面引起银行存款增加,另一方面引起预收账款增加。其会计分录为:

借:银行存款　　　　　　　　　　　　　　　　　　　　　　10 000
　　贷:预收账款——海城公司　　　　　　　　　　　　　　　10 000

【例 4-26】 20×4 年 1 月 30 日,百能公司向海城公司发出 B 产品 100 件,每件 150 元,开具的增值税专用发票注明的价款 15 000 元,税额 2 400 元。

分析:预售业务在商品发出时,表明商品所有权上的风险和报酬已经转移给了购货方,此时,可以认为收入实现。该业务,一方面引起主营业务收入和增值税销项税额的增加,另一方面引起预收账款减少。其会计分录为:

借:预收账款——海城公司　　　　　　　　　　　　　　　　17 400
　　贷:主营业务收入——B 产品　　　　　　　　　　　　　　15 000
　　　　应交税费——应交增值税（销项税额）　　　　　　　　2 400

【例 4-27】 20×4 年 1 月 30 日,百能公司销售暂时不用的丁材料 500 千克,开具的增值税专用发票注明的价款 8 000 元,税额 1 360 元,款项尚未收到。

分析:该业务属于材料销售业务,是企业的其他业务,一方面引起其他业务收入和增值税销项税额的增加,另一方面引起应收账款增加。其会计分录为:

借:应收账款 　　　　　　　　　　　　　　　　　　　　　9 280
　　贷:其他业务收入——丁材料 　　　　　　　　　　　　　　　8 000
　　　　应交税费——应交增值税(销项税额) 　　　　　　　　　1 280

【例 4-28】　20×4 年 1 月 30 日,百能公司结转已销售丁材料的成本 5 000 元。

分析:遵循收入与费用相配比原则,销售材料实现收入后,应结转所售材料的成本。其会计分录为:

借:其他业务成本——丁材料 　　　　　　　　　　　　　　　5 000
　　贷:原材料——丁材料 　　　　　　　　　　　　　　　　　　5 000

【例 4-29】　20×4 年 1 月 31 日,百能公司以银行存款 15 000 元,支付产品广告费。

分析:该业务属于支付并确认广告费业务,一方面引起销售费用的增加,另一方面引起银行存款减少。其会计分录为:

借:销售费用 　　　　　　　　　　　　　　　　　　　　　15 000
　　贷:银行存款 　　　　　　　　　　　　　　　　　　　　　15 000

【例 4-30】　20×4 年 1 月 31 日,百能公司结转已销售产品的成本,其中已销 A 产品成本 22 500 元、已销 B 产品成本 11 000 元。

分析:按照收入与费用相配比原则,销售产品实现收入后,应结转所售产品的成本。已售产品成本的确定,需根据存货流转的方式和存货的特点以及企业对存货的管理的不同而有不同的方法,这些方法将在“第八章　成本计算”中作具体讲述,这里以已知条件列示。其会计分录为:

借:主营业务成本——A 产品 　　　　　　　　　　　　　　22 500
　　　　　　　　——B 产品 　　　　　　　　　　　　　　11 000
　　贷:库存商品——A 产品 　　　　　　　　　　　　　　　22 500
　　　　　　　　——B 产品 　　　　　　　　　　　　　　　11 000

【例 4-31】　20×4 年 1 月 31 日,百能公司分别按应交增值税的 7% 和 3% 计算本月应交城市维护建设税和教育费附加,其中本月应交城市维护建设税 630 元、教育费附加 270 元。

分析:企业应缴纳的城市维护建设税及教育费附加应记入“税金及附加”账户,同时反映在“应交税费”账户的贷方。其会计分录为:

借:税金及附加 　　　　　　　　　　　　　　　　　　　　900
　　贷:应交税费——应交城市维护建设税 　　　　　　　　　　630
　　　　　　　　——应交教育费附加 　　　　　　　　　　　　270

五、利润形成与分配业务的核算

利润是企业在一定会计期间的经营成果,它是将一定期间的各项收入与各项费用支出相抵后形成的最终成果,包括收入减去费用后的净额、直接计入当期损益的利得或损失等。直接计入当期损益的利得或损失是指应当计入当期损益、会导致所有者权益发生增减变动、与所有者投入资本或者向所有者分配利润无关的利得或损失。利得是由企业非日常活动所形成的、会导致所有者权益增加的、与所有者投入资本无关的经济利益的流入。损失是由企业非日常活动所发生的、会导致所有者权益减少的、与所有者分配利润无关的经济利益的流出。

企业的利润一般由营业利润、利润总额和净利润构成,计算过程如下:

营业利润 ＝ 营业收入 － 营业成本 － 税金及附加 － 销售费用 － 管理费用
　　　　　 － 财务费用 － 资产减值损失 ＋ 公允价值变动收益 ＋ 投资收益

利润总额 ＝ 营业利润 ＋ 营业外收入 － 营业外支出

净利润 ＝ 利润总额 － 所得税费用

其中:营业收入是企业经营业务活动中所实现的收入总额,包括主营业务收入和其他业务收入;营业成本是企业经营业务活动中所发生的实际成本总额,包括主营业务成本和其他业务成本;资产减值损失是企业计提各项资产减值准备所形成的损失;公允价值变动收益是交易性金融资产等以公允价值计量且其变动计入当期损益的资产和负债由于公允价值变动形成的利得或损失;营业外收入是企业发生的与日常活动无直接关系的、发生时直接计入当期损益的各项利得;营业外支出是企业发生的与日常活动无直接关系的、发生时直接计入当期损益的各项损失。

企业于年末需对其实现的净利润进行分配,分配之前如有以前年度亏损,应进行弥补。分配时需先按照法律规定提取法定盈余公积,然后才向投资者分配利润,分配后剩余的部分作为未分配利润,留待以后年度进行分配。

(一)利润形成与分配业务的主要账户

为正确核算利润及利润分配,应设置以下主要账户。

1.“营业外收入”账户

“营业外收入”账户核算企业取得的与日常活动无直接关系的、发生时直接计入当期损益的各项利得;取得时,记入该账户的贷方,期末从该账户的借方结转到“本年利润”账户的贷方,结转后该账户无余额,该账户需按营业外收入的具体项目进行明细核算。其结构如表 4-33 所示。

表 4-33

借方	营业外收入	贷方
期末将本期发生的营业外收入转入“本年利润”账户的金额	企业本期实现的营业外收入额	

2.“营业外支出”账户

“营业外支出”账户核算企业发生的与日常活动无直接关系的、发生时直接计入当期损益的各项损失;发生时,记入该账户的借方,期末从该账户的贷方结转到"本年利润"账户的借方,结转后该账户无余额,该账户需按营业外支出的具体项目进行明细核算。其结构如表 4-34 所示。

表 4-34

借方	营业外支出	贷方
企业本期发生的营业外支出	期末转入"本年利润"账户的金额	

3."所得税费用"账户

"所得税费用"账户核算企业按规定从当期损益中扣除的所得税费用,本期计算确认的所得税费用记入该账户的借方,期末从该账户的贷方结转到"本年利润"账户的借方,结转后该账户无余额。其结构如表 4-35 所示。

表 4-35

借方	所得税费用	贷方
计算确认的本期所得税费用	期末转入"本年利润"账户的金额	

4."本年利润"账户

"本年利润"账户核算企业本年度实现的净利润或亏损,贷方反映期末从各种收入、收益账户转来的金额,借方反映期末从各种费用、损失账户转来的金额,期末余额如在贷方,表示企业当期实现的净利润,期末余额如在借方,表示企业本期发生的亏损,无论贷方余额,还是借方余额,期末都应自余额反方向将其转入"利润分配"账户,结转后,该账户无余额。其结构如表 4-36 所示。

表 4-36

借方	本年利润	贷方
期末转入的各项费用、损失	期末转入的各项收入、收益	
期末余额:本期发生的累计亏损	期末余额:本期实现的累计盈余	
期末转出的本期累计盈余(转出后无余额)	期末转出的本期累计亏损(转出后无余额)	

5."利润分配"账户

"利润分配"账户核算企业的利润分配(或亏损弥补)和历年利润分配(或亏损弥补)后的结存情况。该账户贷方登记从本年利润转来的待分配利润和弥补亏损的金额,借方登记对利润的分配金额,期末余额如在贷方,表示留待以后年度分配的未分配利润,期末余额如在借方,表示未弥补的亏损。

为了正确核算企业利润的分配情况,应在"利润分配"账户下设置"未分配利润""提取法定盈余公积""提取任意盈余公积""应付现金股利(或利润)"等明细账户,待利润分配后,需将"利润分配"中除"未分配利润"的其他明细账户余额全部转入"未分配利润"明细账户,结转后,"利润分配"其他明细账户无余额。其结构如表 4-37 所示。

表 4-37

借方	利 润 分 配	贷方
期初余额	期初余额	
对利润的分配数额	待分配利润或弥补亏损的数额	
期末余额:未弥补的亏损	期末余额:未分配的利润	

6. "盈余公积"账户

"盈余公积"账户核算企业盈余公积的提取、使用和结余情况。盈余公积是企业从净利润中提取的积累资金,一般用于企业的发展、风险的防范和亏损的弥补,在一定的条件下也可以转增资本。该账户贷方登记企业提取的盈余公积,借方登记盈余公积的使用,期末余额在贷方,表示企业已提取尚未使用的盈余公积。其结构如表 4-38 所示。

表 4-38

借方	盈 余 公 积	贷方
	期初余额	
使用的盈余公积	提取的盈余公积	
	期末余额:尚未使用的盈余公积	

7. "应付股利"账户

"应付股利"账户核算企业因向投资者分配现金股利或利润而形成的暂时性负债。贷方登记已宣告分配但尚未实际支付的分配额,借方登记实际发放数,期末余额在贷方,表示已宣告分配而尚未发放的现金股利或利润。该账户一般按投资者设置明细账进行明细核算。其结构如表 4-39 所示。

表 4-39

借方	应 付 股 利	贷方
	期初余额	
实际支付的现金股利或利润	宣告分配而应付给投资者的现金股利或利润	
	期末余额:尚未支付的现金股利或利润	

(二)利润形成与分配业务的核算

【例 4-32】 20×4 年 1 月 5 日,百能公司因违规经营,遭受有关部门罚款 3 000 元,公司以现金支付。

分析:罚款支出是企业非正常经营支出,应记入"营业外支出"账户,该业务一方面引

起营业外支出增加,另一方面引起库存现金减少。其会计分录为:

借:营业外支出　　　　　　　　　　　　　　　　　　　　　　　　　3 000
　　贷:库存现金　　　　　　　　　　　　　　　　　　　　　　　　　　　3 000

【例4-33】　20×4年1月18日,百能公司接受某机构现金捐赠20 000元,存入银行。

分析:接受捐赠收入是企业非正常经营所得,应记入"营业外收入"账户,该业务一方面引起营业外收入增加,另一方面引起银行存款增加。其会计分录为:

借:银行存款　　　　　　　　　　　　　　　　　　　　　　　　　　20 000
　　贷:营业外收入　　　　　　　　　　　　　　　　　　　　　　　　　20 000

【例4-34】　月末,百能公司结转所有收入类账户,其中"主营业务收入"账户发生额45 000元、"其他业务收入"账户发生额8 000元、"营业外收入"账户发生额20 000元。

分析:该业务属于收入类账户结转业务,应将收入类账户发生额从其借方转到"本年利润"账户的贷方。其会计分录为:

借:主营业务收入　　　　　　　　　　　　　　　　　　　　　　　　45 000
　　其他业务收入　　　　　　　　　　　　　　　　　　　　　　　　　8 000
　　营业外收入　　　　　　　　　　　　　　　　　　　　　　　　　20 000
　　贷:本年利润　　　　　　　　　　　　　　　　　　　　　　　　　73 000

【例4-35】　月末,百能公司结转所有费用账户,其中"主营业务成本"账户发生额33 500元、"其他业务成本"账户发生额5 000元、"税金及附加"账户发生额900元、"管理费用"账户发生额5 000元、"销售费用"账户发生额15 000元、"营业外支出"账户发生额3 000元。

分析:该业务属于费用类账户结转业务,应将费用类账户发生额从其贷方转到"本年利润"账户的借方。其会计分录为:

借:本年利润　　　　　　　　　　　　　　　　　　　　　　　　　　62 400
　　贷:主营业务成本　　　　　　　　　　　　　　　　　　　　　　　33 500
　　　其他业务成本　　　　　　　　　　　　　　　　　　　　　　　　5 000
　　　税金及附加　　　　　　　　　　　　　　　　　　　　　　　　　　900
　　　管理费用　　　　　　　　　　　　　　　　　　　　　　　　　　5 000
　　　销售费用　　　　　　　　　　　　　　　　　　　　　　　　　　15 000
　　　营业外支出　　　　　　　　　　　　　　　　　　　　　　　　　3 000

【例4-36】　20×4年1月31日,百能公司计算本月应交所得税,所得税税率25%,本月利润总额10 600元,则应交所得税为2 650元。

其会计分录为:

借:所得税费用　　　　　　　　　　　　　　　　　　　　　　　　　2 650
　　贷:应交税费——应交所得税　　　　　　　　　　　　　　　　　　2 650

【例4-37】　月末,百能公司结转所得税费用。

其会计分录为：

借：本年利润		2 650
贷：所得税费用		2 650

【例 4-38】 月末，结转"本年利润"账户余额。经上述对收入、费用类账户结转后，百能公司 1 月份"本年利润"账户贷方余额 7 950 元。

其会计分录为：

借：本年利润		7 950
贷：利润分配——未分配利润		7 950

【例 4-39】 年末，百能公司召开董事会，决定对本年度利润进行分配。分配方案为：按净利润的 10％提取法定盈余公积，按 5％提取任意盈余公积，按 30％向投资者分配利润。假定公司全年净利润 40 万元。

其会计分录为：

借：利润分配——提取法定盈余公积		40 000
——提取任意盈余公积		20 000
——应付股利		120 000
贷：盈余公积		60 000
应付股利		120 000

【例 4-40】 百能公司结转利润分配明细账户。

分析：利润分配后，企业应将"利润分配"账户其他明细账余额全部结转到"未分配利润"明细账中。其会计分录为：

借：利润分配——未分配利润		180 000
贷：利润分配——提取法定盈余公积		40 000
——提取任意盈余公积		20 000
——应付股利		120 000

六、资金调整和退出企业业务的核算

企业为了履行其他的对各个利益相关群体的义务，会产生资金调整和资金退出企业的业务。比如，企业的一部分资金将以发放工资、上缴税费、偿还本息以及支付股利等形式逐步退出企业。企业通过对资金调整和退出企业的核算，可以为利益相关者提供其决策有用的信息，以增强利益相关者对企业未来发展的信心。

【例 4-41】 20×4 年 2 月 7 日，百能公司用从银行提取的现金 50 000 元，发放职工工资。

分析：该业务属于工资发放业务，一方面应付职工薪酬减少，另一方面库存现金减少。其会计分录为：

借：应付职工薪酬		50 000
贷：库存现金		50 000

【例 4-42】　20×4 年 2 月 10 日,百能公司以银行存款缴纳 1 月份的各种税费。其中缴纳增值税 25 000 元,缴纳城市维护建设税 1 750 元,缴纳教育费附加 750 元,缴纳企业所得税 2 650 元。

分析:该业务属于缴纳税费业务,一方面应交税费减少,另一方面银行存款减少。其会计分录为:

借:应交税费——未交增值税　　　　　　　　　　　　　　　　　25 000
　　　　　　——应交城市维护建设税　　　　　　　　　　　　　　1 750
　　　　　　——应交教育费附加　　　　　　　　　　　　　　　　　750
　　　　　　——应交企业所得税　　　　　　　　　　　　　　　　2 650
　　贷:银行存款　　　　　　　　　　　　　　　　　　　　　　　30 150

【例 4-43】　20×4 年 3 月 21 日,百能公司以银行存款支付短期借款本金 30 000 元,利息 300 元。

分析:该业务属于偿还债务本息业务,一方面短期借款减少,同时利息形成的财务费用增加,另一方面银行存款减少。其会计分录为:

借:短期借款　　　　　　　　　　　　　　　　　　　　　　　　30 000
　　财务费用　　　　　　　　　　　　　　　　　　　　　　　　　300
　　贷:银行存款　　　　　　　　　　　　　　　　　　　　　　　30 300

【例 4-44】　20×4 年 3 月 10 日,百能公司以银行存款向投资者支付现金股利 120 000 元。

分析:该业务属于股利支付业务,一方面应付股利减少,另一方面银行存款减少。其会计分录为:

借:应付股利　　　　　　　　　　　　　　　　　　　　　　　120 000
　　贷:银行存款　　　　　　　　　　　　　　　　　　　　　　120 000

第五章 账户的分类

第一节 账户分类的意义

一、账户分类的意义

每个企业在进行会计核算与会计监督的过程中,都需要设置一套互相关联的账户来反映各式各样的经济业务,这些互相关联的账户就构成了一个账户体系。会计账户体系中的任何一个账户都只能记录某一方面的经济业务与经济信息。因此,为了更好地掌握和运用这些账户,有必要进一步探讨会计账户的分类,即在认识各个账户特性的基础上,概括它们的共性,从理论上研究账户之间的内在联系,明确各个账户在整个账户体系中的地位与作用,掌握各类账户在提供会计信息方面的规律性。概括起来,会计账户分类的意义有以下两点:

第一,有利于会计人员加深对会计账户的认识,提高会计人员运用账户的技能。各个账户既有自身的特征,又有共性,通过账户分类,会计人员既可以区分个性又能把握共性,便于会计人员加强对账户的全面认识,揭示账户在使用过程中的规律性,从而不断提高运用账户的技能。

第二,有利于会计人员更好地运用会计账户对单位的经济活动进行反映。全部账户在反映会计内容上既有分工又有协作,通过会计账户分类,有助于会计人员准确使用各账户,更清晰地反映企业的经济活动。

二、账户分类的标准

会计账户的分类方式多种多样,每种分类方式都是从不同的角度出发以厘清各个会计账户之间的区别与联系。由于会计账户体系中,每一个会计账户都能反映特定的经济业务内容,并且都有特定的用途和结构。因此,会计账户体系的基本分类标准包括按照经济业务内容进行分类、按照账户的用途和结构进行分类。除这两种基础的账户分类方法之外,会计账户还可以根据其他特征来进行分类,如按账户与报表的关系分类、按账户与会计主体关系分类以及按账户的期末余额状态分类等。

第二节 账户按会计要素分类

会计账户的经济内容是指账户反映的会计对象的具体内容。会计账户之间最根本的差别在于其反映的经济业务内容不同,因此,账户的经济内容是账户分类的基础,账户按经济内容的分类也是对账户的最基本分类。会计账户按经济内容可以分为五类,即资产类账户、负债类账户、所有者权益类账户、收益类账户和成本费用类账户。

一、资产类账户

企业进行生产经营活动,必须具备一定的场地、设备、资金等,这些由企业过去的交易或事项形成,且企业拥有或控制的,预期会给企业带来经济利益流入的资源是企业的资产。为反映企业资产的增减变动和结存情况,就需要设置一类账户,通过该类账户的发生额反映资产的增减变动情况;通过该类账户的余额反映资产的结存情况。

资产类账户是反映由企业过去的交易或事项形成,企业拥有或控制的,预期会给企业带来经济利益流入的资源,如各种财产、债权和其他权利的增加、减少、结存情况的账户。

资产按照流动性可以分为流动资产和非流动资产,因此,资产类账户以流动性为标准分为流动资产账户和非流动资产账户。具体如下。

（一）流动资产类账户

反映流动资产的账户有"库存现金""银行存款""应收账款""应收票据""预付账款""其他应收款""原材料""材料采购""库存商品"等账户。这些账户又可以进一步细分为货币资金类账户、结算债权类账户和存货类账户。其中,"库存现金""银行存款"等账户属于货币资金类账户;"应收账款""应收票据""其他应收款""预付账款"等账户属于结算债权类账户;"原材料""材料采购""库存商品"等账户属于存货类账户。

（二）非流动资产类账户

反映非流动资产的账户有"固定资产""累计折旧""在建工程""工程物资""无形资产"等。

二、负债类账户

企业的资产主要来源于债权人和所有者的投入。属于债权人提供的,需要用企业未来的资产或劳务偿付的债务称为负债。为反映债权人提供的资金以及债务人的偿还情况等,需设置一类账户,通过该类账户的发生额反映负债的形成和偿付情况,通过该类账户的余额反映尚未偿还的债务情况。

负债类账户是反映由企业过去的交易或者事项形成的、预期会导致经济利益流出企业的现时义务的增加、减少、结存情况的账户。

负债按偿还期限的长短可分为流动负债和非流动负债,因此负债类账户也以此为标准,分为流动负债类账户和非流动负债类账户。具体如下。

（一）流动负债类账户

反映流动负债的账户有"短期借款""应付账款""预收账款""应付票据""其他应付款""应交税费""应付职工薪酬""应付股利""应付利息"等账户。

（二）非流动负债类账户

反映非流动负债的账户包括"长期借款""应付债券""长期应付款""专项应付款""预

计负债"等账户。

三、所有者权益类账户

所有者权益是企业总资产减去总负债后的余额,包括投资者的初始投入和企业生产经营所产生的留存收益两部分。为反映投资者投入资本和留存收益的增减变动及其结存,就需要设置一类账户,通过该类账户的发生额反映投入资本与留存收益的增减变动情况,通过该类账户的余额反映投入资本变动后的结存和留存收益的实际金额。

所有者权益类账户是反映所有者权益增加、减少、结存情况的账户。由于所有者权益包括投资者的初始投入,以及企业生产经营所产生的留存收益,所有者权益类账户通常可分为反映所有者原始投资的账户(如"实收资本""资本公积"等账户)以及反映所有者投资收益与资本积累的账户(如"盈余公积""本年利润""利润分配"等账户)。

四、收益类账户

企业通过销售商品、提供劳务、让渡资产使用权等方式取得各项收入,就需要一类账户来反映企业的收益情况。

收益类账户是反映企业收益的增减变动的账户。由于企业的收益既包括经营性的收益,又包括非经营性收益,因此收益类账户也可细分为经营性收益账户和非经营性收益账户。其中,经营性收益账户包括"主营业务收入""其他业务收入""投资收益"等账户。非经营性收益账户包括"营业外收入"等账户。

五、成本费用类账户

企业要进行生产经营活动必将发生一些耗费,就需要设置一类账户来反映生产经营过程中的成本费用情况。

成本费用类账户是反映企业生产经营过程中成本与费用的增减变动的账户。在会计学中,成本是指基于特定目的、有明确承担对象的耗费。成本主要强调与特定的成本计算对象之间的对应关系;费用是指企业在日常活动中发生的、会导致所有者权益减少的、与向所有者分配利润无关的经济利益的总流出。基于成本与费用的区别,成本费用类账户又可以细分为成本类账户和费用类账户。

(一)成本类账户

成本类账户是用来反映从事产品生产的企业在产品生产过程中发生的料、工、费等耗费,并据以计算产品成本的账户。典型的成本类账户包括:"生产成本""制造费用""劳务成本"等账户。

需要特别指出的是,成本类账户与资产类账户有密切的联系。资产一经耗用就转化为成本,因此,成本类账户的期末借方余额实质上属于企业的资产,如"生产成本"账户的期末借方余额表示在产品,在编制资产负债表时应归入企业流动资产中的"存货"项目。

(二)费用类账户

费用类账户用来反映企业在日常活动中发生的各项耗费,如"管理费用""销售费用""财务费用""所得税费用"等账户。

除上述的分类方法外,成本费用类账户还可以按照成本费用与企业的生产经营活动是否有关,分为经营性成本费用账户和非经营性成本费用账户。其中,经营性成本费用账户是用来反映企业在购进过程、生产过程、销售过程中发生的各项耗费的账户,如"生产成本""制造费用""主营业务成本""税金及附加"等账户;而非经营性成本费用账户是用来反映与企业经营管理无关的其他耗费,如"营业外支出"等账户。

账户按会计要素分类如图 5-1 所示。

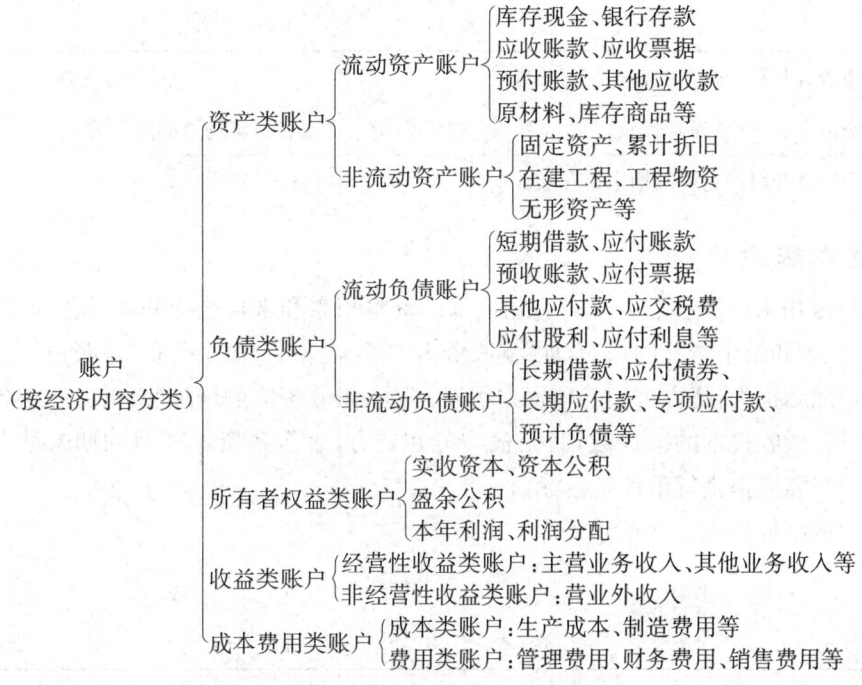

图 5-1　账户按会计要素分类

第三节　账户按用途和结构分类

按照会计账户所反映的经济业务内容来对账户进行分类,是最基础的账户分类方式。这种分类方式能明确地区分各个账户的经济性质,有利于合理地运用会计账户,为企业提供经营管理所需的各种核算指标。但是,若只按照经济内容对会计账户进行分类,难以详细地了解各个账户的具体用途和结构。因此,需要在按照经济内容对账户进行分类的基础上,进一步研究账户按照用途和结构进行的分类。

一、盘存账户

盘存账户是用来反映各项货币资金和财产物资的增加、减少以及结存数额的账户,如"库存现金""银行存款""原材料""库存商品""工程物资""固定资产"等账户。

盘存账户的结构为:借方登记各项货币资金和财产物资的增加数,贷方登记各项货币资金和财产物资的减少数,其余额一般在借方,反映各种货币资金、财产物资的期末结存数额。盘存类账户通常具有以下两个特点:第一,盘存类账户反映的各项资金、物资,都可以通过实物盘点、对账等财产清查的方法来确定其实存数额,以保证账面数额与实存数额相符。第二,盘存类账户一般均需要设置明细科目。

盘存账户的结构如表 5-1 所示。

表 5-1

借方	盘 存 账 户	贷方
期初余额:货币资金和财产物资的期初结存数额 发生额:货币资金和财产物资的增加数	发生额:货币资金和财产物资的减少数	
期末余额:货币资金和财产物资的期末结存数额		

二、资本账户

资本账户是用来核算和监督来自企业内部的资本积累和来自企业外部的各种投资、资本的增加、减少和结余情况的账户,如"实收资本""资本公积""盈余公积"等账户。

资本账户的结构为:贷方登记各项资本积累、投资、增收资本的增加数,借方登记各项资本积累、投资、增收资本的减少数,其余额一般在贷方,表示各资本项目的期末结存数额。资本账户只需要提供货币计量指标。

资本账户的结构如表 5-2 所示。

表 5-2

借方	资 本 账 户	贷方
	期初余额:投资与积累的期初结余数额	
发生额:投资与积累的减少数	发生额:投资与积累的增加数	
	期末余额:投资与积累的期末结余数额	

三、结算账户

结算账户是用来核算和监督某一单位同其他单位、个人,或某一单位内部发生的债权、债务结算关系的账户。由于结算业务的性质多种多样,不同类型的结算业务所涉及的会计账户在结构和用途上也存在着明显的区别,因此,结算账户按照业务性质又可以细分为:债权结算账户、债务结算账户以及债权债务结算账户。

(一)债权结算账户

债权结算账户,即资产结算账户,是用来核算和监督单位各项债权的增加、减少以及结存数额的账户,包括"应收账款""应收票据""预付账款""其他应收款"等账户。

债权结算账户的结构为:借方登记债权的增加数,贷方登记债权的减少数,其余额一般在借方,表示债权的期末结存数额。

债权结算账户的结构如表 5-3 所示。

表 5-3

借方	债权结算账户	贷方
期初余额：债权的期初结存数额		
发生额：债权的增加数	发生额：债权的减少数	
期末余额：债权的期末结存数额		

（二）债务结算账户

债务结算账户，即负债结算账户，是用来核算和监督单位的各项债务增加、减少以及结存数额的账户，包括"应付账款""应付票据""其他应付款""应付职工薪酬""应交税费""短期借款""应付债券"等账户。

债务结算账户的结构为：贷方登记债务的增加数，借方登记债务的减少数，其余额一般在贷方，表示债务的期末结存数额。

债务结算账户的结构如表 5-4 所示。

表 5-4

借方	债务结算账户	贷方
	期初余额：债务的期初结存数额	
发生额：债务的清偿数	发生额：债务的增加数	
	期末余额：债务的期末结存数额	

（三）债权债务结算账户

债权债务结算账户，即往来结算账户，是结算账户中较为特殊的一种类型，这类账户的存在是实际工作的需要。具体而言，经常发生债务债权结算的两家企业之间常会出现双方角色的转化。例如，A 企业经常与 B 企业发生债权债务结算，在一些情况下，B 企业是 A 企业的债务人，在另一些情况下，B 企业是 A 企业的债权人。因此，为了集中核算这类单位之间发生的债权债务的结算情况，有时需要在同一个账户中既要核算"应收"该企业款项的增加、减少及余额，又要核算"应付"该企业款项的增加、减少和余额。

简言之，债权债务结算账户是用于核算、监督企业同其他单位、个人之间的往来结算业务的会计账户，包括"应付账款""预付账款""应收账款""预收账款"等账户。这类账户需要根据与其发生结算业务的对方单位或个人来设置明细分类账，以便及时进行结算。

债权债务结算账户在结构上也具有特殊性，这类账户的借方登记债权的增加数以及债务的减少数，贷方登记债务的增加数和债权的减少数。因此，期末余额既可能在借方，也可能在贷方。若期末余额在借方，则表示尚未收回的债权净额；若期末余额在贷方，则表示尚未偿还的负债净额。

当企业仅存在很少量的预付账款业务的情况下，该企业可以不设置"预付账款"账户，直接将"预付账款"账户并入"应付账款"账户进行核算；同理，当企业仅存在很少量的预收账款业务的情况下，该企业也可以不设置"预收账款"账户，直接将"预收账款"账户并入"应收账款"账户进行核算。此时的"应收账款""应付账款"账户均为债权债务结算账户。

需要特别指出的是,由于债权债务结算账户中有许多是具有双重性质的账户,因此,在设置结算账户的企业中,不能单从账户的名称去判断某一账户是资产类账户或负债类账户。正确的做法是根据结算账户所属的明细分类账的余额方向来判断其性质,以便准确地反映企业的债权债务结算情况。

债权债务结算账户的结构如表 5-5 所示。

表 5-5

借方	债权债务结算账户	贷方
期初余额:期初的债权净额		期初余额:期初的债务净额
发生额:(1) 债权的增加数		发生额:(1) 债权的减少数
(2) 债务的清偿数		(2) 债务的增加数
期末余额:期末尚未收回的债权净额		期末余额:期末尚未偿还的债务净额

四、集合分配账户

集合分配账户是用来归集和分配生产经营过程中某一个阶段所发生的成本费用,并借以反映和监督这一阶段费用预算的执行情况以及费用分配情况的账户。这是一种具有明显过渡性的账户,如"制造费用"账户。

集合分配账户的结构为:借方登记费用的发生额,贷方登记按照一定的分配标准计入各个成本计算对象的费用分配额,期末通常没有余额。

集合分配账户的结构如表 5-6 所示。

表 5-6

借方	集合分配账户	贷方
发生额:某种费用的发生额		发生额:某种费用的分配额

五、跨期摊提账户

跨期摊提账户是用来核算和监督应由若干个会计期间共同负担,而又在某一会计期间一次性支付的费用的账户。典型的跨期摊提账户包括:"待摊费用""预提费用"等账户。

跨期摊提账户是基于会计中权责发生制原则产生的,因为企业在生产经营过程中发生的费用,有些是跨期的,应由几个会计期间共同负担。因此,为了正确计算各个会计期间的损益,必须按权责发生制原则的要求,严格划分费用的归属期。跨期摊提账户所核算的情况通常分为两种:第一,先一次性支付相关的费用,随后根据其收益期需要在当期和以后若干期逐渐计入企业的生产成本或期间费用;第二,费用逐渐发生,经过若干期之后再结算所发生总费用。

跨期摊提账户的结构为:借方登记费用的实际支出数,贷方登记各个会计期间负担的费用数。期末余额一般在贷方,表示已预提而尚未支付的预提费用数额,但有时账户的期末余额也会出现在借方,表示已支付而尚未摊销的待摊费用数额。

跨期摊提账户的结构如表5-7所示。

表5-7

借方　　　　　　　　跨期摊提账户　　　　　　　　贷方	
期初余额:期初已支付而尚未摊配的待摊费用数	期初余额:期初已预提而尚未支用的预提费用数
发生额:本期待摊费用或预提费用的支付数	发生额:本期待摊费用的摊配数或预提费用的预提数
期末余额:已支付而尚未摊配的待摊费用数	期末余额:已预提而尚未支用的预提费用数

六、期间账户

期间账户又名"期间汇转账户",是用来核算和监督企业生产经营过程中某一会计期间发生的收入和费用,以在期末计算确定企业经营财务成果的账户。期间账户可以分为两类:期间收入汇转账户和期间费用汇转账户。

（一）期间收入汇转账户

期间收入汇转账户是用来反映企业生产经营过程中某一会计期间实现的收入、收益的账户,典型的期间收入汇转账户有"主营业务收入""其他业务收入""营业外收入""投资收益"等账户。这类账户的结构为:贷方登记实现的收入和收益的金额,借方记录结转或减少的收入和收益的金额,期末将当期汇集的收益转入"本年利润"账户,结转后,期间收入汇转账户无期末余额。

期间收入汇转账户的结构如表5-8所示。

表5-8

借方　　　　　　　　期间收入汇转账户　　　　　　　　贷方	
发生额:收入、收益的减少数和转入"本年利润"数	发生额:实现的收入、收益数

（二）期间费用汇转账户

期间费用汇转账户是用于反映企业生产经营过程中某一会计期间所发生的费用的账户,典型的期间费用汇转账户包括"主营业务成本""其他业务成本""营业外支出""销售费用""管理费用""财务费用""税金及附加""所得税费用"等账户。这类账户的结构为:借方反映费用的发生数,贷方表示费用的转销数或冲销数,期末将当期汇集的费用转入"本年利润"账户后,期间费用汇转账户无期末余额。

期间费用汇转账户的结构如图表5-9所示。

表5-9

借方　　　　　　　　期间费用汇转账户　　　　　　　　贷方	
发生额:费用的发生数	发生额:费用的冲销数和转入"本年利润"数

七、成本计算账户

成本计算账户是用来归集和分配生产经营过程中某一阶段所发生的全部费用,并据以计算、确定各个成本计算对象实际成本的账户,包括"生产成本""劳务成本""在建工程"等账户。这一类型的账户除了设置总分类账户以外,还需要按照成本计算对象分别设置明细分类账户,据以提供有关成本计算对象的货币指标和实物指标。

成本计算账户的结构为:借方汇集生产经营过程中某个阶段发生的、应计入成本的全部费用,贷方登记转出的实际成本,期末余额一般在借方,表示期末尚未完成生产经营过程某一阶段的成本计算对象的实际成本。

成本计算账户的结构如表 5-10 所示。

表 5-10

借方	成本计算账户	贷方
期初余额:期初尚未完成生产经营过程中某一阶段的成本计算对象的实际成本		
发生额:生产经营过程某一阶段发生的全部费用数额	发生额:结转已经完成某一阶段的成本计算对象的实际成本	
期末余额:期末尚未完成生产经营过程某一阶段的成本计算对象的实际成本		

八、财务成果账户

财务成果账户是用来核算和监督企业在一定时期内全部经营活动所产生的最终成果的账户,最为典型的例子就是"本年利润"账户。

财务成果账户的结构是:借方汇集本期转入的各项成本、费用、损失,贷方汇集本期转入的各项收入、收益、利得,期末将借方发生额与贷方发生额进行比较,就可以计算出这一会计期间的财务成果。需注意的是,财务成果账户的期末余额既可能在借方,也可能在贷方。如果期末余额在借方,表示本期发生的净亏损额;如果期末余额在贷方,则表示本期发生的净盈利额。年终决算时,"本年利润"账户的余额将结转到"利润分配"账户,结转后"本年利润"账户无年末余额。

财务成果账户的结构如表 5-11 所示。

表 5-11

借方	财务成果账户	贷方
发生额:应计入本期损益的各项成本、费用损失	发生额:应计入本期损益的各项收入、收益、利得	
期末余额:发生的亏损净额	期末余额:实现的盈利净额	
年终结转的盈利净额	年终结转的亏损净额	

九、调整账户

调整账户是指用来调整账户的余额,以求得被调整账户实际余额的账户。调整账户的设置体现了会计谨慎性原则的要求,因为在会计核算过程中,由于经营管理或其他原因,有时需对某一账户的原始金额进行调整,使其能够更加严谨地反映出该账户的实际数额。通常,反映原始金额的账户称为"被调整账户",反映对被调整账户的数额进行调整的账户称为"调整账户"。将被调整账户的数额与调整账户的数额相加或相减,就能计算出企业管理上所需的某些特定指标的实际数额。

调整账户按其调整方式不同,可以分为三类:备抵调整账户、附加调整账户,以及备抵附加调整账户。

(一) 备抵账户

备抵账户也称为"抵减账户",是用来抵减被调整账户的账面余额,以求得被调整账户实际余额的账户,即用被调整账户余额减去调整账户余额所得到的差额,就是被调整账户的实际余额。用公式表示为:

$$被调整账户账面余额 - 备抵账户账面余额 = 被调整账户的实际余额$$

因此,被调整账户的余额与备抵账户的余额在方向上一定是相反的。也就是说,如果被调整账户的余额在借方,备抵账户的余额一定在贷方;反之,如果被调整账户的余额在贷方,备抵账户的余额一定在借方。

备抵账户根据被调整账户的经济内容不同分为两类:资产类备抵账户和权益类备抵账户。

1. 资产类备抵账户

资产类备抵账户是用来抵减某一资产账户的余额,以求得该资产账户实际余额的账户。典型的资产类备抵账户有"累计折旧"账户,它是"固定资产"账户的备抵账户(调整账户),用于调整"固定资产"账户(被调整账户)的余额。具体而言,"累计折旧"账户配合被调整的"固定资产"账户,从不同的角度描述了固定资产的情况。"固定资产"账户的初始入账金额表示固定资产的原始价值信息,反映出企业的实力,同时也是计提折旧的依据;"累计折旧"账户表示固定资产的磨损价值。由于"固定资产"账户与"累计折旧"账户的结构相反,余额方向也相反,因此用"固定资产"账户的原始价值减去"累计折旧"账户的余额就能计算出固定资产的净额,以反映企业固定资产的实际价值。

资产类备抵账户的结构如表 5-12 所示(以"固定资产"账户和"累计折旧"账户为例)。

表 5-12

借方	被调整账户(固定资产)	贷方
余额:固定资产原始价值		

借方	资产类备抵账户(累计折旧)	贷方
	余额:固定资产的累计折旧额	

资产类备抵账户中除"累计折旧"账户外,还包括"坏账准备""存货跌价准备""固定资产减值准备""长期股权投资减值准备"等账户。

2. 权益类备抵账户

权益类备抵账户是用于抵减某一权益账户的数额,据以确定该权益类账户的实际数额的账户。"利润分配"账户就是典型的权益类备抵账户之一,它是"本年利润"的备抵账户(调整账户),用于调整"本年利润"账户(被调整账户)的余额。"利润分配"账户与"本年利润"账户之间的关系,也是调整与被调整的关系。具体而言,"利润分配"账户配合被调整的"本年利润"账户,从不同的角度描述了企业的财务成果情况。"本年利润"账户反映了企业一个会计年度的利润总额,揭示了企业的营利能力;"利润分配"账户又反映出企业已分配的利润。将企业的利润总额与分配出去的利润进行比较,可以了解企业的分配政策。并且,由于"本年利润"账户与"利润分配"账户的结构相反,因此用本年累计获得的利润减去累计已分配的利润,就能得到本年尚未分配的利润。

权益类备抵账户的结构如表 5-13 所示(以"本年利润"账户和"利润分配"账户为例)。

表 5-13-1

借方	被调整账户(本年利润)	贷方
	余额:本年累计利润(原始数据)	

表 5-13-2

借方	权益类备抵账户(利润分配)	贷方
余额:已分配的利润		

综上所述,备抵账户的特点为:调整账户与被调整账户的记账方向相反,余额方向也相反。如果被调整账户的借方表示其减少额,贷方表示其增加额,期末余额在贷方,那么,其调整账户的借方就表示其增加额,贷方表示其减少额,期末余额在借方。

(二) 附加账户

附加账户是用来增加被调整账户的余额,以求得被调整账户实际余额的账户。即,被调整账户账面余额加上附加账户账面余额就计算出被调整账户的实际余额。

相比备抵账户,附加账户在实际工作中的运用较少,其特点是调整账户与被调整账户的记账方向相同,余额的方向也相同。例如,溢价发行债券的情况下,"应付债券——利息调整"账户是附加账户(调整账户),"应付债券——面值"账户是被调整账户。

附加账户的结构如表 5-14 所示(以"应付债券——面值"账户和"应付债券——利息调整"账户为例)。

表 5-14-1

借方	被调整账户(应付债券——面值)	贷方
	余额:发行在外的债券总面值	

表 5-14-2

借方	附加账户(应付债券——利息调整)	贷方
	余额:发行在外的债券溢价余额	

（三）备抵附加账户

备抵附加账户属于双重性质的账户,兼备抵和附加两种调整职能,是既采用抵减调整方式,又采用附加调整方式,以求得被调整账户实际余额的账户。这类账户在使用时究竟执行的是哪一种调整职能,取决于该账户的余额与被调整账户的余额是相同方向还是相反方向。如果其余额与被调整账户的方向相同时,它就起到附加账户的作用;如果其余额与被调整账户的方向相反,它就起到备抵账户的作用。

典型的备抵附加账户之一是对材料进行计划成本核算的加工制造业设置的"材料成本差异"账户。加工制造业在采用计划成本进行材料的日常收发核算时,"原材料"账户按计划成本计价核算,"材料成本差异"账户作为调整账户,用于将"原材料"账户由计划成本计价调整至实际成本计价。"材料成本差异"账户与"原材料"账户之间的关系就是调整与被调整的关系。

由于"原材料"账户的期末余额是在借方,因此,当"材料成本差异"账户出现借方余额时,以附加的方式,将"原材料"账户所反映材料的计划成本调整为实际成本,即结存的原材料的计划成本加上结存的材料成本差异,可以计算出结存的原材料的实际成本。用公式表示为:

结存材料的计划成本＋结存材料的超支成本差异 ＝ 结存材料的实际成本

反之,当"材料成本差异"账户出现贷方余额时,以抵减的方式,将"原材料"账户所反映材料的计划成本调整为实际成本,即结存的原材料的计划成本减去结存的材料成本差异,可以计算出结存的原材料的实际成本。用公式表示为:

结存材料的计划成本－结存材料的节约成本差异 ＝ 结存材料的实际成本

"材料成本差异"账户的具体运用并非"初级会计学"中的内容,故此不再赘述。

综上所述,调整账户的特点是:第一,调整账户与被调整账户反映相同的经济内容,但用途和结构存在差异;第二,被调整账户反映会计要素的原始金额,调整的方式是用原始数额加上(附加账户)或者减去(备抵账户)调整数额,从而求得具有特定含义的某一指标的实际数额;第三,每一个调整账户均有与之对应的被调整账户,调整账户不能独立存在于被调整账户之外。

十、计价对比账户

计价对比账户是指对某项经济业务,按两种不同的计价进行核算对比,借以确定其业务成果的账户,如"本年利润"账户,贷方登记各项收入,借方登记各项费用,将贷方的发生额与借方的发生额进行对比,据以确定本期的成果。

计价对比账户的结构为:借方登记某项经济业务的一种计价,贷方登记该项业务的另一种计价,期末将两种计价进行对比,据以确定成果。

十一、待处理财产账户

待处理财产账户核算企业在清查财产过程中查明的各种财产物资的盘盈、盘亏和毁损。“待处理财产损溢”账户设置“待处理固定资产损溢”和“待处理流动资产损溢”两个明细账户。盘盈时贷记本账户,盘亏时借记本账户。

“待处理固定资产损溢”和“待处理流动资产损溢”账户期末如为借方余额,则反映企业尚未处理的各种财产物资的净损失;期末如为贷方余额,则为反映企业尚未处理的各种财产物资的净溢余。在企业会计制度中明确规定年度终了本账户一般无余额。

账户按用途和结构分类如图 5-2 所示。

账户(按用途、结构分类)
- 盘存账户
  - 原材料、库存商品
  - 工程物资、固定资产
  - 应收账款、应收票据
- 资本账户:实收资本、资本公积、盈余公积
- 结算账户
  - 债权结算账户
    - 应收账款、应收票据
    - 预付账款、其他应收款
  - 债务结算账户
    - 应付账款、应付票据
    - 其他应付款、应付职工薪酬
    - 短期借款、应交税费
  - 债权债务结算账户
    - 应付账款、预付账款
    - 应收账款、预收账款
- 集合分配账户:制造费用
- 跨期摊提账户:待摊费用、预提费用
- 期间账户
  - 期间收入汇转账户:主营业务收入、其他业务收入等
  - 期间费用汇转账户:主营业务成本、其他业务成本等
- 成本计算账户:生产成本、劳务成本等
- 财务成果账户:本年利润
- 调整账户
  - 备抵调整账户:累计折旧、坏账准备
  - 附加调整账户:应付债券——利息调整
  - 备抵附加调整账户:材料成本差异
- 计价对比账户:本年利润
- 待处理财产账户:待处理财产损溢

图 5-2 账户按用途和结构分类

第四节 账户的其他分类

会计账户除按上述标准进行分类外,还可按照其他标准分类,如按照账户的统驭关系分类、按照报表关系分类、按照会计主体分类、按照期末余额状态分类等。

一、按统驭关系分类

账户按照统驭关系分类,亦可称为按提供信息的详细程度分类,分为总分类账户和明细分类账户。

企业在经营过程中所需要的会计信息是多方面的,需要一些总括性的指标从总体上了解企业的财务状况与经营成果;同时也需要一些具体、详细的指标。为满足不同的要求,本章前三节中所介绍的各个账户还可以进一步细分,形成不同层次的账户,以此提供各类经济活动的详细资料。其中,提供总括信息的账户被称为总分类账户,提供详细信息的账户被称为明细分类账户。

（一）总分类账户

总分类账户又可称为总账账户,或一级账户,是对企业经济活动的具体内容进行总括核算的账户,它能够提供某一具体内容的总括核算指标。在我国,为了保证会计核算指标口径规范一致,保证会计信息在不同企业之间具有可比性,保证会计核算资料能够在一个行业、一个地区、一个国家,甚至不同国家之间综合汇总、分析,也为了便于企业编制会计凭证、汇总资料和编制财务报表,总分类账户的名称、核算内容、使用方法以及账户结构均为统一制定的。

（二）明细分类账户

明细分类账户是对企业某一经济业务进行明细核算的账户,它能够提供某一具体经济业务的明细核算指标。在实际工作中,大部分的账户都需设置明细分类账户。并且,不同的总分类账户设置明细分类账户的方法也不一样。例如,在"应收账款"总分类账户下,按照购买单位的名称设置明细分类账户;在"短期借款"总分类账户下,按债权人名称设置明细分类账户;在"原材料"总分类账户下,按照材料的类别、品质、规格设置明细分类账户。

实际工作中,明细分类账户是依据企业经济业务的具体内容进行设置的,它所提供的明细会计核算信息主要是满足企业内部的经营管理需要,而非外部的经营管理需要。由于不同的企业所发生的经济业务的内容各不相同,经营管理的水平也不甚相同,因此,不便于统一规定明细分类账户的名称、核算内容。明细分类账户的名称是由各企业、单位根据自身的实际经营需要来设定的。

如果某一总分类账户所属的明细分类账户较多,为了便于控制,还可以设置二级账户。二级账户是介于总分类账户和明细分类账户之间的账户。它与明细分类账户类似,也是企业根据其实际经济业务内容和经营管理需要自行设定的。例如,如表 5-15 所示,某制造企业的原材料种类繁多,为了方便管理,可以在"原材料"总分类账户下设置"主要材料""辅助材料""燃料"等二级账户;每一个二级账户又可按具体情况再设置明细分类账户,如在"主要材料"二级账户下可以设置"铁矿石""焦炭""石灰石"等明细分类账户,在"辅助材料"二级账户下可以设置"油漆""润滑油"等明细分类账户,在"燃料"二级账户下可以设置"汽油""柴油""石脑油""溶剂油"等明细分类账户。明细分类账户形式如表5-15所示。

二、按报表关系分类

会计账户按报表关系分类是以账户与财务报表的关系为标志进行分类,账户按照提供资料编制的财务报表为标准可以分为两类:资产负债表账户和利润表账户。研究此种

表 5-15　　　　　　　　　　　　　××制造企业原材料明细分类账户

总分类账户（一级账户）	明细分类账户	
	二级账户	明细账户
原材料	主要材料	铁矿石
		焦炭
		石灰石
	辅助材料	油漆
		润滑油
	燃料	汽油
		柴油
		石脑油
		溶剂油

分类方法的目的在于通过这些账户的具体核算,提供期末编制财务报表所需要的数据。

（一）资产负债表账户

资产负债表账户是指该账户所提供的资料是编制资产负债表的依据。在资产负债表账户中可根据账户涉及的会计要素不同,进一步细分为资产类账户、负债类账户、所有者权益类账户。需要注意的是,如果"生产成本"账户存在期末余额的情况下,"生产成本"账户也应列入资产负债表中。

（二）利润表账户

利润表账户是指该账户所提供的资料是编制利润表的依据。由于利润是由收入和费用组成的,因此利润表账户又可分为收益类账户和费用类账户,这些账户是根据利润表的项目设置的。关于收益类账户、费用类账户的具体运用可参看本章第二节中的内容。

三、按与会计主体关系分类

前所述及的对账户的分类,都是对一个会计主体而言的,不涉及其他会计主体。然而,当企业存在租入固定资产、代为加工的原材料、代管物资等情况时,它们所反映的固定资产和物资只是暂时留存本企业,本企业只有保管权而无支配使用权,因而不应列入本企业的资产负债表中。据此,以会计主体为标准可将会计账户分为表内账户和表外账户。这种账户分类方法的目的在于严格划清会计核算和监督内容的空间界限。

（一）表内账户

表内账户是用来核算和监督一个会计主体的各会计要素,如资产、负债、所有者权益、收入、费用和利润的账户,本章前述的所有账户均为表内账户。

（二）表外账户

表外账户是用于核算不属于企业本身的经济活动的账户,即不属于本会计主体的资产的账户。例如,企业"采用经营租赁方式租入的固定资产"账户就是典型的表外账户。

四、按期末余额状态分类

账户的期末余额具有借方余额、贷方余额和无余额三种状况,因此账户根据期末余额为标准可以分为三类:借方余额账户、贷方余额账户和期末无余额账户。这种分类方式的目的在于把握账户期末余额代表的内容,以及期末结转的规律性,以便更好地组织会计核算与监督。

（一）借方余额账户

借方余额账户是指账户的借方发生额表示增加,贷方发生额表示减少,期末余额通常在借方的账户。资产类账户是典型的借方余额账户。

（二）贷方余额账户

贷方余额账户是指借方发生额表示减少,贷方发生额表示增加,期末余额一般在贷方的账户。典型的贷方余额账户有负债类账户和所有者权益类账户。

（三）期末无余额账户

期末无余额账户是指期末结账时,将本期汇集的借方(或贷方),从贷方(或借方)转出,结转后期末没有余额的账户。收益类账户和费用类账户均为期末无余额的账户。

从另一个角度而言,借方余额账户和贷方余额账户又被合称为"实账户",实账户的期末余额代表着企业的资产、负债和所有者权益;期末无余额账户又被称为"虚账户",虚账户的发生额揭示了企业的损益状况。

研究会计账户的分类,是为了从会计账户体系中明确各个账户间的联系和区别,理解设置各个账户的目的,以便正确地使用账户。会计账户分类标准是依据账户具有的一些具体特征确定的,每一个账户都有若干特征,所以每一个账户都可以从不同的角度来进行分类。例如,"库存商品"账户从会计经济内容来看,它属于资产类账户,反映企业在生产经营过程中必不可少的资源。从用途和结构来看,它属于盘存类账户,反映企业生产完毕以备销售的产成品。从提供指标的详细程度来看,"库存商品"账户属于总分类账户,总括地反映企业库存商品的增加、减少和结存情况。从列入会计报表来看,它属于资产负债表账户,账户的期末余额应作为企业资产的一部分列入资产负债表。从会计主体来看,它属于表内账户,代表本企业拥有或控制的经济资源。从期末余额来看,它属于借方余额账户,反映库存商品的实际价值。总之,借助于会计账户的分类,可以揭示会计账户的特征,有利于加深对账户的认识。

第六章 会计凭证

第一节 会计凭证概述

一、会计凭证的概念

会计凭证是记录经济业务发生或完成情况、明确经济责任的书面证明,是用来登记账簿的依据;也是组织经济活动、传递经济信息、实行会计监督的重要依据。

会计凭证是保证会计资料的客观性和真实性的直接依据。首先,任何一项经济业务的发生都必须由执行或完成该项经济业务的有关人员从外部取得或自行填制凭证,记录经济业务的发生日期、数量、金额等具体内容,并在凭证上签名盖章,明确经济责任。其次,有关人员还要对会计凭证进行严格审核,只有经过审核无误的凭证,才能作为记账的依据。因此,填制和审核会计凭证是会计核算工作的起点,是会计核算的基础工作,也是对经济业务活动进行核算和监督的基本环节,是会计核算的基本方法之一。

二、会计凭证的作用

填制和审核会计凭证作为会计核算的一项重要内容,在经济管理中具有重要作用。

(一)提供经济信息和会计信息

会计凭证是记录经济活动的最原始资料,是经济信息的载体。通过填制和取得会计凭证,可以将日常所发生的经济业务及时准确地记录下来,形成经济信息,然后对这些经济信息进行加工形成会计信息。

(二)提供记账的依据

任何一项经济业务的发生,都必须通过填制会计凭证,如实记录经济业务的相关内容,并经过审核无误,才能登记入账。做好会计凭证的填制和审核工作,才能保证账簿记录真实性、正确性,为分析、检查经济活动提供切实可靠的数据资料。

(三)监督控制经济活动

会计凭证是对经济业务的如实反映,通过填制与审核会计凭证可以查明企业发生的各项经济业务是否符合国家有关的法规、制度,是否符合企业经营计划、目标,及时发现经营管理及会计核算工作中存在的问题,发挥会计监督的职能作用,以确保经济业务的合法性和有效性。

(四)加强经济管理中的责任制

会计凭证不仅可以反映经济业务的内容,而且通过经办人及责任人签字盖章以明确有关人员及部门的经济责任。这样既能加强有关人员的责任感,促使他们严格按规章制度办事;又能加强会计人员之间的互相牵制,进一步完善经济责任制。

三、会计凭证的种类

会计凭证的种类很多,可以按照不同的标志进行分类,但通常是按其填制程序和用途分类,分为原始凭证和记账凭证两类,如图 6-1 所示。

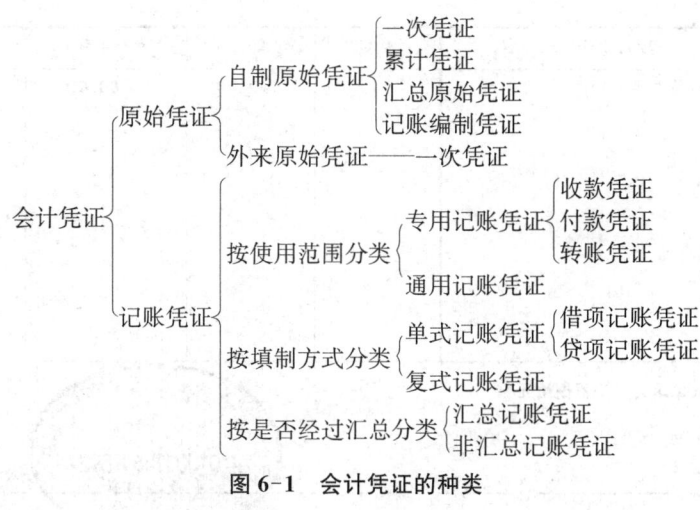

图 6-1　会计凭证的种类

第二节　原　始　凭　证

一、原始凭证及其种类

原始凭证也称原始单据,是在经济业务发生时取得或填制的,用来记录和证明经济业务的发生与完成情况、明确经办人员经济责任,并作为记账原始依据的一种会计凭证。原始凭证是进行会计核算的原始资料和重要依据。原始凭证按其取得的来源不同,可以分为外来原始凭证和自制原始凭证。

（一）外来原始凭证

外来原始凭证是指在同外单位发生经济业务往来时,从外单位取得的原始凭证,如购货时取得的发票,其一般格式见图 6-2、图 6-3,从银行取得的进账单,其一般格式见图 6-4,以及向外单位支付款项时取得的收据,如职工出差取得的汽车票、火车票等。

（二）自制原始凭证

自制原始凭证是指由本单位内部经办业务的部门或个人,在办理某项经济业务时自行填制的凭证。按其填制手续及反映业务的方法不同,又可分为一次凭证、累计凭证、汇总原始凭证和记账编制凭证。

1. 一次凭证

一次凭证是指填制手续是一次完成的,用于记录一项或若干项同类性质经济业务的凭证。大部分的自制原始凭证都属于一次凭证,如收料单、领料单、借款单、销售发票等。

广东省国家税务局通用机打发票

发票代码 14400100133
发票号码 07522653

				07522653

开票日期：　　　行业分类：货物销售类

付款方名称：
付款方识别号：

序号	项目说明	数量	单价	金额	备注
1	长城L1097显示器	1	780.00	780.00	

合计金额大写（人民币）：柒佰捌拾元整
附注：

开票人：　　　收款人：　　　开票单位：4401003256478929　　　办公设备有限公司
发票专用章

图 6-2　普通发票(通用机打发票)

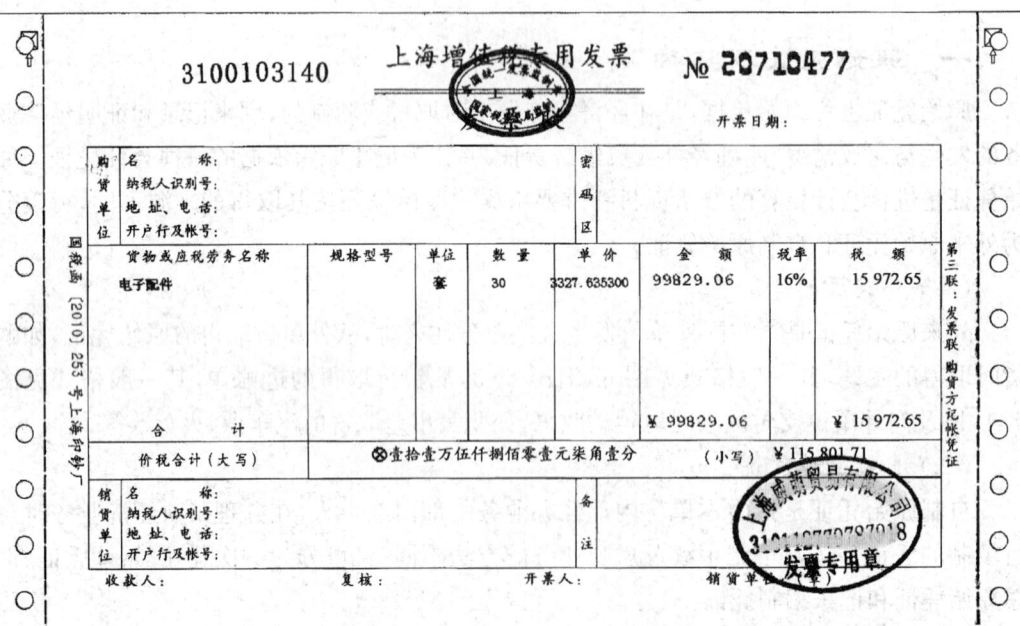

图 6-3　增值税专用发票(机打发票)

（中国建设银行）**进账单**(回单)　　1

2015年 2月20日

付款人	全称	（略）	收款人	全称	（略）
	账号	43001003516000500012		账号	1021000013400124800
	开户行	中国建设银行北京朝阳支行		开户行	中国工商银行北京海淀支行
金额	人民币(大写)	伍仟玖佰壹拾柒元贰角肆分		亿千百十万千百十元角分	¥5 9 1 7 2 4
票据种类		转账支票			
票据张数		1			
复核	记账			开户银行签章	

中国建设银行北京朝阳支行 2015.02.20 转讫 (01)

此联是开户银行交给持票人的回单

图 6-4　银行进账单

其一般格式见表 6-1 至表 6-3。一次凭证只能反映一笔业务的内容，使用方便灵活，但凭证数量较多。

表 6-1　　收　料　单

发票编号：

供货单位：　　年　月　日　　收料仓库：

材料类别	材料编号	材料名称	计量单位	数量		实际价格	
				应收	实收	单价	金额
备注：						合计：	

记账：　　验收：　　制单：　　交库：

表 6-2　　领　料　单

年　月　日

供货单位：　　用途：　　发料仓库：

材料类别	材料编号	材料名称	计量单位	数量		实际价格	
				请领	实发	单价	金额
备注：						合计：	

记账：　　发料：　　审批人：　　领料人：

表 6-3

借 款 单

年 月 日

借款人部门：		借款人：	
借款原因：			
借款金额：人民币(大写) 万 仟 佰 拾 元 角 分			小写：
付款方式：			
部门负责人意见：		借款人(盖章)：	
财务主管：		出纳：	

2. 累计凭证

累计凭证是指在一定时期内连续记录若干项同类经济业务,并随经济业务的发生而多次填制完成的原始凭证。它主要适用于某些经常重复发生的业务,如限额领料单,它是多次使用的累计领发料凭证。限额领料单中标明了某种材料在规定期限内的领料限额,用料单位每次领料及退料都要由经办人员在领料单上逐笔登记、签章,并结出限额结余,月末时结算出该材料的实际耗用量和金额,使用这种凭证既能控制材料的领用,又能减少凭证数量,简化凭证填制手续。限额领料单的一般格式如表 6-4 所示。

表 6-4

限 额 领 料 单

领料部门：　　　　　　　　　　　　　　　　　　　　　　　　第 号
用途：　　　　　　　　　　年 月 日　　　　　　　　　　　发料仓库：

材料编号	材料名称规格	计量单位	计划投产量	单位消耗定额	领用限额	实发															
						数量	单 价						金 额							
							万	千	百	十	元	角	分	千	百	十	万	千	百	十	元	角	分

日期	领 用			退 料			限额结余数量
	数量	领料人	发料人	数量	退料人	收料人	

生产计划部门：　　　　　　　　　供销部门：　　　　　　　　　仓库：

3. 汇总原始凭证

汇总原始凭证是指为简化记账凭证的编制,将一定时期内若干记录同类性质经济业务的原始凭证汇总编制成一张汇总凭证,用于集中反映某项经济业务的总括情况的原始凭证,如发料凭证汇总表、收料凭证汇总表、工资汇总表等。发料凭证汇总表,其格式见表 6-5。

表 6-5

发料凭证汇总表

年　月　日　　　　　　　　　　　　　　　　　　　金额单位:元

会计科目		领料部门	原料及主要材料	辅助材料	燃料	合计
生产成本	基本生产车间	一车间				
		二车间				
		小计				
	辅助生产车间	供水车间				
		机修车间				
		小计				
制造费用		一车间				
		二车间				
		小计				
管理费用		公司行政部门				
合计						

制表:　　　　　　　　　　　　　　　　　　　　　审核:

4. 记账编制凭证

在企业自制的各种原始凭证中,一般都是以实际发生的经济业务为依据填制的。但有些自制原始凭证是根据一定时期内账簿记录的结果,对某一特定事项进行归类、整理而重新编制的,这些原始凭证被称为记账编制凭证,如制造费用分配表,该表是根据制造费用明细账的记录结果,按制造费用在各种产品之间分配的结果编制的,其格式见表 6-6;月末确定已销商品成本时根据库存商品账簿记录所编制的成本计算表,其格式见表 6-7;以及月末所编制的利润分配计算表等。

表 6-6

制造费用分配表

年　月　日　　　　　　　　　　　　　　　　　金额单位:元

产品名称	分配标准(工时)	分配率(元/工时)	分配金额
合计			

会计负责人:　　　　　　　　复核:　　　　　　　　制单:

表 6-7　　　　　　　　　　**销售产品成本计算表**　　　　　　　　金额单位:元

品种	数量	材料单位	单位成本	总成本
合计				

二、原始凭证的基本内容及填制

(一)原始凭证的基本内容

企业发生的经济业务多种多样,用于记录这些经济业务的原始凭证的内容和格式也多种多样。但作为证明经济业务发生或完成、明确有关单位部门及人员经济责任的原始凭证必须具备一些基本内容,这些内容是如实反映经济业务的必备要素,也是原始凭证审核的重要环节。原始凭证应该具备如下基本内容:

(1)原始凭证的名称。其反映原始凭证所记录经济业务的内容、种类和原始凭证的用途,如领料单、入库单、销售发票等。

(2)填制原始凭证的日期、编号。填制原始凭证的日期一般是业务发生或完成的日期。因各种原因未能及时填制原始凭证的,应以实际填制日期为准。此外,为便于检查、核对,各种原始凭证应顺序编号。

(3)填制凭证单位名称或填制人姓名。

(4)接受凭证单位的名称。例如,发票上要写明购货单位的名称,单位名称要写全称,不得省略。

(5)经济业务内容。经济业务的内容,要求表明经济业务的项目名称及有关的附注说明。

(6)数量、单价和金额,主要表明经济业务的计量,这不仅是记账必需的资料,也是检查业务的真实性、合理性和合法性所必需的,是原始凭证的核心。

(7)经办人员的签名或盖章。经办人员签章是为了明确经办人员的经济责任。

(二)原始凭证的填制方法及要求

原始凭证的填制有三种形式:一是根据实际发生或完成的经济任务,由经办人员直接填制,如入库单、领料单等;二是根据账簿记录对有关经济业务进行加工整理填列,如各种记账编制凭证;三是根据若干反映同类经济业务的原始凭证定期汇总编制,如各种汇总原始凭证。尽管各种原始凭证的具体填制依据和方法不尽一致,但就原始凭证应反映经济业务、明确经济责任而言,应按下列要求填制原始凭证:

(1)记录真实。原始凭证的内容要根据实际发生的经济业务填写,保证原始凭证的日期、内容、数量和金额完全真实可靠。从外单位取得的原始凭证如有遗失,应取得原签发单位盖有财务专用章的证明,并注明原来凭证的号码、金额和内容等,经单位负责人批准后,可代作原始凭证;对于确实无法取得证明的,如火车票、轮船票、飞机票等,可由当事人写出详细情况,由经办单位负责人批准后,也可代作原始凭证。

(2)内容齐全。原始凭证的项目和内容必须逐项填写齐全,不准遗漏。需要注意的是,年、月、日要按照填制原始凭证的实际日期填写;名称要齐全,不能简化;品名或用途要填写明确,不得含糊不清。同时须由经办部门或人员签字盖章,对凭证的真实性、正确性负责。

(3)手续完备。原始凭证的填制手续,必须符合内部牵制原则的要求。凡填有大写和小写金额的原始凭证,大写与小写金额必须相符。购买实物的原始凭证,必须有验收证明。支付款项的原始凭证,必须有收款单位和收款人的收款证明。一式几联的原始凭证,应该注明各联的用途,只能以一联作为报销凭证。一式几联的发票和收据,必须用双面复写纸套写,并连续编号。作废时应当加盖"作废"戳记,连同存根一起保存,不得撕毁。发生销货退回时,除填制退货发票外,必须取得对方的收款收据或开户行的汇款凭证,不得以退货发票代替收据;各种借出款项的收据,必须附在记账凭证上,收回借款时,应另开收据或退回收据副本,不得退回原借款收据。

（4）书写清楚规范。原始凭证要用蓝色笔或黑色笔书写,文字要简明、字迹要清楚、规范,填写支票必须使用碳素墨水笔。各种凭证不得随意涂改、刮擦、挖补,应采用规定的方法予以更正。各种凭证要连续编号,以便考察,对于预先印有编号的各种凭证,若填写错误,要加盖"作废"戳记,并单独保管。

汉字大写金额数字,一律用正楷字或行书字书写,如壹、贰、叁、肆、伍、陆、柒、捌、玖、拾、佰、仟、万、亿、元、角、分、零、整等,易于辨认。大写金额有"分"的,后面不加"整"字,其余一律在末尾加"整"字,大写金额前还应加注货币单位,注明"人民币"等字样,货币单位与金额数字之间,以及各金额数字之间不得留有空隙。

阿拉伯数字应当一个一个地写,不得连笔写。阿拉伯金额数字前面应写人民币符号"￥"。人民币符号"￥"与阿拉伯金额数字之间不得留有空白。凡阿拉伯数字前写有人民币符号"￥"的,数字后面不再写"元"字。例如,人民币100元,表示为"￥100"。所有以"元"为单位的阿拉伯数字,除表示单价等情况外,一律写到角、分;无角、分的,角位和分位可写"00",或者符号"—";有角无分的,分位应当写"0",不得用符号"—"代替。

阿拉伯金额数字中间有"0"时,汉字大写金额要写"零"字,如￥102.50,汉字大写金额应写成"人民币壹佰零贰元伍角整"。阿拉伯金额数字中间连续有"0"时,汉字大写金额中只写一个"零"字,如￥1 003.56,汉字大写金额应写成"人民币壹仟零叁元伍角陆分"。阿拉伯金额数字元位是"0"或数字中间连续有几个"0",元位也是"0",但角位不是"0"时,汉字大写金额可只写一个"零"字,也可不写"零"字,如￥1 760.23,汉字大写金额应写成"人民币壹仟柒佰陆拾元零贰角叁分"或"人民币壹仟柒佰陆拾元贰角叁分"。

（5）填制及时。

三、原始凭证的审核

为了正确反映经济业务的发生或完成情况,保证原始凭证内容的真实性和合法性,各单位会计部门必须对各种原始凭证进行严格的审核。只有经过审核合格的原始凭证,才能作为编制记账凭证和登记账簿的依据。原始凭证的审核主要从以下六个方面进行。

（一）审核原始凭证的真实性

原始凭证作为会计信息的基本信息源,其真实性对会计信息的质量具有至关重要的影响。审核原始凭证及其记载的经济业务是否真实,有无伪造现象。经济业务的经办单位和个人、经济业务发生的时间和地点、填制凭证的日期和内容、经济业务引起的实物量和价值量都必须是真实的。

（二）审核原始凭证的合规性

审核原始凭证所反映的经济内容是否有违反国家法律、法规的情况,是否履行了规定的凭证传递和审核程序,是否有贪污浪费等行为。

（三）审核原始凭证的合理性

审核原始凭证所记录经济业务是否符合企业生产经营活动的需要,是否符合提高经济效益的要求,是否符合有关的计划和预算等。

（四）审核原始凭证的完整性

审核原始凭证的各项基本内容是否填写齐全,日期是否完整,有关签名或盖章是否齐全;凭证联次是否正确等。

（五）审核原始凭证的正确性

审核原始凭证的摘要和数字是否填写清楚、正确,数量、单价、金额的计算有无差错,大写金额与小写金额是否相符等;检查凭证有无刮擦、挖补、涂改和伪造凭证等情况。

（六）审核原始凭证的及时性

原始凭证的及时性是保证会计信息及时性的基础,要求在经济业务发生或完成时及时填制有关原始凭证,及时进行凭证的传递。

对于原始凭证审核结果的处理,应根据不同情况,采取不同的处理方法。对于符合要求的原始凭证,应及时据以编制记账凭证入账;对于业务真实但内容不全、文字有差错的原始凭证,应予退回有关部门或人员,请其补办手续或进行更正;对于不真实、不合法的原始凭证,会计人员应拒绝接受;对于伪造或涂改凭证等违法行为的,应及时向单位负责人提出书面报告,请求严肃处理。

第三节　记账凭证

一、记账凭证的概念

记账凭证是会计人员根据审核无误的原始凭证,按照经济业务的内容加以归类、整理,按照会计准则和记账规则确定会计分录而编制的凭证,是直接登记账簿的依据。记账凭证记载的是会计信息,从原始凭证到记账凭证是经济信息转化成会计信息的过程,是一种质的飞跃。

在实际工作中,由于原始凭证来自不同的单位,种类繁多,格式不一,并且只能反映各项经济业务的具体内容,不能清楚地表明经济业务应记入的会计科目的名称和借贷方向,不便于进行系统的记账。为了便于登记账簿,需要将原始凭证加以归类、整理、填制具有统一格式的记账凭证,在记账凭证中指出应借、应贷的会计科目的名称和金额,并将有关的原始凭证作为附件附于其后。

记账凭证和原始凭证都属于会计凭证,但两者存在如下区别:①填制人员不同,原始凭证一般是由经办人员填制的,记账凭证一般由会计人员填制;②填制依据不同,原始凭证是根据已发生或完成的经济业务填制的,而记账凭证是运用记账规则和会计规则,根据审核无误的原始凭证填制;③填制方法不同,原始凭证仅记录经济业务的具体内容,证明经济业务已经发生或完成,记账凭证需依据会计科目对已经发生或完成的经济业务进行归类、整理;④用途不同,原始凭证是填制记账凭证的依据,记账凭证是登记账簿的依据。

二、记账凭证的种类

(一)专用记账凭证和通用记账凭证

记账凭证按其使用范围不同,分为专用记账凭证和通用记账凭证。

1. 专用记账凭证

专用记账凭证是用来专门记录某一类经济业务的记账凭证。按其所记录的经济业务是否与货币资金收付有关,分为收款凭证、付款凭证和转账凭证。

(1)收款凭证。收款凭证是用来记录货币资金收入业务的记账凭证,根据货币资金收入业务的原始凭证填制而成。出纳人员根据收款凭证收款时,要在凭证上加盖"收讫"戳记,以避免差错。收款凭证又可根据记录的具体对象不同区分为现金收款凭证和银行存款收款凭证两种。其格式见表6-8和表6-9。

表6-8 收款凭证

借方科目:库存现金　　　　年 月 日　　　　现收字第 号

摘要	贷方科目		金 额									记账符号
	总账科目	明细科目	千	百	十	万	千	百	十	元	角	分	
合计												

会计主管　　　　记账　　　　复核　　　　出纳　　　　制单

附单据 张

表6-9 收款凭证

借方科目:银行存款　　　　年 月 日　　　　银收字第 号

摘要	贷方科目		金额									记账符号
	总账科目	明细科目	千	百	十	万	千	百	十	元	角	分	
合计												

会计主管　　　　记账　　　　复核　　　　出纳　　　　制单

附单据 张

(2)付款凭证。付款凭证是用来记录货币资金付出业务的记账凭证,根据货币资金付出业务的原始凭证填制而成。出纳人员根据付款凭证付款时,要在凭证上加盖"付讫"戳记,以免重付。付款凭证又可根据记录的具体对象不同区分为现金付款凭证和银行存款付款凭证两种。其格式见表6-10和表6-11。

表 6-10   **付 款 凭 证**

贷方科目:库存现金   年   月   日   现付字第   号

摘要	借方科目		金额										记账符号
	总账科目	明细科目	千	百	十	万	千	百	十	元	角	分	
合计													

会计主管   记账   复核   出纳   制单

附单据 张

表 6-11   **付 款 凭 证**

贷方科目:银行存款   年   月   日   银付字第   号

摘要	借方科目		金额										记账符号
	总账科目	明细科目	千	百	十	万	千	百	十	元	角	分	
合计													

会计主管   记账   复核   出纳   制单

附单据 张

需要指出的是,在会计实务中,涉及现金和银行存款之间的划转业务,通常只编付款凭证,不编收款凭证,以避免重复记账。例如,将现金存入银行时,编制现金付款凭证;从银行提取现金时,编制银行存款付款凭证。

(3) 转账凭证。转账凭证是用来记录不涉及货币资金收付的转账业务的记账凭证,根据有关转账业务的原始凭证或记账编制凭证填制而成。其格式见表 6-12。

表 6-12   **转 账 凭 证**

年   月   日   转字第   号

摘要	总账科目	明细科目	√	借方金额										√	贷方金额									
				千	百	十	万	千	百	十	元	角	分		千	百	十	万	千	百	十	元	角	分
合计																								

会计主管   记账   复核   制单

附单据 张

2. 通用记账凭证

通用记账凭证是指不分经济业务的内容,以一种格式记录所有经济业务的记账凭证。在规模小、经济业务比较简单的企业,为了简化凭证,可以使用通用的记账凭证来记录所发生的各种经济业务。其格式与转账凭证基本相同,如表 6-13。

表 6-13　　　　　　　　　　记 账 凭 证

年　月　日　　　　　　　　　　第　号

摘要	总账科目	明细科目	√	借方金额										√	贷方金额										
				千	百	十	万	千	百	十	元	角	分		千	百	十	万	千	百	十	元	角	分
合计																									

附单据　张

会计主管　　　　记账　　　　复核　　　　出纳　　　　制单

(二)复式记账凭证和单式记账凭证

记账凭证按其填制方式的不同,分为复式记账凭证和单式记账凭证。

(1) 复式记账凭证。复式记账凭证是完整地记录和反映一项经济业务的记账凭证,要求将某项经济业务所涉及的全部会计科目集中反映在一张记账凭证上。前述各种记账凭证都是复式记账凭证。复式记账凭证因在一张记账凭证上记录一笔完整的经济业务,可以全面反映经济业务的账户对应关系,便于了解经济业务的全貌,可以减少记账凭证的数量;但采用复式记账凭证,不便于分工记账和汇总计算每一个会计科目的发生额。

(2) 单式记账凭证。单式记账凭证是指每一张记账凭证只填列经济业务所涉及的一个会计科目及其金额的记账凭证,要求按照经济业务所涉及的每个会计科目分别填制记账凭证。填列借方科目的称为借项记账凭证,填列贷方科目的称为贷项记账凭证。借项记账凭证和贷项记账凭证的格式如表 6-14 和表 6-15 所示。单式记账凭证反映的内容单一,便于分工记账,便于按会计科目汇总;但填制单式记账凭证,不便于反映经济业务全貌,不能清楚地反映账户对应关系。因此,单式记账凭证一般适用于业务量大、会计部门内部分工较细的企业。

表 6-14　　　　　　　　　　借项记账凭证

对应科目：　　　　　　　年　月　日　　　　　　凭证编号：

摘要	一级科目	明细科目	账页	金额
合计				

会计主管　　　　记账　　　　复核　　　　出纳　　　　制单

表 6-15   贷项记账凭证

对应科目：   年 月 日   凭证编号：

摘要	一级科目	明细科目	账页	金额
合计				

会计主管   记账   复核   出纳   制单

（三）非汇总记账凭证和汇总记账凭证

记账凭证按其是否经过汇总，分为非汇总记账凭证和汇总记账凭证。

（1）非汇总记账凭证。非汇总记账凭证是没有经过汇总的记账凭证。上述介绍的收款凭证、付款凭证、转账凭证和通用记账凭证都是非汇总记账凭证。

（2）汇总记账凭证。汇总记账凭证是指把反映同类经济业务或多类经济业务的记账凭证汇总在一起编制而成的记账凭证。按汇总方法不同，分为分类汇总和全部汇总两类。分类汇总是指根据一定时期内反映同类经济业务的记账凭证定期加以汇总而编制的记账凭证，包括汇总收款凭证、汇总付款凭证和汇总转账凭证。全部汇总是将一定时期内的所有记账凭证按相同会计科目的借方和贷方分别加以汇总而编制的记账凭证，该种记账凭证又称为科目汇总表。分类汇总记账凭证及科目汇总表的格式和编制方法，将在第十章中专门介绍。

三、记账凭证的基本内容及填制

（一）记账凭证的基本内容

记账凭证虽然种类不一、格式不同，但所有记账凭证的主要作用都在于对原始凭证进行归类、整理，并按照复式记账的要求确定会计分录，以此作为登记账簿的依据。因此，记账凭证必须具备以下基本内容。

（1）记账凭证的名称。

（2）填制凭证的日期和凭证的编号。

（3）经济业务的内容摘要。简要记录记账凭证所反映的经济业务内容。

（4）会计科目。通过会计科目对经济业务进行分类，并指明应记入的账户。

（5）记账方向。通过记账方向反映经济业务的内容，并指明应记入账户的借方或贷方。

（6）记账金额。

（7）所附原始凭证的张数。

（8）填制凭证人员、稽核人员、记账人员、会计机构负责人员、会计主管人员签名或盖章。收付款的记账凭证还应由出纳人员签名或盖章。

（二）记账凭证的填制要求

填制记账凭证是记账工作的开始，记账凭证填制的正确与否，直接关系到记账的真实性和准确性。记账凭证的填制除必须做到记录真实、内容齐全、书写规范、填制及时外，还应符合以下要求。

（1）摘要简明确切。摘要的填写要求既简明扼要又能说明经济业务的发生情况，这样便于了解经济业务，查阅凭证等。

（2）业务记录正确。一张记账凭证只能反映一项经济业务或若干项同类经济业务，不能把不同类型的经济业务合并填制。记账凭证可以根据每一张原始凭证填制，或者根据若干张同类原始凭证汇总编制。

（3）会计科目运用正确。运用规定的会计科目及记账方法确定记账内容，正确编制会计分录，确保科目的准确运用。

（4）附件数量完整。除结账和更正错误外，记账凭证必须附有原始凭证并注明所附原始凭证的张数。对于一张原始凭证需填制多张记账凭证，应把原始凭证附在一张主要的记账凭证后面，并在其他记账凭证上注明附有该原始凭证的记账凭证的编号或者附原始凭证复印件。如果一张原始凭证所列需要几个单位共同负担的，应根据其他单位负担的部分给对方开具原始凭证分割单，以便进行结算。

（5）凭证连续编号。采用通用记账凭证，可按全部经济业务发生的先后顺序统一编号，每月从第 1 号编起。采用专用记账凭证，可按凭证类别分类编号，每月从收字第 1 号，付字第 1 号和转字第 1 号编起；如果收、付款业务需按库存现金、银行存款收、付款业务分别反映的，则每月从现收字第 1 号，银收字第 1 号，现付字第 1 号，银付字第 1 号编起。若一笔经济业务需填制多张记账凭证，可采用分数编号法，即按该项经济业务的记账凭证数量编列分号。例如，某笔经济业务需编制 3 张转账凭证，凭证的顺序号为 22 时，这 3 张凭证的编号应分别为转字第 $22\frac{1}{3}$ 号、$22\frac{2}{3}$ 号、$22\frac{3}{3}$ 号。采用上述编号方法进行编号，到月末时，应在最后一张记账凭证的编号旁加注"全"字，以便检查。

（6）按行逐项填写。记账凭证应按行次逐项填写，不得跳行或留有空行，对记账凭证中的空行，应该对该空行金额栏部分沿对角划斜线或一条"S"形线注销。

（三）记账凭证的填制方法

1. 收款凭证的填制方法

收款凭证应根据审核无误的现金和银行存款收入业务的原始凭证填制。它是出纳人员办理收款业务的依据，也是会计人员登记现金日记账、银行存款日记账以及其他相关账簿的依据。收款凭证左上方"借方科目"应填写"库存现金"或"银行存款"科目；凭证中"贷方科目"栏应填写"库存现金"或"银行存款"科目对应的科目。凭证编号为"现收字第×号"或"银收字第×号"。金额栏填列经济业务实际发生的数额，在凭证的右侧填写附原始凭证张数，并在出纳及制单处签名或盖章。

【例 6-1】 大发公司 20×2 年 2 月 2 日收到职工张林归还的借款 1 500 元，出纳收款后，开出收款收据，其中一联作为记账依据、一联交付给职工张林、剩下一联作为存根。会计根据出纳交来的收款收据，填制收款凭证，见表 6-16。

2. 付款凭证的填制方法

付款凭证的填制依据是审核无误的现金和银行存款付出业务的原始凭证。在借贷记

表6-16　　　　　　　　　　收 款 凭 证

借方科目:库存现金　　　　　　20×2年2月2日　　　　　　现收字第02号

摘要	贷方科目		金额									记账符号
	总账科目	明细科目	千	百	十	万	千	百	十	元	角	分	
职工还款	其他应收款	张林					1	5	0	0	0	0	
合计						¥	1	5	0	0	0	0	

会计主管　　　　　记账　　　　　复核　　　　　出纳　　　　　制单　　　　　附单据1张

账法下,付款凭证填制方法与收款凭证大致相同,区别在于,付款凭证涉及科目是贷方科目,其左上方"贷方科目"应填写"库存现金"或"银行存款"科目;凭证中"借方科目"栏应填写"库存现金"或"银行存款"科目对应的科目。凭证编号为"现付字第×号"或"银付字第×号"。

【例6-2】 大发公司20×2年2月10日开出支票支付购买甲材料的运杂费1 000元,会计人员根据支票存根填制付款凭证,见表6-17。

表6-17　　　　　　　　　　付 款 凭 证

贷方科目:银行存款　　　　　　20×2年2月10日　　　　　　银付字第09号

摘要	借方科目		金额									记账符号
	总账科目	明细科目	千	百	十	万	千	百	十	元	角	分	
支付甲材料运杂费	材料采购	甲材料					1	0	0	0	0	0	
合计						¥	1	0	0	0	0	0	

会计主管　　　　　记账　　　　　复核　　　　　出纳　　　　　制单　　　　　附单据1张

3. 转账凭证的填制方法

转账凭证是根据审核无误的转账凭证业务的原始凭证填制的。在借贷记账法下,将经济业务所涉及的会计科目全部填列在凭证内,借方科目在先,贷方科目在后,将各会计科目所记应借应贷的金额填列在"借方金额"或"贷方金额"栏内;在合计栏内,借方金额应等于贷方金额。凭证编号按"转字第×号"编制。在"√"栏,"√"是过账标记,凭证过账后,注明"√"以示登记入账。制单人应在填制凭证后签名或盖章,并在凭证的右侧填写所附原始凭证的张数。

【例6-3】 20×2年2月28日,企业按规定计提固定资产折旧额,其中车间使用固定资产应计提折旧10 000元、行政管理部门使用固定资产应计提折旧5 000元。根据有关单据填制转账凭证,见表6-18。

表 6-18

转 账 凭 证

20×2 年 2 月 28 日　　　　　　　　　　　　　　转字第 02 号

摘要	总账科目	明细科目	√	借方金额 千 百 十 万 千 百 十 元 角 分	√	贷方金额 千 百 十 万 千 百 十 元 角 分	
计提固定资产折旧	制造费用			1 0 0 0 0 0 0			附单据2张
	管理费用			5 0 0 0 0 0			
	累计折旧					1 5 0 0 0 0 0	
合计				1 5 0 0 0 0 0		1 5 0 0 0 0 0	

会计主管　　　　　　记账　　　　　　　　复核　　　　　　　制单

4. 通用记账凭证的填制方法

在借贷记账法下,经济业务所涉及的会计科目全部填列在一种格式的记账凭证内,将各会计科目所记应借应贷的金额填列在"借方金额"或"贷方金额"栏内。借、贷金额合计数应相等。凭证编号按发生经济业务的先后顺序编号,制单人应在填制凭证后签名或盖章,并在凭证的右侧填写所附原始凭证的张数。

四、记账凭证的审核

记账凭证是登记账簿的直接依据,为了保证账簿记录的正确性,记账凭证填制完毕后,必须进行认真审核。审核的内容主要包括以下几个部分。

(1) 内容是否真实。审核记账凭证是否附有原始凭证,所附原始凭证是否手续齐全;记账凭证所反映的经济业务内容、金额与所附原始凭证的内容和金额是否相符。

(2) 项目是否齐全。审核记账凭证的项目是否齐全,如凭证的日期、摘要、会计科目、凭证编号、所附附件数量、有关人员的签字或盖章等。

(3) 科目是否正确。审核记账凭证中应借、应贷科目是否正确,账户对应关系是否清晰,是否符合会计准则、会计制度的规定。

(4) 金额是否正确。审核记账凭证所记录的金额与原始凭证的有关金额是否一致,记账凭证汇总表的金额与记账凭证的金额合计是否相符。

(5) 书写是否规范。审核记账凭证中的记录是否文字工整、数字清晰,是否按规定使用蓝黑墨水或碳素墨水,是否按规定进行更正。

第四节　会计凭证的传递和保管

一、会计凭证的传递

(一)会计凭证传递的作用

会计凭证的传递是指会计凭证从取得或填制时起到归档保管时止,在本企业内部有关部门和人员之间的传递程序和传递时间。会计凭证传递是企业管理规章制度的重要组成部分,从一定意义上说,会计凭证的传递在单位内部经营管理各环节之间起着协调和组织作用。正确组织会计凭证的传递,对于及时处理经济业务,明确经济责任,加强内部控制,实行会计监督,具有重要作用。具体如下。

(1) 有利于完善经济责任制度。会计凭证作为记录经济业务,明确经济责任的书面证明,体现了经济责任制度的执行情况。单位的内部控制系统可以通过各项管理制度规定会计凭证的传递程序、传递手续和传递时间,在保证效率的同时加强内部控制,强化各工作环节之间的监督和制约,进一步完善经济责任制度。

(2) 有利于及时反映经济业务执行或完成情况。正确组织会计凭证的传递,可以使会计部门尽早了解经济业务发生和完成情况,及时记录经济业务,进行会计核算,实行会计监督。

(二) 会计凭证传递的组织

科学、合理地组织会计凭证的传递一般包括规定凭证的传递路线、传递时间以及传递手续三个方面的内容。

(1) 传递路线。会计凭证的传递路线是指凭证流经的各环节及其先后次序。各单位应根据经济业务的特点、机构设置、人员分工情况,以及经营管理上的需要,明确规定会计凭证的联次及流程。既要保证会计凭证经过必要的环节进行审核和处理,又要避免会计凭证在不必要的环节停留,从而提高工作效率。

(2) 传递时间。会计凭证的传递时间是指各种凭证在各经办部门、环节所停留的最长时间。关于凭证传递时间的确定,应考虑各部门在正常情况下办理经济业务所需时间来合理确定。明确会计凭证的传递时间,能防止拖延处理和积压凭证,保证会计工作的正常秩序。

(3) 传递手续。会计凭证的传递手续,是指凭证在传递过程中的衔接手续。应做到既完备严密,又简便易行。凭证的收发、交接都应按一定的手续制度办理,以保证会计凭证的安全和完整。

二、会计凭证的保管

会计凭证的保管是指会计凭证记账后的整理、装订、归档存查工作。会计凭证是各项经济活动的历史记录,是重要的经济资料和会计档案,各单位对会计凭证必须妥善保管,防止丢失,以便日后查阅。

(一) 会计凭证的整理归类

会计部门根据会计凭证登记账簿后,应定期(一般为按月)将各种记账凭证按照编号顺序连同所附原始凭证进行分类整理,在确保完整无损后,将其装订成册,加上封面,并在装订线上加贴封签,以防散失和任意拆装。在封面上注明单位名称、凭证种类、所属的年度、月份和起讫日期、起讫号码、凭证张数等。并由会计主管或指定装订人员在装订线封签处签名盖章。如果原始凭证数量过多,可以另行装订或单独保管,但应在记账凭证中注明。

(二) 会计凭证的造册归档

装订成册的会计凭证,应按规定归档保管。当年的会计凭证,在会计年度终了后,可暂由会计部门保管 1 年,期满后,原则上应由会计部门编造清册,交本企业档案部门保管。

（三）会计凭证的借阅

会计凭证原则上不外借,如因特殊情况其他单位需要使用本企业的会计凭证时,应报经批准,并限期归还。本企业会计人员需查阅已入档的会计凭证时,必须办理借阅手续。

（四）会计凭证的销毁

会计凭证有规定的保管期限,企业应严格遵守会计凭证的保管期限要求。保管期未满,任何人都不得随意销毁会计凭证。按规定销毁会计凭证时,必须开列清单,报经批准后,由档案部门和会计部门共同派人监督。

第七章 会计账簿

第一节 会计账簿概述

一、会计账簿的意义

会计账簿简称账簿,是以会计凭证为依据,用于全面、系统、序时、分类地记录和反映各项经济业务的簿籍。它由具有专门格式并以一定形式、相互联系的账页所组成。

企业发生的经济业务,都必须通过填制和审核会计凭证加以反映,但是,会计凭证对经济业务的反映是分散的,每张会计凭证只能反映个别经济业务的内容,不能把企业在某一时期内发生的经济业务全面、连续、分类地反映出来。为了把分散在会计凭证上的大量核算资料加以集中、归类反映,为经营管理提供系统、完整的核算资料,并为编制财务报表提供依据,就必须设置账簿。设置和登记账簿,是加工整理经济信息的专门方法之一,是会计核算工作的一个重要环节。它对加强经济管理,发挥会计的职能作用有重要意义。

(一)提供系统、完整的会计信息

只有通过设置和登记账簿,才能把会计凭证所提供的大量核算资料归类到各种账簿中,提供总括指标和详细指标,并进行序时记录和反映,为经营管理者提供比较系统、完整的会计信息。

(二)确保财产物资的安全完整

通过设置和登记账簿,可以连续反映各项财产物资的增减变动及其结存情况,并借助财产清查、账目核对等方法,反映各项物资的具体情况,可以起到以会计记录控制企业各项财产物资增减变动及其结存情况的作用,以保证财产物资的安全、完整。

(三)为考核经营成果、实行会计监督提供依据

从记账凭证到账簿是一个系统过程,通过收入与费用的分类可以进行比较,通过账簿的设置与登记,可以确定财务成果的形成,并根据确定的财务成果进行利润分配或亏损弥补,而且利用账簿提供的核算资料,还可以加强会计的日常监督,监督经济活动的合理、合法性,促进企业经营管理不断完善。

(四)为编制财务报表提供依据

通过账簿的设置和登记,将会计凭证中大量零散资料加以归类整理,从而为财务报表的编制提供各有关账户的总括、明细资料。完整、正确的账簿记录能及时、正确地向信息使用者提供有关的会计信息。

二、设置账簿的原则

企业必须根据自身的业务特点及经营管理的需要,设置相应的账簿体系及具体的账簿。设置账簿作为会计核算方法的重要内容之一,应遵循下列三项原则。

(1) 保证系统、全面地反映和监督经济活动的情况,确保满足经营管理的需要,为经营管理提供总括的核算资料和明细的核算资料。

(2) 在保证各账簿之间既要有明确的分工,又要有密切联系的前提下,尽量节约人力、物力,避免重复或遗漏。

(3) 账簿格式要力求简明实用,提供经营管理所需的各项指标。

三、账簿的种类

账簿的种类繁多,不同的账簿,其用途、形式、内容和登记方法都各不相同。为了更好地了解和使用会计账簿,就需要对账簿进行分类,分类的方法主要有以下两种。

(一)按用途分类

账簿的用途是指账簿用来登记什么经济业务及如何进行登记。账簿按其用途分类,一般可分为序时账簿、分类账簿和备查账簿。

(1) 序时账簿。序时账簿又称日记账,是指按经济业务完成时间的先后顺序,逐日逐笔连续进行登记的账簿。按其记录的经济内容不同又分为普通日记账和特种日记账两种。

普通日记账是用来登记企业所发生的全部经济业务的日记账。通常把每天所发生的经济业务,按照其发生的时间先后顺序,根据原始凭证,在账簿中逐笔编制会计分录,也可称为分录日记账。其实质是把会计分录按照经济业务发生的先后顺序记入日记账中,以此作为连续登记分类账的依据。

特种日记账是用来专门记录某一特定类型的经济业务发生情况的日记账。它的特点是对某一类重要的、发生频繁的经济业务进行序时登记。设置特种日记账有利于分类反映和考核特定的经济业务,简化记账、过账手续,并且便于会计人员分工。在会计实务中,为了简化记账手续,除了库存现金和银行存款的收付要记入现金日记账和银行存款日记账以外,其他项目一般不再设置特种日记账进行登记。

(2) 分类账簿。分类账簿又称分类账,是指对全部经济业务按总分类账户和明细分类账户进行分类登记的账簿。通过分类账簿,可以提供资产、负债和所有者权益的增减变动,以及收入、费用和利润等总括情况及其详细资料,为编制财务报表提供重要依据。分类账簿按其反映指标的详细程度,分为总分类账簿和明细分类账簿两种。

总分类账簿也称总分类账,简称总账,是根据总分类科目开设的账户,用来分类登记全部经济业务,提供总括资料的分类账簿。

明细分类账簿也称明细分类账,简称明细账,通常是根据总分类科目所属明细分类科目设置的,用来分类登记某一类经济业务,提供明细核算资料的分类账。

(3) 备查账簿。备查账簿又称为辅助账簿,是对某些不能在日记账和分类账中记录的经济事项或记录不全的经济业务进行补充登记的账簿,为经营管理者提供必要的参考资料。例如,应收票据备查账簿、租入固定资产备查账簿等。备查账簿没有固定格式,它与其他账簿之间不存在依存和勾稽关系,可由各企业根据管理的需要自行设计,也可使用分类账的账页格式。

（二）按形式分类

企业使用的各种账簿,都是由具有专门格式且相互连接在一起的许多账页组成的。所以,账簿就其形式而言,可分为订本式账簿、活页式账簿和卡片式账簿。

（1）订本式账簿。订本式账簿简称订本账,这种账簿是在启用以前,就把按照一定顺序编号的账页装订在一起的账簿。采用订本式账簿,可以避免账页散失和人为地抽换账页,保证账簿记录资料的安全性。但是由于账页序号和总数已经固定,不能增减,开设账户时必须为每一账户预留账页,在使用中可能出现某些账户预留账页不足,影响账户的连续登记,而另外一些账户的预留账页过多,造成浪费。订本式账簿主要适用于总分类账和库存现金、银行存款日记账。

（2）活页式账簿。活页式账簿简称活页账,是由若干零散的账页根据业务需要组合成的账簿。其特点是启用以前账页不能固定装订在一起,年末将本年所登记的账页装订成册并连续编号。采用活页式账簿,可以根据实际需要,随时增减空白账页,便于分工记账。但活页式账簿中的账页容易散失或被抽换,空白账页在使用时必须按序编号并装置在账夹内,使用完毕,应装订成册并妥善保管。活页式账簿主要适用于各种明细账。

（3）卡片式账簿。卡片式账簿又称卡片账,是用卡片登记的账簿。卡片账簿是一种特殊的活页式账簿,在使用卡片账时,必须按序编号并装置在卡片箱内,由专人保管。卡片式账簿主要适用于记录内容比较复杂的财产明细账,如固定资产卡片。

第二节 会计账簿的登记

一、会计账簿的基本要素

在实际工作中,账簿的格式是多种多样的,不同格式的账簿所包括的具体内容也不尽相同,但各种账簿都应具备以下基本要素。

（一）封面

封面主要标明账簿的名称,如总分类账、各种明细分类账、现金日记账、银行存款日记账等。

（二）扉页

扉页主要列明科目索引及账簿启用和经管人员一览表,一般将科目索引列于账簿最前面。而对于账簿启用和经管人员一览表,在启用总账时填列,活页账、卡片账在装订成册后填列。其一般格式见表7-1、表7-2。

（三）账页

账页是账簿用来记录具体经济业务的载体,其格式因记录经济业务内容的不同而有

表 7-1 科目索引(账号目录)

页数	科目	页数	科目	页数	科目	页数	科目	页数	科目
～～～	～～～	～～～	～～～	～～～	～～～	～～～	～～～	～～～	～～～

表 7-2 账簿启用和经管人员一览表

单位名称								印鉴	
账簿名称									
账簿编号									
账簿页数	账簿共计　页			（本账簿页数　）检点人盖章					
启用日期	年　月　日								

责任者	主管		会计		记账		审核		
	姓名	盖章	姓名	盖章	姓名	盖章	姓名	盖章	

接交记录	经管人员	接管				交出			
		年	月	日	盖章	年	月	日	盖章

所不同,但基本内容应包括以下六个方面。

(1)账户名称又称会计科目。账簿由若干账户组成,必须标明账户的名称,才便于按照记账凭证指示的账户登记有关的经济业务。

(2)登账日期栏。即登记账户的日期,将其与原始凭证的日期、记账凭证的日期进行核对,可以分析会计处理的及时性。

(3)凭证种类和号数栏。说明登记的账簿内容和依据的具体记账凭证。

(4)摘要栏。简要说明所记录经济业务的内容。

(5)金额栏。记录经济业务引起账户发生额或余额增减变动的数额。

(6)总页次和分户页次。总页次是账簿的页次,分户页次是按每一账户编的页次。

二、日记账的设置和登记

日记账作为经济业务的序时记录,能够反映某一时期、某一日期的某一经济业务的发生或完成情况。日记账对于连续、系统、全面地反映企业经济活动情况,为经营管理及时提供会计信息,加强财产物资的监督和管理等方面起着十分重要的作用。根据不同需要,企业设置的日记账有普通日记账和特种日记账。在实际工作中,各企业一般很少设普通日记账,而仅设置特种日记账。一般企业都设有现金日记账和银行存款日记账两种特种日记账,用于序时地反映现金和银行存款的增减变化和结存情况,以加强对货币资金的监督。

(一)"三栏式"现金日记账

现金日记账是记录和反映库存现金收付业务的特种日记账,其账页格式一般采用三栏式,在同一张账页上分设"借方""贷方""余额"或"收入""支出""结余"三栏,用来登记库存现金的增减变动及其结存。为了清晰地反映库存现金收付业务的具体内容,在"摘要"栏后,还专设"对方科目"栏,用来登记对方科目名称。

现金日记账通常由出纳人员根据审核后的现金收款凭证、现金付款凭证,逐日逐笔按序登记。对于从银行提取现金的业务,由于只填制银行存款付款凭证,则不再填制现金收款凭证。所以,从银行提取现金引起的库存现金收入数额,应根据审核后的银行存款付款凭证登记现金日记账。三栏式现金日记账格式和内容见表7-3。

表 7-3　　　　　　　　　　　　现 金 日 记 账

20×4年 月	日	凭证 种类	号数	摘要	对方科目	借方 (千百十万千百十元角分)	贷方 (千百十万千百十元角分)	余额 (千百十万千百十元角分)
12	1			期初余额				1 0 0 0 0
	27	银付	1	签发支票提取现金备用	银行存款	6 0 0 0 0		7 0 0 0 0
	27			本日合计		6 0 0 0 0		7 0 0 0 0
	31	现付	1	业务员李红预借差旅费	其他应收款		2 0 0 0 0	5 0 0 0 0
	31	现付	2	行政部门报销办公费用	管理费用		7 0 0 0	4 3 0 0 0
	31	现收	1	收到罚款收入	营业外收入	1 2 0 0 0		5 5 0 0 0
	31	现付	3	将多余现金存入银行	银行存款		1 5 0 0 0	4 0 0 0 0
	31			本日合计		1 2 0 0 0	4 2 0 0 0	4 0 0 0 0
	31			本月合计		7 2 0 0 0	4 2 0 0 0	4 0 0 0 0

三栏式现金日记账的登记方法如下:

(1) 现金日记账中的"年、月、日""摘要"等栏目,根据有关记账凭证登记。

（2）"凭证"栏登记收款凭证或付款凭证的种类和编号。

（3）"对方科目"栏登记库存现金收入、支出时的对应科目，以反映每笔经济业务的来龙去脉。

（4）"借方"栏根据库存现金收款凭证和引起库存现金增加的银行存款付款凭证登记。

（5）"贷方"栏根据库存现金付款凭证登记。

（6）每日收付款项登记完毕，应计算每日的库存现金收入、支出合计数及账面余额，与库存现金实存数核对，以检查每日库存现金收付是否有误。

（7）每月月末，应结出当期"借方"栏和"贷方"栏的发生额和期末余额，做到日清月结，并与"库存现金"总分类账进行核对。

（二）"三栏式"银行存款日记账

银行存款日记账是记录和反映银行存款收支情况的特种日记账，其格式与现金日记账基本相同，一般也采用"借方""贷方"和"余额"三栏式。为了便于与银行对账，也便于反映银行存款收付所采用的结算方式，并突出各单位支票的管理，银行存款日记账还专设了"结算凭证种类和号数"栏或专设"现金支票号数及转账支票号数"栏。

银行存款日记账通常由出纳人员根据审核后的银行存款收款凭证、银行存款付款凭证，逐日逐笔按序登记。对于现金送存银行的业务，由于只填制现金付款凭证，则不再填制银行存款收款凭证。所以，将现金送存银行引起的银行存款收入数额，应根据审核后的现金付款凭证登记银行存款日记账。若一个单位开设有若干银行存款户，应按开户行和存款账户类型分别设置日记账进行登记，便于与银行核对，也有利于银行存款的管理。三栏式银行存款日记账格式和内容见表7-4。

三栏式银行存款日记账的登记方法与三栏式现金日记账的登记方法基本相同，每日收付款项逐笔登记完毕后，计算出每日银行存款收入和支出的合计数及账面余额，以便定期同银行送来的对账单核对，并随时检查、监督各种款项收付，避免因超过实有余额付款而出现透支。

现金和银行存款是企业重要的资产，为了加强内部控制必须坚持内部牵制原则，出纳人员不得负责登记现金日记账和银行存款日记账以外的任何账簿。出纳人员登记日记账后，应将各种收付款凭证交由会计人员据以登记总分类账及有关的明细分类账。定期将"库存现金"和"银行存款"总分类账与日记账核对，达到控制现金日记账、银行存款日记账的目的。

（三）"多栏式"现金日记账和"多栏式"银行存款日记账

在会计实务中，为了更清晰地反映账户之间的对应关系，了解货币资金变化的来龙去脉，还可以在三栏式日记账中的收入栏（借方栏）和支出栏（贷方栏）两个栏目下，分别按照对方科目设置若干专栏，也就是按收入的来源和支出的用途设专栏，形成多栏式现金日记账和银行存款日记账，如表7-5所示。采用多栏式日记账，在月末结账时，可以结出各收入来源和支出用途专栏的合计数，便于对货币资金收支的合理性、合法性进行审核分析，便于检查财务收支计划的执行情况。

表 7-4

银行存款日记账

20×4年 月	日	凭证 种类	号数	摘要	对方科目	现金支票号码	转账支票号码	借方 千	百	十	万	千	百	十	元	角	分	贷方 千	百	十	万	千	百	十	元	角	分	余额 千	百	十	万	千	百	十	元	角	分
11	1			期初余额																										2	6	1	1	0	0	0	0
	30	银付		签发支票提取现金	库存现金	016																	7	0	0	0	0			2	6	0	4	0	0	0	0
	30	银收		销售收入存银行	主营业收入						1	2	0	0	0	0	0													3	8	0	4	0	0	0	0
	30	银付		支付购材料货款	材料采购		158															4	0	0	0	0	0			3	7	6	4	0	0	0	0
	30	现付		将现金存入银行	库存现金									5	0	0	0	0												3	7	6	9	0	0	0	0
	30			本日合计							1	2	0	5	0	0	0					4	7	0	0	0	0			3	7	6	9	0	0	0	0
11	30			本月合计							1	2	0	5	0	0	0					4	7	0	0	0	0			3	7	6	9	0	0	0	0

表 7-5　　　　　　　　　　　　　　多栏式现金(银行存款)日记账　　　　　　　　　　　　　第　页

年		凭证		摘　要	收入			支出			结　余
月	日	种类	号数		应贷科目		合计	应借科目		合计	

如果企业的业务较复杂,库存现金和银行存款的对应科目较多,为了避免账页过宽,可分设"现金收入日记账""现金支出日记账""银行存款收入日记账""银行存款支出日记账"。多栏式现金收入(银行存款)日记账和多栏式现金(银行存款)支出日记账的格式见表 7-6 和表 7-7。

表 7-6　　　　　　　　　　　　　　多栏式现金(银行存款)收入日记账　　　　　　　　　　　第　页

年		凭证		摘　要	贷方科目			收入合计	支出合计	结　余
月	日	种类	号数							

表 7-7　　　　　　　　　　　　　　多栏式现金(银行存款)支出日记账　　　　　　　　　　　第　页

年		记账凭证		摘　要	结算凭证		借方科目			支出合计	收入合计	结余
月	日	种类	号数		种类	编号						

在设置多栏式现金日记账、多栏式银行存款日记账的情况下,可将多栏式日记账中各科目的发生额作为登记总分类账的依据。多栏式现金日记账、多栏式银行存款日记账的登记,可以采用以下两种方法。

(1) 由出纳人员根据审核后的收款、付款凭证逐日逐笔登记现金和银行存款的收入日记账和支出日记账,每日将支出日记账中当日支出合计数,转入收入日记账中当日支出合计栏内,以结出当日账面余额。会计人员月末根据多栏式现金和银行存款日记账各专栏的合计数,分别登记有关总分类账户。

（2）另外设置现金和银行存款出纳登记簿，由出纳人员根据审核后的收、付款凭证逐日逐笔登记，并进行现金账实核对及银行存款账单核对。然后将收款、付款凭证交由会计人员据以逐日汇总登记多栏式现金日记账和银行存款日记账，并于期末根据日记账登记总账。

三、分类账的设置与登记

分类账按其所记录经济业务的详细程度，分为总分类账和明细分类账。

（一）总分类账的设置与登记

总分类账是按照总分类账户分类登记全部经济业务的账簿。总分类账一般采用订本式账簿形式，按照会计科目的编码顺序分别开设账户，并为每个账户预留若干账页。由于总分类账能全面地、总括地反映和记录经济业务引起的资金运动和财务收支情况，并为编制财务报表提供依据，因而任何企业都要设置总分类账。

总分类账最常用的格式为三栏式，即设置借方、贷方和余额三个基本金额栏目，其格式见表 7-8。总分类账也可设成多栏式，即在一张账页上，把一个会计主体所涉及的会计科目都设置专栏，并在各专栏内再分借方和贷方栏次，同时在各专栏前，设置"发生额"栏，起合计作用。这种格式是把序时账簿和总分类账簿结合在一起，成了一种联合账簿，通常称为日记总账。多栏式总分类账格式如表 7-9 所示。

表 7-8   **总 分 类 账**

会计科目：   第　页

年		凭证		摘要	借方	贷方	借或贷	余额
月	日	字	号					

表 7-9   **日 记 总 账**

___年___月

年		凭证		摘要	发生额	科目		科目		〜	科目	
月	日	字	号			借方	贷方	借方	贷方		借方	贷方
				月初余额								
				发生额								
				发生额合计								
				月末余额								

总分类账登记的依据和方法取决于所采用的会计核算组织程序,详见本教材第十章的说明和举例。

(二)明细分类账的设置与登记

明细分类账是按照明细分类账户详细记录某一经济业务的账簿,各企业可根据实际需要,按照二级科目或明细科目开设账户,并为每一个账户预留若干账页,用来分类、连续地记录有关资产、负债、所有者权益、收入、费用和利润等详细资料。明细分类账是根据总分类账的核算内容,按照更加详细的分类,记录和反映某一具体类别经济活动的财务收支情况,它是总分类账的明细记录,它对总分类账起补充说明的作用,它所提供的资料也是编制财务报表的重要依据。明细分类账一般采用活页式账簿,也可采用卡片式账簿(如固定资产明细账)。根据惯例的要求和各种明细分类账记录的经济内容,明细分类账主要有三种格式。

1. 三栏式明细分类账

三栏式明细分类账账页的格式同三栏式总分类账相同,即账页只设借方、贷方和余额三个金额栏,不设数量栏。这种格式适用于仅需要进行金额核算而不需要进行数量核算的债权、债务、资本等科目,如"应收账款""应付账款""其他应收款""实收资本"等科目。三栏式明细分类账账页的一般格式见表 7-10。

表 7-10　　　　　　　　　　账 簿 名 称

二级或明细科目

年		凭证		摘要	借方	贷方	借或贷	余额
月	日	字	号					

2. 数量金额式明细账

数量金额式明细账的账页,在收入、发出和余额栏内,分别设有数量、单价和金额三个栏次。这种格式适用于既要核算金额又要核算实物数量的财产物资科目,如"原材料""库存商品"等科目。数量金额式明细分类账账页的一般格式见表 7-11。

表 7-11　　　　　　　　　　账 簿 名 称

类别:　　　　　　　　　　　　　　　　　　　　　　　　编号:
品名或规格:　　　　　　　　　　　　　　　　　　　　存放地点:
储备金额:　　　　　　　　　　　　　　　　　　　　　计量单位:

年		凭证		摘要	收入			发出			结存		
月	日	字	号		数量	单价	金额	数量	单价	金额	数量	单价	金额

3. 多栏式明细账

多栏式明细账是根据经济业务的特点和经营管理的需要,在一张账页内按某明细科目分设若干专栏,在一张账页上集中反映有关明细科目或明细项目的核算资料。它主要适用于只记金额、不记数量,而且在管理上需要了解经济业务构成内容的费用、成本、收入、利润类科目,如"生产成本""管理费用""本年利润"等科目。

多栏式明细账的格式设置及登记方法因科目及核算内容的不同可分为三种情况。

(1)借方多栏式。这种格式的明细账适用于成本费用类科目,用来反映成本费用的构成。由于这类科目在会计期间内发生的经济业务主要都登记在该账户的借方,因此,成本费用类明细账按借方开设多栏来反映明细科目或明细项目的本月借方发生额。如果发生冲减费用的业务,则用红字在借方相应项目中登记,表示减少。期末将借方发生净额从贷方结转到"本年利润"账户或其他账户。借方多栏式明细账的格式如表7-12所示。

表 7-12　　　　　　　　　　账 簿 名 称

年		凭证		摘要	借方(项目)					贷方	余额
月	日	字	号						合计		

(2)贷方多栏式。这种格式的明细账适用于收入类科目,用来反映某一收入指标的构成。由于这类科目在会计期间内发生的经济业务主要都登记在该账户的贷方,因此,收入类明细账按贷方开设多栏来反映明细科目或明细项目的本月贷方发生额。如果发生冲减收入的业务,则用红字在贷方相应项目中登记,表示减少。期末将贷方发生净额从借方结转到"本年利润"账户或其他账户。贷方多栏式明细账的格式如表7-13所示。

表 7-13　　　　　　　　　　账 簿 名 称

年		凭证		摘要	借方	贷方(项目)				余额
月	日	字	号						合计	

(3)借贷方多栏式。这种格式的明细账适用于成果类科目,这类科目在会计期间既发生借方业务,也发生贷方业务。为反映财务成果的构成,借方和贷方都要设多栏,登记各明细科目或明细项目本月发生额。财务成果类明细账的格式如表7-14所示。

各种明细分类账的登记方法,应根据各个单位业务量的大小和经营管理的需要而定,明细分类账通常根据原始凭证或标有明细科目及金额的记账凭证进行登记,可以逐笔登记,也可以定期汇总登记。各种明细账每次登记完毕后,都应当结算出余额,以便进行核对和加强日常管理。

表 7-14 账 簿 名 称

年		凭证		摘要	借方(项目)		贷方(项目)		借或贷	余额
月	日	字	号			合计		合计		

第三节　记账规则

一、启用账簿的规则

　　账簿是重要的会计档案。为了确保账簿记录的合法和完整,明确记账责任,在启用账簿时,应在账簿封面写明单位名称和账簿名称。在账簿扉页上应附"账簿启用和经管人员一览表",其内容包括启用日期、账簿页数、记账人员和会计主管人员姓名,并加盖人名章和单位公章。记账人员或会计人员调动工作或因故离职时,应办理账簿交接手续,在交接记录栏内填明交接日期、交接人员和监交人员的姓名,并由交接双方人员签名或盖章。

　　启用订本式账簿,应从第一页按顺序编号,不得跳页、缺号。启用活页式账簿,应按账页顺序编号,并须定期装订成册。装订后再按实际使用的账页顺序编定总页数,并标明目录、账户名称和页次。

二、登记账簿的规则

　　为了保证账簿记录的正确性,必须根据审核无误的记账凭证登记账簿,登记账簿的基本规则包括以下九个方面:

　　(1) 登记账簿时,应当将记账凭证的日期、编号、业务内容摘要、金额和其他有关资料逐项记入账簿内,做到数字准确、摘要清楚、登记及时、字迹工整。

　　(2) 账簿登记完毕后,应在记账凭证上签名或盖章,并在记账凭证中的"记账符号"栏注明已经登账的符号(如"√"),表示已经记账,避免重记、漏记。

　　(3) 账簿中书写的文字和数字上面要留有适当空距,不要写满格,一般应书写在行距下方的 $\frac{1}{2}$ 处,以便留有改错的空间。

　　(4) 登记账簿必须使用蓝黑墨水或碳素墨水并用钢笔书写,不得使用圆珠笔(银行的复写账簿除外)或者铅笔书写,以保持账簿记录的持久性。

　　(5) 可以使用红色墨水记账的情况包括:按照红字冲账的记账凭证,冲销错误的记录;在不设借方栏或贷方栏的多栏式账页中,登记减少数;在三栏式账页的余额栏,如未指明余额借贷方向时,在余额栏内登记负数余额;按照会计制度的规定可以用红字登记的其他记录。会计中的红字表示负数,因此,除上述情况外,不得用红色墨水登记账簿。

（6）各种账簿应按账页次序连续登记，不能跳行、隔页。如发生跳行、隔页，应该将空行、空页画线注销，或者注明"此行空白""此页空白"，并由记账人员签名或者盖章。

（7）凡需要结出余额的账户，应当定期结出余额，现金日记账和银行存款日记账必须逐日结出余额。结出余额后，应在"借或贷"栏内注明"借"或"贷"以表示余额的方向。没有余额的账户，应在"借或贷"栏内写"平"字，并在余额栏"元"位上用"0"表示。

（8）每一账页登记完毕结转下页时，应在账页的最后一行结出本页发生额合计数和余额，并在摘要中注明"过次页"，在次页的第一行记入上页的合计数和余额，并在摘要栏中注明"承前页"，以保持账页之间的连续性。

（9）账簿记录发生错误，不得挖补、刮擦或用褪色药水消除字迹，而应采用规定的方法进行更正。

三、更正错账的规则

（一）错账查找方法

会计账簿的日常登记是一项细致的工作，可能发生各种各样的差错，产生错账，如重记、漏记、数字错位、科目记错、借贷方向记反等，从而影响会计信息的准确性，应及时找出差错，并予以更正。错账查找的方法主要有以下几个。

（1）差数法。差数法是从账与账之间的差额数字来查找错误的一种方法。例如，在记账过程中只登记了会计分录的借方或贷方，漏记了另一方，从而形成试算平衡中借方合计与贷方合计不等。其表现形式是：借方金额遗漏，会使该金额在贷方超出；贷方金额遗漏，会使该金额在借方超出。对于这样的差错，可通过核对相关金额的记账进行查找。

（2）除2法。除2法是以差数除以2来查找错账的方法。当借贷双方合计总额之差能被2整除，差错可能是由于将借方金额错记在贷方（或相反）。此时，检查各账户余额，金额是借贷双方合计总额之差的一半的账户余额可能被错记到相反的栏目中。例如，借方合计金额6 200元，贷方合计金额6 000元，借方总额大于贷方200元，即应查找有无100元的贷方金额误记入借方。

（3）除9法。除9法是以差数除以9来查找错账的方法。该方法适用于以下三种情况：第一，将数字写小，如将600写为60，错误数字小于正确数字9倍。查找的方法是：以差数除以9后得出的商即为写错的数字，商乘以10即为正确的数字。上例差数540（600－60）除以9，商60即为错数，扩大10倍后即可得出正确的数字600。第二，将数字写大，如将70写为700，错误数字大于正确数字9倍。查找的方法是：以差数除以9后得出的商即为正确的数字，商乘以10后所得的积为错误数字。上例差数630（700－70）除以9后，所得的商为正确数字，70乘以10的积700为错误数字。第三，相邻数字颠倒，如将56写为65。颠倒的两个数字之差最小为1，最大为8。查找的方法是：将差数除以9，得出的商连续加11，直到找出颠倒的数字为止。例如，56与65的差数为9，除9得1，连加11为12、23、34、45、56、67、78、89，如有56数字的业务，即有可能是颠倒的数字。

（二）更正错账的方法

如果发现账簿记录有错误，应按规定的方法进行更正，不得涂改、挖补或用涂改液消除字迹。更正错账的方法有以下三种。

1. 划线更正法

划线更正法是指用划红线方式注销原有记录，以更正错账的一种方法。如果发现账簿记录中的文字或数字有错误，而其所依据的记账凭证没有错误，应采用划线更正法予以更正。更正的方法是：将错误的文字或数字划一条红色横线注销，但必须使原有字迹仍可辨认，以备查考；然后，在划线的上方用蓝字或黑字将正确的文字或数字填写在同一行的上方位置，并由更正人员在更正处盖章，以明确责任。采用划线更正法更正时，对于文字错误，可只划去错误部分，不必将与错字相关联的其他文字划去；对于数字差错，应将错误的数额全部划线，不能只更正错误数额中的个别数字。

2. 红字更正法

红字更正法是用红字冲销或冲减原记数额，以更正或调整账簿记录的一种方法。即是由于记账凭证错误而使账簿记录发生错误，用红字冲销原记账凭证，以更正账簿记录。红字更正法适用于以下两种情况。

（1）根据记账凭证所记录的内容记账以后，发现记账凭证中的应借、应贷会计科目或记账方向有错误，从而导致记账发生错误。更正的方法是：用红字金额编写一张与原错误记账凭证内容完全相同的记账凭证，在其摘要栏内注明"冲销××××年××月××号凭证"，并据以用红色金额登记入账，冲销原有错误的账簿记录；再用蓝字或黑字编制一张正确的记账凭证，在其摘要栏内注明"更正××××年××月××号凭证"，并据以用蓝字或黑字登记入账。

采用红字更正法更正错账时应注意：若错误的记账凭证只有一个科目运用错误，也必须以复式记账凭证原理，将原有记账凭证全部冲销，以反映更正原错误凭证的内容，不得只用红字填制更正单个会计科目的单式记账凭证。

【例 7-1】 某车间领用甲材料 1 000 元用于一般耗用，在填制记账凭证时误记入"生产成本"账户，并据以登记入账，其错误记账凭证所反映的会计分录为：

借：生产成本　　　　　　　　　　　　　　　　　　　　　　　1 000
　　贷：原材料　　　　　　　　　　　　　　　　　　　　　　　　　1 000

用红字金额编制一张与原记账凭证内容完全相同的记账凭证（以下用 ☐ 表示红字），并据以用红字登记入账，表明已全部冲销原错误记录。

借：生产成本　　　　　　　　　　　　　　　　　　　　　　　1 000
　　贷：原材料　　　　　　　　　　　　　　　　　　　　　　　　　1 000

用蓝字或黑字编制一张正确的记账凭证，并据以用蓝字或黑字登记入账。

```
借：制造费用                                          1 000
    贷：原材料                                              1 000
```

（2）根据记账凭证所记录的内容记账以后，发现记账凭证和账簿中应借、应贷会计科目和记账方向都正确，记账凭证和账簿记录的金额相吻合，只是所记金额大于应记的正确金额。更正的方法是：按多记的金额用红字编制一张与原记账凭证科目相同、记账方向相同的记账凭证，在其摘要栏内注明"冲销××××年××月××号凭证"多记的金额，并据以用红字登记入账，以冲销多记的金额。

【例 7-2】　生产产品领用材料 600 元，在填制记账凭证时，误记金额 6 000 元，但会计科目、借贷方向均无错误，其错误记账凭证所反映的会计分录为：

```
借：生产成本                                          6 000
    贷：原材料                                              6 000
```

更正时，将多记的 5 400 元用红笔编制一张与原错误分录相同的记账凭证。

```
借：生产成本                                          5 400
    贷：原材料                                              5 400
```

根据更正错误的记账凭证以红字记账后，即可反映其正确的金额 600 元。

3. 补充登记法

该方法又称蓝字补记法。根据记账凭证所记录的内容记账以后，发现记账凭证中应借、应贷的会计科目和记账方向都没有错误，记账凭证和账簿记录的金额相吻合，只是所记金额小于应记的正确金额。更正的方法是：将少记的金额用黑字或蓝字编制一张与原错误记账凭证应借、应贷会计科目相同的记账凭证，在摘要栏内注明"补充××××年××月××号凭证少记金额"，并据以登记入账，以补记少记金额。

【例 7-3】　企业以银行存款 3 000 元偿还所欠购货款，在填制记账凭证时，误记金额为 300 元，但会计科目、借贷方向均无错误，其错误记账凭证所反映的会计分录为：

```
借：应付账款                                          300
    贷：银行存款                                            300
```

更正时，用蓝字填制一张金额为 2 700 元的记账凭证。

```
借：应付账款                                          2 700
    贷：银行存款                                            2 700
```

根据更正错误的记账凭证以蓝字记账后，即可反映其正确的金额为 3 000 元。

四、总分类账与明细分类账平行登记的规则

在会计核算中，为了便于进行账户记录的核对，保证核算资料的完整性和正确性，登账时，总分类账与其所属明细分类账必须采取平行登记的方法。所谓平行登记，是指经济业务发生后，要根据有关会计凭证，一方面记入有关的总分类账，另一方面要记入总分类

账所属的各有关明细分类账。

采用平行登记规则,应注意以下要点。

(1) 登记依据相同。对于发生的经济业务,应根据相同的记账凭证,一方面记入有关的总分类账,另一方面要记入总分类账所属的有关明细分类账。

(2) 登记期间一致。对于发生的每项经济业务,在记入总分类账户和其明细分类账户时,必须在同一会计期间,不一定要求同一时点。因为明细账一般根据记账凭证及其所附的原始凭证于平时登记,而总分类账因会计核算组织程序不同,可能在平时登记,也可能定期登记,但登记总分类账和明细分类账必须在同一会计期间内完成。

(3) 登记方向相同。对于发生的每项经济业务,记入总分类账户和其所属的明细分类账户的方向必须相同。如果总分类账户登记在借方,那么所属明细分类账户也应该登记在借方;反之,如果总分类账户登记在贷方,那么所属明细分类账户也应该登记在贷方。这里的方向,是指资金的变动方向,并非相同的记账方向。

(4) 登记金额相等。对于发生的每项经济业务,记入总分类账户的金额必须等于所属明细分类账户的金额之和。即总分类账户本期发生额与其所属明细分类账户本期发生额合计相等,总分类账户期初余额与其所属明细分类账户期初余额合计相等,总分类账户期末余额与其所属明细分类账户期末余额合计相等。这里所说的金额相等,只表示数量关系,而不是总分类账的借方发生额与所属明细账借方发生额合计数相等,或总分类账的贷方发生额与所属明细账贷方发生额合计数相等。

根据总分类账与其所属明细分类账的平行登记规则记账之后,总分类账与明细分类账之间产生了下列数量关系。

(1) 总分类账有关账户本期发生额与其所属各个明细分类账户本期发生额的合计数必然相等。以公式表示为:

$$总账本期发生额 = 所属明细账本期发生额合计$$

(2) 总分类账有关账户期末余额与其所属各个明细分类账户期末余额之和必然相等。以公式表示为:

$$总账期末余额 = 所属明细账期末余额合计$$

下面以长运公司的"原材料"账户为例,说明总账与明细账的平行登记方法。

【例 7-4】 长运公司 20×0 年 8 月份"原材料"总账的月初余额为 21 000 元,其所属明细账的月初余额如表 7-15 所示。

表 7-15 原材料明细账 金额单位:元

名称	数量	单价	金额
甲材料	50 吨	400	20 000
乙材料	10 千克	100	1 000
合 计	—	—	21 000

20×0 年 8 月份发生下列材料收发业务,编制如下会计分录(不考虑增值税问题)。

(1) 2 日,填制收料单 1 号,验收入库甲材料 40 吨,单位成本 400 元;乙材料 25 千克,单位成本 100 元。

编制转账凭证 1 号,会计分录为:

```
借:原材料——甲材料                          16 000
        ——乙材料                          2 500
    贷:在途物资——甲材料                      16 000
            ——乙材料                      2 500
```

(2) 6 日,填制领料单 1 号,生产 A 产品领用甲材料 45 吨,单价成本 400 元;生产 B 产品领用乙材料 20 千克,单位成本 100 元。

编制转账凭证 2 号,会计分录为:

```
借:生产成本——A 产品                        18 000
        ——B 产品                         2 000
    贷:原材料——甲材料                       18 000
            ——乙材料                      2 000
```

(3) 12 日,填制领料单 2 号,车间一般消耗领用甲材料 5 吨,单价成本 400 元;行政管理部门领用乙材料 4 千克,单位成本 100 元。

编制转账凭证 3 号,会计分录为:

```
借:制造费用——甲材料                         2 000
    管理费用——乙材料                          400
    贷:原材料——甲材料                        2 000
            ——乙材料                       400
```

根据上述会计分录平行登记"原材料"总分类账及其所属明细分类账户,如表 7-16、表 7-17 和表 7-18 所示。

表 7-16 　　　　　　　　　　　　总 分 类 账

会计科目:原材料　　　　　　　　　　　　　　　　　　　　　　　　　　　　　第　页

20×0 年 月	20×0 年 日	凭证 字	凭证 号	摘　　　要	借方	贷方	借或贷	余额
8	1			月初余额			借	21 000
	2	转	1	材料验收入库	18 500		借	39 500
	6	转	2	生产领用材料		20 000	借	19 500
	12	转	3	车间一般耗用领用材料等		2 400	借	17 100
8	31				18 500	22 400	借	17 100

表 7-17　　　　　　　　　　　　　　原材料明细分类账

品名或规格：甲材料

| 20×0年 | | 凭证 | | 摘　要 | 收　入 | | | 发　出 | | | 结　存 | | |
月	日	字	号		数量	单价	金额	数量	单价	金额	数量	单价	金额
8	1			月初余额							50	400	20 000
	2	转	1	材料验收入库	40	400	16 000				90	400	36 000
	6	转	2	生产领用材料				45	400	18 000	45	400	18 000
	12	转	3	车间一般耗用领用材料				5	400	2 000	40	400	16 000
8	31			本月发生额及余额	40	400	16 000	50	400	20 000	40	400	16 000

表 7-18　　　　　　　　　　　　　　原材料明细分类账

品名或规格：乙材料

| 20×0年 | | 凭证 | | 摘　要 | 收　入 | | | 发　出 | | | 结　存 | | |
月	日	字	号		数量	单价	金额	数量	单价	金额	数量	单价	金额
8	1			月初余额							10	100	1 000
	2	转	1	材料验收入库	25	100	2 500				35	100	3 500
	6	转	2	生产领用材料				20	100	2 000	15	100	1 500
	12	转	3	行政管理部门领用				4	100	400	11	100	1 100
8	31			本月发生额及余额	25	100	2 500	24	100	2 400	11	100	1 100

五、更换账簿的规则

账簿的更换是指在本会计年度结束时，将本年度的账簿更换为次年度新账簿的工作。现金日记账、银行存款日记账、总分类账及明细分类账每年都要更换新账，但固定资产明细账或固定资产卡片可以继续使用，不必每年更换新账。

因会计制度改变需要变更账户名称、核算内容的，应在上年度结账时，编制余额调整分录。按本会计年度的账户名称、核算内容，将上年度有关账户的余额进行合并或分解出新账中应列出的金额，再过渡到新账中的各个有关账户，然后开设本年度新账，并将上年的年末余额记入有关账户第一行的余额栏内并标明余额方向，同时在摘要栏内注明"上年结转"或"年初余额"字样。上年年末编制的余额调整分录，应与上年度会计凭证一并归档保管。新旧账簿更换时，账户余额的结转不需编制记账凭证。

第四节　对账和结账

一、期末账项调整

在持续经营假设下,为了及时、准确地提供会计信息,需要将企业持续不断的生产经营过程人为地划分为会计期间。会计期间的产生必然会涉及收入和费用的归属期确认问题,企业应该依照权责发生制原则作为会计处理基础来划分收入和费用的归属期。由于企业账簿中的日常记录还不能完整地反映本期的收入和费用,如杂志社办理杂志预订业务,收到了预订款,但没有提供杂志,相应的收入并未实现,这时杂志社应于每期期末调整,确认属于当期的收入,这就是期末账项调整,账项调整编制的会计分录为调整分录。期末账项调整的主要内容是调整各期的收入、费用,但由于在确认收入、费用的同时也要确认资产、负债,因此期末账项的调整也关系到企业财务状况的正确性。

（一）应计收入的账项调整

应计收入是指那些已在本期实现、因款项未收而未登记入账的收入。企业发生的应计收入,主要是本期已经发生且符合收入实现的确认标准,但尚未收到相应款项的收入。应计收入直接关系到收入、费用能否合理配比,进而影响到能否合理、正确地反映企业本期的经营成果,如应收的销售货款、应收的租金收入、应收的金融机构存款利息收入等。应计收入的调整一方面增加收入,另一方面也增加资产。

【例 7-5】 某企业 20×4 年 1 月月末,2 月月末,3 月月末,根据银行的存款余额和存款利率计算,各月应计的银行存款利息收入分别为 3 000 元、2 000 元、900 元;4 月 5 日银行将利息 5900 元转入公司的存款账户。

企业存入银行的款项通常按季结算。如果将利息收入作为结算期的收入处理,会使各期的收入不均衡,而且不符合权责发生制的原则。因此,按权责发生制的原则核算时,企业在每个月月末应确认利息收入,确认的利息收入应冲减财务费用。

（1）1 月月末计提银行存款利息:

借:应收利息	3 000
贷:财务费用	3 000

（2）2 月月末计提银行存款利息:

借:应收利息	2 000
贷:财务费用	2 000

（3）3 月月末计提银行存款利息:

借:应收利息	900
贷:财务费用	900

（4）4 月 5 日收到银行存款利息:

借:银行存款	5 900
贷:应收利息	5 900

（二）应计费用的账项调整

应计费用是指那些已在本期发生，因款项未付而未登记入账的费用。企业发生的费用，本期已受益，但这些费用尚未支付，故在日常的账簿记录中尚未登记入账，如应付银行借款利息支出、保险费支出、大修理费支出等。凡属于本期的费用，不管其款项是否支付，都应作为本期费用处理。应计费用的调整一方面确认费用，另一方面也会增加负债。

【例7-6】 某企业20×4年7月1日向银行借入期限为1年的贷款200万元，按借款合同规定，利息每季度计算一次，年利率为6％，则企业将在9月月末支付利息30 000元，在7月、8月不必支付利息。但整个季度内企业都从贷款中受益，按权责发生制的要求，季度内每个月都必须负担借款利息，将银行借款的利息支出通过"财务费用"账户核算。

（1）7月、8月月末都需作如下账项调整：

借：财务费用	10 000
贷：应付利息	10 000

（2）9月份确认当月利息费用和支付该季度利息：

借：应付利息	20 000
财务费用	10 000
贷：银行存款	30 000

（三）收入分摊的账项调整

收入分摊是指企业已经收取有关款项，但未完成销售商品或提供劳务，需在期末按权责发生制确认本期的收入，并调整以前预收款项时形成的负债。按照权责发生制原则，预收款项不能作为企业已经实现的收入，应在向付款单位提供商品或劳务，才能确认为收入。因此，每期的会计期末，都要对预收款项进行调整，将已经实现的部分转入本期的收入账户，未实现的部分递延到以后的会计期间。

由于预收款项不属于或不完全属于本期收入，因此在收到时不能全部记入有关的收入类账户，应通过负债类的"预收账款"账户予以核算，待满足收入实现条件时再确认为本期收入，从"预收账款"账户转入有关的收入类账户。

【例7-7】 大华工厂年初收到承租厂房的单位交来的本年全年厂房租金收入72 000元，并已存入银行。本月实现的收入为6 000元。根据上述经济业务编制的会计分录为：

（1）1月收款时。

借：银行存款	72 000
贷：预收账款	72 000

（2）此后每月确认当期实现的收入时。

借：预收账款	6 000
贷：其他业务收入	6 000

（四）费用分摊的账项调整

费用分摊是指企业的支出已经发生，能使若干会计期间受益，为正确计算各个会计期间的盈亏，将这些支出在其受益的会计期间进行分摊。例如，保险费、报刊征订费、房屋租金等项目,通常需预先支付,然后才能享有相关权利,此项交易一般在货币资金支付时记作资产,随权利的享用而逐渐转化为费用。

【例 7-8】 大华工厂年初因销售需要租赁一间仓库,以银行存款预付 12 个月的房屋租金 36 000 元。本月承担的租金费用 3 000 元。根据上述经济业务编制的会计分录为:

(1) 1 月预付租金时。

借: 预付账款   36 000
    贷: 银行存款   36 000

(2) 此后每月确认当期租金费用时。

借: 销售费用   3 000
    贷: 预付账款   3 000

二、对账

为了保证账簿记录所提供的会计信息真实、准确、完整,会计人员将有关经济业务登入账簿完毕后必须进行账簿记录的核对。对账工作是为保证账证相符、账账相符和账实相符的一项检查性工作。

对账包括日常核对和定期核对。日常核对是指会计人员在编制会计凭证时对原始凭证和记账凭证的审核,在登记账簿时对账簿记录与会计凭证的核对。定期核对是指在月末、季末、年末于结账之前,对凭证、账簿记录等进行的核对。

对账一般包括账证核对、账账核对和账实核对三项内容。

(一) 账证核对

账证核对指账簿记录和会计凭证的核对,其核对目的是为了保证账簿记录和会计凭证相符。账证核对是将各种账簿(总分类账、明细分类账以及现金和银行存款日记账等)记录与有关会计凭证(记账凭证及其所附的原始凭证)相核对,核对时间、凭证编号、经济业务内容、金额等项目是否一致,记账方法是否相符。这种核对主要在平时编制记账凭证和登账过程中进行,月终出现账证不符,则需要核对账簿记录和有关会计凭证,以保证账证相符。

(二) 账账核对

账账核对是在账证核对的基础上,各种账簿之间的有关指标的核对。其主要内容包括:①总分类账各账户借方期末余额合计数和贷方期末余额合计数核对相符,以检查总分类账户的登记是否正确。其核对方法是通过编制"总分类账户余额试算表"来进行核对。②现金、银行存款日记账期末余额和现金、银行存款总分类账户期末余额核对相符,以检查日记账的登记是否正确。③总分类账户期末余额与所属明细分类账户期末余额合计数核对相符,以检查总分类账户和明细分类账户登记是否正确。其核对方法是通过编制"总分类账户与明细分类账户余额试算表"来进行核对。④会计部门财产物资明细分类账的期末余额和财产物资保管使用部门的有关财产物资明细分类账的期末余额核对相符。

(三) 账实核对

账实核对是在账账核对的基础上,将各种财产物资的账面余额与实存数额进行核对。

其主要包括:①现金日记账的账面余额和现金实存数核对相符。②银行存款日记账的账面余额和银行对账单核对相符。③财产物资明细账账面余额和财产物资实存数核对相符。④应收、应付账款明细账账面余额和有关债务、债权单位的账目核对相符。

三、结账

(一)结账的意义

为了总结一定会计期间的企业经济活动的全面情况,以便编制财务报表和指导未来的经济活动,必须按月末、季末、年末对各种账簿记录进行结算,做好结账工作。结账就是在会计期末计算并结转各账户的本期发生额和期末余额。

通过结账,能够全面、系统地反映企业在一定期间内发生的全部经济活动所引起的资产、负债和所有者权益等方面的增减变动情况及其结存,可以合理确定各期间的经营成果,并且有利于企业定期编制财务报表。

(二)结账前的准备工作

(1)结账前,必须将本期发生的经济业务全部登记入账,并保证其正确性。不允许提前结账,也不得将本期发生的经济业务延至下期登记。

(2)按照权责发生制的要求,调整有关账项。为了真实地反映各会计期间的收入和费用,需要调整收支期与归属期不一致的收入和费用,如应计收入和应计费用的反映以及期末其他账项的调整。

(3)将本期实现的各项收入与其应负担的成本费用,分别从各收入账户、费用账户转入"本年利润"账户的贷方和借方,实现本期收入与其相关成本费用的正确配比,确定本期的经营成果。

(4)在本期全部业务登记入账的基础上,结算出所有账户的本期发生额和期末余额,并认真进行对账工作,做到账证相符、账账相符、账实相符,保证账簿记录真实、可靠,为编制财务报表提供正确的核算资料。

(三)结账的方法

结账工作一般在会计期末进行,主要采用划线法,即在本会计期间最后一笔业务下面划一条通栏红单线,表示开始结账。需结算本月发生额合计数、月末余额和本年累计发生额的账户,可将发生额或累计发生额直接填在结账线下,等全部结算数字填写完成后,再在下面划一条通栏红单线,以示结账结束和将上下两个不同会计期间分隔开。月结线划通栏单红线,年结线划通栏双红线以示封账。

结账按照结算时期的不同可分为月结、季结和年结,具体方法如下。

(1)月结。每月结账时,首先,在各账户本月份最后一笔记录下面划一通栏红线,表示本月结束;然后,在红线下结算出本月发生额和期末余额(无月末余额的,可在"余额"栏内注明"平"字或注明"0"符号),并在摘要栏内注明"××月份发生额及余额"或"本月合计"字样;最后,在本摘要栏下面划一通栏红线,表示完成月结工作。

(2)季结。季末的结账方法与月结基本相同,季结时,首先,在各账户本季度最后 1 个月的月结下面(需按季结出累计发生额的,应在"本季累计"下面)划一通栏红线,表示本季结束；然后，在红线下结算出本季发生额和季末余额，并在摘要栏内注明"第××季度发生额及余额"或"本季合计"字样；最后，在本摘要栏下面划一通栏红线，表示完成季结工作。

（3）年结。年度结账时，首先，应在12月份月结下面（需办理季结的，应在第四季度的季结下面，需结出本年累计发生额的，应在"本年累计"下面）划一通栏红线，表示年度终了；然后，在红线下面结算填列全年12个月份的月结发生额，并在摘要栏内注明"年度发生额及余额"或"本年合计"字样；在此基础上，将年初借（贷）方余额抄列于"年度发生额"或"本年合计"下一行的借（贷）方栏内，并在摘要栏内注明"年初余额"字样，同时将年末借（贷）方余额，列入下一行的贷（借）方栏内，并在摘要栏内注明"结转下年"字样；最后加计借贷两方合计数相等，并在合计数下划通栏双红线，表示完成年结工作。需要更换新账的，应在进行年结的同时，在新账中有关账户的第一行"摘要"栏内注明"上年结转"或"年初余额"字样，并将上年的年末余额以同方向记入新账中的余额栏内。

结账的具体方法见表7-19。

表 7-19 总 账

会计科目:原材料 第 页

××××年		凭证		摘 要	借方	贷方	借或贷	余额
月	日	字	号					
1	1			年初余额			借	7 000
				⋮	⋮	⋮		
1	31			1月份发生额及余额	10 000	9 000	借	8 000
2	1							
				⋮	⋮	⋮		
2	28			2月份发生额及余额	8 000	9 000	借	7 000
12	31			12月份发生额及余额	9 000	7 000	借	9 000
	31			年度发生额及余额	80 000	78 000	借	9 000
				年初余额	7 000			
				结转下年		9 000		
12	31			合 计	87 000	87 000		

说明: ---- 表示单红线；══ 表示双红线；〰 表示省略。

第八章 成本计算

第一节 成本计算概述

一、成本计算的定义

会计学上所谓的成本是指企业在生产经营活动中,为达到某一目的所耗费的人力、物力和财力等资源,且所耗资源能够以货币量化到某对象上。对于初学者而言,通常容易将成本、费用和支出这三个概念混淆。企业的支出是指在生产经营过程中为获得另一项资产、为清偿债务所发生的资产的流出,企业支出分为偿付性支出和耗费性支出,耗费性支出又包括资本性支出和收益性支出,耗费性支出或迟或早都将转化为费用;费用是获取收入过程中发生的资源耗费,其目的是为了取得营业收入,因此,费用是与收入相对应的概念,是针对期间而言的某一期间的资源耗费,可能表现为当期的支出,也有可能是以往存量资源的耗费;而成本是对象化的费用,其所针对的是一定的成本计算对象,如 A 产品的成本、甲材料的成本、某设备的成本等。成本、费用和支出这三者既有重叠的部分,又各自有不同,可以用图 8-1 表示。

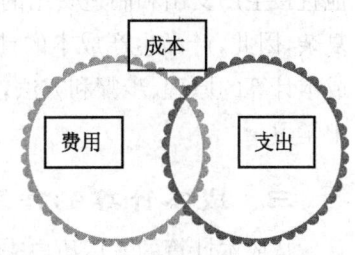

图 8-1 成本、费用和支出的关系

成本计算是指对一定对象所发生的各种费用进行分配和归集,计算出各对象的单位成本和总成本的会计核算方法。成本计算是成本管理的基础,只有立足于真实可靠的成本数据,企业经营管理者才能进行合理的成本预测,并实施销售定价等各项决策。

进行成本计算,首先应确定成本计算对象。所谓成本计算对象,就是成本归属的对象,即各种耗费的受益物,也就是耗费各种投入品后形成的产出物。如果成本计算对象确定失当,就会增加成本计算的难度,甚至难以计算出成本。

二、成本计算的内容

会计学上,成本计算的过程需要确定恰当的成本计算期并设置成本项目,采用合理的成本计算方法和费用分配标准,对企业生产经营活动中所涉及的对象的耗费计量。通常,成本计算内容既包含对资产及产品成本的计算,又包含对负债和所有者权益成本的计算。

（一）资产取得成本的计算

资产作为会计六大要素之首,其成本核算的实质是如何正确计量资产。其中,首先是资产的取得成本。在历史成本法下,用货币作为计量尺度,对无论是外购的还是自制的资产,度量其在投入使用之前支出的全部耗费。

（二）耗费资产成本的计算

企业运用所拥有的资产,进行各种生产经营活动从而产生价值增值。在这个过程中,资产不断被耗费,资产便以各种形式转化成费用,去抵减收益。因此,要正确计算出企业每个会计期间的利润,就必须计算出耗费资产的成本。

（三）负债和所有者权益成本的计算

企业获取资金,无论其来源渠道,均需要花费代价,这就是资金成本。比如,向银行借款应该支付利息;筹集股东资金就应向投资者分红;即使是看起来无需支付利息的无息负债,也存在隐性成本问题,如长期拖欠员工工资,企业的信誉就会遭受损失,虽然这种损失在会计上不予计量。

（四）产品生产成本的计算

产品制造成本的计算是成本计算最主要的内容,包含了在生产过程中所消耗的直接材料（原材料、辅助材料、备品备件、燃料及动力等）、直接人工（生产人员的工资、补贴）、其他直接生产支出和制造费用的货币表现。由于制造企业的产品种类繁多、生产工艺流程复杂,因此,产品生产成本的计算相对也是有难度的。在本教材里,将主要介绍产品生产成本计算的原理、步骤和方法,而不会涉及细节问题。计算的具体细节将在成本会计课程中学习。

三、成本计算的作用

从成本计算的发展历史来看,正确计算企业资产、负债和所有者权益的成本,对企业的成本控制起着非常重要的作用。具体表现如下。

（一）真实反映企业财务状况的基础

有用的财务会计信息是反映一个企业真实的经济信息。通过成本计算,如实地反映企业生产经营过程中各种耗费,正确地表现企业资产的价值和成本费用,从而计算出企业的经营利润和所有者权益,以及企业在经营过程中形成的债务,真实地反映出相关权益人的权利。

（二）确定耗费补偿尺度的重要方法

通过成本计算,可以掌握产品的实际成本,确定生产耗费的补偿尺度,可以估计企业的合理利润,便于企业制定产品的销售价格、削价政策和竞争策略。

（三）企业进行决策的重要依据

通过成本计算,可以完善企业的成本预测、计划、分析、考核等工作,加强成本控制;成本计算也能够对企业的成本决策和经营决策产生重大影响,反映和监督各项消耗定额及成本计划的执行情况,从而控制生产过程中人力、物力和财力的耗费,做到增产节约、增收节支。此外,利用成本计算,可以展开对比分析,查明企业生产经营中的优势和存在的问题,便于采取措施,改善经营管理,促进企业降低产品成本。

第二节 资产取得成本的计算

资产作为企业经营所拥有的经济资源,为了考查其使用效益,应该计算资产的成本。资产的取得,必然需要付出一定的代价,即资产的取得成本。在会计学上,我们选择按照历史成本法来度量资产的价值。这个标准也同样适用于其他会计要素,如负债、所有者权益、收入和费用等。资产取得的主要来源有外购和自制,我们将以"材料"和"固定资产"等典型的资产为例,分别介绍资产取得成本的计算方法。

一、材料取得成本的计算

材料取得的途径不同,其成本计算方法也不同。

(一)外购材料取得成本的计算

用购买方式来取得资产,是企业取得资产的一种主要方式。企业外购材料的取得成本是指从外部购入原材料等所实际发生的全部支出,包括购入材料支付的买价和采购费用(如材料购入过程中的运输费、装卸费、保险费,运输途中的合理损耗,入库前的整理挑选费等)。其构成公式为:

$$外购材料的取得成本 = 买价 + 附带成本$$

其中:买价指供应单位所开发票上填列的货款;附带成本指运杂费、定额内的途中损耗、入库前的整理挑选费等。

企业在购进材料时,供应单位所开发票中都会列明各种材料的买价(包括单价和数量)。通常,材料的买价能够直接确定为某一成本计算对象的费用,会计上称为直接费用。直接费用可以直接计入该种材料的取得成本。但采购中的附带成本,有些属于直接费用,有些属于间接费用。直接费用同买价一样,可以直接列入该种材料的取得成本;间接费用不能直接确定为某一成本计算对象的费用,应采用一定的方法分配计入某种材料的取得成本。

【例 8-1】 某企业购入甲、乙、丙三种材料,相关资料如下。

(1)向外地某单位购入甲材料 4 000 千克,每千克 8 元;乙材料 2 000 千克,每千克 4 元。以上共计 40 000 元。货款以商业汇票付讫。

(2)向本地某单位购入丙材料 5 000 千克,每千克 10 元,计 50 000 元。货款以银行存款支付。

(3)以银行存款支付甲、乙、丙三种材料运输费用 1 760 元,以现金支付装卸费 440 元。

各材料的采购成本支出见表 8-1。

表 8-1　　　　　　　　　　　材料采购成本支出表　　　　　　　　　金额单位:元

材料名称	重量(千克)	单价	买价	运杂费
甲	4 000	8	32 000	
乙	2 000	4	8 000	

(续表)

材料名称	重量(千克)	单价	买价	运杂费
丙	5 000	10	50 000	
合　计	11 000		90 000	2 200

$$每千克材料应负担的运杂费 = \frac{2\,200}{4\,000+2\,000+5\,000} = 0.20(元)$$

按重量分摊共同运杂费：

甲材料应分摊的运杂费 $= 0.20 \times 4\,000 = 800(元)$

乙材料应分摊的运杂费 $= 0.20 \times 2\,000 = 400(元)$

丙材料应分摊的运杂费 $= 0.20 \times 5\,000 = 1\,000(元)$

各材料采购成本计算情况见表 8-2。

表 8-2　　　　　　　　材料采购成本计算表　　　　　　　金额单位：元

成本项目	甲种材料		乙种材料		丙种材料	
	总成本 (4 000 千克)	单位成本	总成本 (2 000 千克)	单位成本	总成本 (5 000 千克)	单位成本
(1) 买价	32 000	8.00	8 000	4.00	50 000	10.00
(2) 附带成本	800	0.20	400	0.20	1 000	0.20
材料采购成本	32 800	8.20	8 400	4.20	51 000	10.20

外购材料取得成本中的附带成本较复杂，而且附带成本发生的时间可能不一致，加之历史成本法的要求，各项财产物资一旦入账，通常不允许调整其账面价值。因此，会计核算时，设置"材料采购"账户，用于归集材料的取得成本，待取得成本归集完毕，再将其全部转入有关的材料账户。

（二）自制材料取得成本的计算

有的工业企业不仅生产产品，而且在复杂的生产过程中还可能自制材料、自制零部件、自制半成品等。自制材料需要领用外购材料、耗用人工，还会发生一些制造费用。故自制材料的成本计算公式为：

自制材料取得成本 = 领用材料成本 + 人工工资 + 制造费用

自制材料的取得成本实际上就是材料的制造成本，它与制造产品不同的是，材料需要继续加工才能成为产品。但是，自制材料的成本计算原理与产品制造成本的计算原理是一样的，故自制材料取得成本的计算步骤和程序方法等均可参照制造产品的成本计算。

二、固定资产取得成本的计算

同材料取得成本一样，固定资产取得成本的计算，影响着企业一定期间的损益和财务状况。固定资产取得来源有外购和自制两种，来源不同，成本计算也不同。

外购固定资产时,通常导致当期的现金大额流出,因此需要正确划分资本性支出和收益性支出,以便正确计算各期损益。收益性支出是指该项支出是仅仅为了取得本期收益,且收益性支出记入费用账户,作为当期损益列入利润表;资本性支出是指受益期超过1年或一个营业周期的支出,即发生该项支出不仅是为了取得本期收益,也是为了取得以后各期收益。将资本性支出记入资产账户,作为资产列入资产负债表。前者称为支出费用化;后者叫作支出资本化。资本化的支出随着每期对资产的耗费,按照受益原则和耗费比例通过转移、折旧和摊销等方法,逐渐转化为费用。故资本性支出和收益性支出的划分,影响到资产价值和各期损益。如果一项资本性支出,作为收益性支出处理,则固定资产的取得成本减少,本期费用增加,从而减少本期的净收益;反之亦然。当然,如果资本性支出较小时,根据重要性原则,这部分支出可以不计入固定资产取得成本,从而简化会计核算。比如,购入固定资产时发生的小额市内运输费可以直接计入"管理费用",而无需作为固定资产取得成本入账。

企业购进固定资产时,除支付买价外,还会发生运输费、装卸费、包装费、运输途中保险费等。按照历史成本计价法,这些费用均应构成固定资产的取得成本。公式表示为:

$$固定资产取得成本 = 买价 + 运输费 + 装卸费 + 包装费 + 运输途中保险费$$

由于外购固定资产取得成本中的附带成本比较复杂,而且各项费用发生的时间不一致,加之固定资产一旦入账后,在历史成本法下不得调整其账面价值,因此,对固定资产取得成本进行核算,应设置"在建工程"账户,用于归集固定资产的取得成本,待其成本归集完毕、固定资产达到预定可使用状态后,再将其全部成本转入"固定资产"账户。尤其是购入需安装的固定资产,当发生固定资产取得成本时,记入"在建工程"账户的借方;归集完毕的固定资产取得成本从"在建工程"账户贷方转出。

【例8-2】　某企业购进一项设备,其买价100 000元,运输费10 000元,运输途中保险费10 000元,安装费20 000元。各项费用均以银行存款支付。此项经济业务的核算为:

$$固定资产取得成本 = 100\,000 + 10\,000 + 10\,000 + 20\,000 = 140\,000(元)$$

借:在建工程　　　　　　　　　　　　　　　　　　140 000
　　贷:银行存款　　　　　　　　　　　　　　　　　　　　140 000

借:固定资产　　　　　　　　　　　　　　　　　　140 000
　　贷:在建工程　　　　　　　　　　　　　　　　　　　　140 000

通常,不需要安装的固定资产,其取得成本可以及时归集完毕,可以不通过"在建工程"账户,直接记入"固定资产"账户。

第三节　耗费资产成本的计算

企业的发展壮大不仅需要资产的增加,而且企业的生产经营本身也是资产的不断耗费过程。资产的耗费有两种情况:其一,某项资产的实物形态消失,转化为另外一项实物形态的资产(如材料耗用,转化为产品);其二,资产的实物形态不变,数量不减,但其效能逐渐降低,效用递减,资产的价值转化为另外一项资产的成本构成,甚至直接转化为费用(如固定资产折旧,转化为"制造费用"或者"管理费用")。因此,正确地计算耗费资产成本涉及真实地反映企业的当期损益和财务状况。前面我们学到了账户的发生额和余额公式为:

$$某项资产账户的期末余额 = 期初余额 + 本期增加额 - 本期减少额$$

从上述关系式可以看出,某项资产的期初余额是已知的,本期增加额即资产取得成本的计算方法在前一节中已经讲述,而本期减少额即是耗费资产的成本,它的数额就是成本费用的构成内容,影响各期损益;而期末余额将表现在期末的资产负债表上。本期减少额和期末余额是此消彼长的关系,本期减少额少计,将使期末余额增加,从而夸大本期利润,虚增企业资产;反之,亦然。可见,正确计算耗费资产的成本关系到财务报表的真实、可靠性。我们将以存货耗费为例讲解耗费资产成本的计算。

一、存货盘存制度

在会计实务中,确定财产物资增加、减少及结存数额的方法,称为盘存制度或盘存法。通常,确认存货数量的方法有两种:永续盘存制和实地盘存制。

(一)永续盘存制

永续盘存制也叫"账面盘存制",就是平时对企业单位各项财产物资分别设立存货明细账,对日常发生的存货增加或减少,根据会计凭证在账簿中连续记载其增减变化并随时结出余额的一种管理制度。在这种方式下,可以随时在账面上查询各项存货的结存数并定期与实际盘存数对比。具体做法是:某项财产物资增加时,根据有关的会计凭证将增加的数量和金额记在有关明细账的借方栏;当发出某项财产物资时,将发出的数量和金额记在有关的明细账贷方栏,并及时计算出该财产物资在明细账上的结存数量和金额。

【例 8-3】 某商品流通企业 20×4 年 8 月份发生下列有关某种库存商品的业务。

(1) 8 月 5 日购入库存商品 200 件,价值 20 000 元。

(2) 8 月 8 日购入库存商品 1 500 件,价值 150 000 元。

(3) 8 月 10 日售出库存商品 180 件,价值 18 000 元。

(4) 8 月 15 日售出库存商品 1 000 件,价值 100 000 元。

相关库存商品明细账见表 8-3。

(二)实地盘存制

实地盘存制又称定期盘存制,是指平时根据有关会计凭证,只登记财产物资的增加数,不登记减少数,月末或一定时期可根据盘点资料,弄清各种财物的实有数额,倒算出本期减少数额,并记入有关明细账中的一种物资盘存管理制度。具体做法是:平时只登记财产物资的收入数,不登记财产物资发出数,期末通过实地盘点,确定结存数量,并倒挤发出数量及金额,完成账簿记录,使账实相符。在实地盘存制下,本期减少数的计算公式为:

表 8-3　　　　　　　　　　　　　　　　　**库存商品明细账**

类别:日用品类　　　　　　　　　　　　　　　　　　　　　　编号:010156
品名或规格:甲　　　　　　　　　　　　　　　　　　　　　　存放地点:1号库
储备定额:500　　　　　　　　　　　　　　　　　　　　　　计量单位:件

| 20×4 年 | | 凭证号码 | 摘　要 | 收　入 | | | 发　出 | | | 结　存 | | |
月	日			数量	单价	金额	数量	单价	金额	数量	单价	金额
8	1		月初余额							580	100	58 000
8	5		购入	200	100	20 000				780	100	78 000
8	8		购入	1 500	100	150 000				2 280	100	228 000
8	10		售出				180	100	18 000	2 100	100	210 000
8	15		售出				1 000	100	100 000	1 100	100	110 000
8	31		本月发生额及期末余额	1 700	100	270 000	1 180	100	118 000	1 100	100	110 000
8	31		本年累计发生额							1 100	100	110 000

本期减少数 ＝ 期初结存数＋本期增加数－期末结存数

【例 8-4】　接[例 8-3],假设该企业 8 月月末实地盘点,库存商品账面结存数量 110 000元。

则倒算出当月减少数:

$$本期减少数 ＝ 期初结存数＋本期增加数－期末结存数$$
$$＝ 58\,000＋20\,000＋150\,000－110\,000$$
$$＝ 118\,000(元)$$

在实地盘存制下,账簿记录如下(见表 8-4):

表 8-4　　　　　　　　　　　　　　　　　**库存商品明细账**

类别:日用品类　　　　　　　　　　　　　　　　　　　　　　编号:010156
品名或规格:甲　　　　　　　　　　　　　　　　　　　　　　存放地点:1号库
储备定额:500　　　　　　　　　　　　　　　　　　　　　　计量单位:件

| 20×4 年 | | 凭证号码 | 摘　要 | 收　入 | | | 发　出 | | | 结　存 | | |
月	日			数量	单价	金额	数量	单价	金额	数量	单价	金额
8	1									580	100	58 000
8	5		购入	200	100	20 000				780	100	78 000
8	8		购入	1 500	100	150 000				2 280	100	228 000
8	31		期末盘点							1 100	100	110 000

从上例可以看出,采用永续盘存制加强了对存货的管理和控制。在存货明细账中,可以随时反映出每种存货的收入、发出和结存情况,并从数量和金额两方面进行控制。明细账的结存数量,可以与通过盘点获得的实存数量进行核对。当发生库存溢余或短缺,可以查明原因,并及时纠正。此外,存货明细账上的结存数,还可以随时与预定的最高和最低库存限额进行比较,取得库存积压或不足的资料,以便及时组织库存品的购销或处理,加速资金周转。而实地盘存制的优点是核算工作比较简单,工作量较小。

相对于实地盘存制而言,永续盘存制下存货明细账的会计核算工作量较大,尤其是月末一次结转销售成本或耗用成本时,存货结存成本及销售或耗用成本的计算工作比较集中;采用这种方法需要将财产清查的结果同账面结存进行核对,在账实不符的情况下还需要对账面记录进行调整。而实地盘存制不能通过账簿随时反映和监督各项财产物资的收、发、结存情况。比如,仓库多发或少发、物资毁损、盗窃、丢失等情况,在账面上均无反映,而全部隐藏在本期的发出数内,不利于存货的管理控制,也不利于监督检查。因此,实地盘存制只适用于收发频繁的、价值低和数量不稳定、损耗大的鲜活商品。

二、存货的计价方法

由于市场上的价格是波动的,每批次购进的存货单价都有可能是不同的,那么在领用存货时,耗费资产的成本怎么计算呢? 因此,我们还应该解决发出存货的单价确认的问题。存货计价方法的选择是制订企业会计政策的一项重要内容。选择不同的存货计价方法将会导致不同的利润和存货估价,并对企业的税收负担、现金流量产生影响。我国《企业会计准则》规定,各种存货发出时,企业可以根据实际情况,选择使用先进先出法、全月一次加权平均法、移动加权平均法、个别计价法等方法确定其实际成本。选择存货计价方法主要考虑存货的特点及其管理要求,以及存货计价方法对企业财务的影响等因素。因此,选择存货计价方法的原则是:在历史成本法下,客观性原则(如实反映销售成本与期末存货价值)和谨慎性原则(保证企业所有者和潜在投资者作出决策时尽可能规避风险,使风险收益最大化)并重。

(一)先进先出法

先进先出法是假定先收到的存货先发出或先耗用,并根据这种假定的存货流转次序对发出存货和期末存货进行计价的一种方法。先进先出法的本身含义是假定先购进的先发出,该法使存货成本接近于购货成本,期末资产总价值较真实。但在通货膨胀条件下,销售成本偏低,使得利润虚增。与先进先出法相对应的是后进先出法,后进先出法是假定后收到的存货先发出或先耗用,并根据这种假定的存货流转次序对发出存货和期末存货进行计价的一种方法,其本身含义是假定后购进的先发出,发出的存货按最后收进的单价进行计算。在通货膨胀条件下,期末存货成本明显偏低,期末资产总价值也明显偏低。而销售成本较接近当前市价,销售利润比较真实。并且,当期销售收入能与当期销售成本相配比,能够反映出当期经营者的经营绩效。我国新会计准则中取消后进先出法,因此,我们将只讲解先进先出法。

【例 8-5】 下面以 A 材料的收发为例,说明采用先进先出法计算期末存货账面结存价值的方法。相关数据见表 8-5。

表 8-5　　　　　　　　　　　　　　　**原材料明细账**

类别:电子类　　　　　　　　　　　　　　　　　　　　编号:050318
品名或规格:A　　　　　　　　　　　　　　　　　　　存放地点:3 号库
储备定额:500　　　　　　　　　　　　　　　　　　　计量单位:只

20×4 年		凭证号码	摘要	收入			发出			结存		
月	日			数量	单价	金额	数量	单价	金额	数量	单价	金额
5	1		月初结存							100	40	4 000
	1		发出				40	40	1 600	60	40	2 400
	1		购入	50	44	2 200				60	40	2 400
										50	44	2 200
	10		发出				60	40	2 400			
							30	44	1 320	20	44	880
	18		购入	100	46	4 600				20	44	880
										100	46	4 600
	20		发出				20	44	880			
							20	46	920	80	46	3 680
5	31		发生额及余额	150	—	6 800	170	—	7 120	80	46	3 680

即:本期发出存货价值 7 120 元,期末存货价值 3 680 元。

(二) 全月一次加权平均法

全月一次加权平均法简称加权平均法,是指以当月全部进货数量加上月初存货数量作为权数,去除当月全部进货成本加上月初存货成本,计算出存货的加权平均单位成本,以此为基础计算当月发出存货的成本和期末存货的成本的一种方法。采用这种方法,平时只计算增加,不计算减少,月末一次计算减少数。其计算过程及公式为:

$$存货加权平均单价 = \frac{期初结存存货实际成本 + 本期购入存货实际成本}{期初结存存货数量 + 本期购入存货数量}$$

$$期末库存存货成本 = 期末库存存货数量 × 存货加权平均单价$$

$$本期发出存货的成本 = 本期发出存货的数量 × 存货加权平均单价$$

【例 8-6】　仍以 A 材料的收发为例,说明采用加权平均法计算期末存货账面结存价值的方法。相关数据见表 8-6。

$$存货加权平均单价 = \frac{4\ 000 + 6\ 800}{100 + 150} = 43.20(元)$$

$$期末库存存货成本 = 80 × 43.20 = 3\ 456(元)$$

$$本期发出存货的成本 = 4\ 000 + 6\ 800 - 3\ 456 = 7\ 344(元)$$

表 8-6   原材料明细账

类别:电子类   编号:050318

品名或规格:A   存放地点:3 号库

储备定额:500   计量单位:只

20×4 年		凭证号码	摘要	收入			发出			结存		
月	日			数量	单价	金额	数量	单价	金额	数量	单价	金额
5	1		月初结存							100	40	4 000
	1		发出				40			60		
	1		购入	50	44	2 200				110		
	10		发出				90			20		
	18		购入	100	46	4 600				120		
	20		发出				40			80		
5	31		发生额及余额	150	—	6 800	170	43.2	7 344	80	43.2	3 456

这种方法适用于前后购入单价相差幅度不大且期末定期计算和结转发出存货成本的情况。其优点是只需要在月末一次计算加权平均单价,比较简单,而且在市场价格上涨或下跌时所计算出来的单位成本平均化,对存货成本的分摊较为折中。但是,这种计算方法不利于核算的及时性;在物价变动幅度较大的情况下,按加权平均单价计算的期末存货价值与现行成本有较大的差异。因此,该法适用于物价变动幅度不大的情况。此外,这种方法平时无法从账上提供发出和结存存货的单价及金额,不利于加强对存货的管理。为解决这一问题,可以采用移动加权平均法或按上月月末计算的平均单价计算。

（三）移动加权平均法

移动加权平均法是指以每次进货的成本加上原有库存存货的成本,除以每次进货数量与原有库存存货的数量之和,据以计算加权平均单位成本,以此为基础计算当月发出存货的成本和期末存货的成本的一种方法。移动加权平均法下库存商品的成本价格根据每次收入类单据移动加权平均;其计算方法是以各次收入数量和金额与各次收入前的数量和金额为基础,计算出移动平均单价。其计算公式为:

$$存货加权平均单价 = \frac{以前结存存货实际成本 + 本批收入存货实际成本}{以前结存存货数量 + 本批收入存货数量}$$

【例 8-7】 仍以 A 材料的收发为例,说明采用移动加权平均法计算期末存货账面结存价值的方法。相关数据见表 8-7。

5 月 1 日结存材料加权平均单价 = (2 400 + 2 200) ÷ (60 + 50) = 41.82(元)

5 月 18 日结存材料加权平均单价 = (836.4 + 4 600) ÷ (20 + 100) = 43.79(元)

期末库存存货成本 = 80 × 45.3 = 3 624(元)

本期发出存货的成本 = 1 600 + 3 763.6 + 1 812.4 = 7 176(元)

表 8-7   原材料明细账

类别:电子类   编号:050318
品名或规格:A   存放地点:3 号库
储备定额:500   计量单位:只

20×4 年		凭证号码	摘要	收入			发出			结存		
月	日			数量	单价	金额	数量	单价	金额	数量	单价	金额
5	1		月初结存							100	40	4 000
	1		发出				40	40	1 600	60	40	2 400
	1		购入	50	44	2 200				110	41.82	4 600
	10		发出				90	41.82	3 763.6	20	41.82	836.4
	18		购入	100	46	4 600				120	45.3	5 436.4
	20		发出				40	45.3	1 812.4	80	45.3	3 624
5	31		发生额及余额	150	—	6 800	170	—	7 176	80	45.3	3 624

移动加权平均法的优点在于能使管理当局及时了解存货的结存情况,而且计算的平均单位成本以及发出和结存的存货成本比较客观。但采用这种方法,每次收货都要计算一次加权平均单价,计算工作量较大,对收、发货较频繁的小企业不适用。

（四）个别计价法

个别计价法又称"个别认定法""具体辨认法""分批实际法",是指假设存货的成本流转与实物流转相一致,按照各种存货,逐一辨认各批发出存货和期末存货所属的购进批别或生产批别,分别按其购入或生产时所确定的单位成本作为计算各批发出存货和期末存货成本的方法。在这种方法下,是把每一种存货的实际成本作为计算发出存货成本和期末存货成本的基础。其计算公式为:

$$发出存货价值 = 发出存货数量 × 该批存货实际单位成本$$
$$期末存货价值 = 期末存货数量 × 该批存货实际单位成本$$

【例 8-8】 某工厂本月生产领用 A 材料 2 000 千克,经确认,其中:1 000 千克属第一批入库,单位成本为 25 元;600 千克属第二批入库,单位成本为 26 元;400 千克属第三批入库,单位成本为 28 元。本月发出 A 材料的成本计算为:

$$发出 A 材料实际成本 = 1 000 × 25 + 600 × 26 + 400 × 28 = 51 800(元)$$

三、存货结转的账务处理

在会计处理上,对于发出存货成本的结转,应视存货的用途而定,具体如下。

（1）领用材料:

如果是生产产品领用,则借记"生产成本"账户。

如果是车间一般领用,则借记"制造费用"账户。

如果是管理部门领用,则借记"管理费用"账户。

如果是销售部门领用,则借记"销售费用"账户。

(2)产品销售出库:借记"主营业务成本"账户,贷记"库存商品"或者"产成品"账户。

第四节　负债和所有者权益成本的计算

一、负债成本的计算

企业的资金来源主要有债权人的借入和股东的投资两大渠道。从经济学角度分析,资金作为企业生存发展必不可少的经济资源是有限或者稀缺的,它的使用是要付出成本和代价的。因此,对于资金的使用方(即企业)来说,必将为使用这种经济资源付出成本代价,即企业的负债和所有者权益是有成本的。

负债的成本即是企业为取得资金而发生的费用及支付的利息,包括资金的筹集成本和使用成本,其中,作为使用成本的利息占主要部分。利息一般的计算公式为:

$$利息 = 负债本金 \times 利率 \times 时间$$

由于流动负债和非流动负债的利息支付的方式各不相同,且还本付息的时间差异较大,则在进行会计处理时,对于流动负债的利息通常作为财务费用直接计入当期损益,而对于非流动负债可能存在利息额较高、待付时间较长等特征,故其核算方法有所不同,详见《财务会计学》非流动负债的核算。

二、所有者权益成本的计算

企业的所有者权益是由股东投入资金形成的,在数量上等于企业资产扣除负债后由所有者享有的剩余权益,是企业投资人对企业净资产的所有权,其内容包括实收资本(或股本)、资本公积和留存收益。所有者权益成本是企业为取得和使用股权资本所要支付的代价,包括为取得股权资本而发生的筹资费用和投资者投资企业股权时所要求的收益率。在会计学上,本着实际发生和可计量的原则,所有者权益成本表现为向股东分配的股利,因此,可以通过应付股利(或利润)的核算来计算所有者权益的成本。

第五节　产品生产成本的计算

一、产品成本计算概述

工业企业的经济活动包括采购、生产和销售等主要生产经营过程。在生产过程中,一方面发生各种生产耗费,如原料及主要材料、辅助材料、燃料、动力、固定资产折旧费、支付工资、计提职工福利,以及其他各种支出;另一方面,随着生产耗费的发生,其结果也生产出了产品。因此,在一定时期内发生的这些生产耗费,就是企业的生产费用;按产品品种分类归集的生产费用称作产品成本。

　　产品成本是反映工业企业生产经营活动的一项综合性指标,如产品产量、质量、劳动生产率、材料及能源消耗等,都会在产品成本中有所反映。因此,产品成本核算将促使企业改善各项管理工作,提高经济效益。产品成本核算还为物价工作和纳税工作提供依据。为了控制生产费用,贯彻经济责任制,以便于按照经济用途归类核算生产费用,分别计算各种产品的成本,一般设置"生产成本"和"制造费用"账户进行核算。

　　"生产成本"账户核算企业进行工业性生产所发生的各项生产费用,包括生产各种产成品、自制半成品、提供劳务、自制材料、自制工具以及自有设备等所发生的各项费用。该账户可设置"基本生产成本"和"辅助生产成本"两个二级账户。在"生产成本——基本生产成本"账户下面,再按产品种类(或成本计算对象)设置明细账,通常可用"产品成本计算单"来代替,其格式一般都用多栏式账页,通常按成本项目进行明细核算。

　　"制造费用"账户核算企业为生产产品和提供劳务而发生的各项间接费用。该账户应按不同的车间、部门设置明细账。账内按制造费用的项目内容设专栏进行明细核算,发生的各项间接费用记入本账户及所属明细账的借方。月末,将制造费用分配计入有关的成本计算对象时,记入本账户及所属明细账的贷方,月末该账户一般无余额。

二、产品成本计算原理

　　不同的企业,其生产过程有不同的特点,成本管理的要求、生产工艺过程和生产组织也各不相同,因此影响了成本计算的具体方法。但是,企业的产品成本计算的基本原理和方法都是相同的,即首先确定成本计算对象和成本计算期;然后按成本计算对象归集各项直接生产费用,按费用发生地点归集各项间接费用,月末将制造费用按照一定的标准分配转入各种产品的生产成本中,这样"生产成本"账户既包含生产过程中的直接费用,又包含结转的生产过程中的间接费用;最后按照一定的方法把该产品的全部生产费用在完工产品和在产品中进行分配,计算并结转完工产品成本。关于产品成本计算更详细的介绍将在"成本会计学"课程中介绍。

　　【例8-9】某公司生产甲产品,2月份领用原材料100 000元,发放工资50 000元,提取固定资产折旧30 000元,以银行存款支付各种制造费用15 000元。假设一车间生产甲、乙两种产品,采用相应的制造费用分配方法计算出属于甲产品应分摊的制造费用为30 000元。2月初,该公司"生产成本——甲产品"账户的余额为20 000元。则甲产品生产成本归集的会计分录为:

```
借:生产成本——甲产品                                    150 000
    贷:原材料                                              100 000
        应付职工薪酬                                        50 000
借:制造费用                                              45 000
    贷:累计折旧                                            30 000
        银行存款                                            15 000
借:生产成本——甲产品                                      30 000
    贷:制造费用                                            30 000
```

则该公司"生产成本——甲产品"账户的生产费用合计为 200 000 元（20 000＋150 000＋30 000）。

（1）2月份生产的甲产品全部完工，那么完工产品的生产成本为各种耗费的合计数 200 000 元。甲产品制造完成后，验收入库，同时为制造甲产品而耗费的成本也随之转入"库存商品——甲产品"账户，编制会计分录为：

借：库存商品——甲产品　　　　　　　　　　　　　　　　　　　　200 000
　　贷：生产成本——甲产品　　　　　　　　　　　　　　　　　　　　　　200 000

（2）2月份生产的甲产品全部未完工，那么在产品的生产成本为各种耗费的合计数 200 000 元。在产品的生产成本留在"生产成本——甲产品"账户，其账户记录如表 8-8 所示。

表 8-8　　　　　　　　　　　　　　生产成本——甲产品

期初余额：	20 000	
本期发生额：		
直接材料	100 000	
直接人工	50 000	
制造费用	30 000	
本期发生额合计	180 000	
期末余额	200 000	

（3）2月份生产的甲产品部分完工，那么本期生产的产品有一部分完工，一部分仍未完工，2月份为制造甲产品发生的各种耗费的合计数 200 000 元，应在完工产品和在产品之间进行分配。完工产品验收入库，同时完工产品应承担的生产成本也随之转入"库存商品——甲产品"账户；在产品应承担的生产成本留在"生产成本——甲产品"账户。假设 2月份经计算后完工产品应分配的生产成本为 160 000 元，在产品应分配的生产成本为 40 000 元。结转完工产品生产成本的会计分录为：

借：库存商品——甲产品　　　　　　　　　　　　　　　　　　　　160 000
　　贷：生产成本——甲产品　　　　　　　　　　　　　　　　　　　　　　160 000

同时，"生产成本——甲产品"账户的记录如表 8-9 所示。

表 8-9　　　　　　　　　　　　　　生产成本——甲产品

期初余额：	20 000		
本期发生额：		本期发生额：	
直接材料	100 000	完工产品成本	160 000
直接人工	50 000		
制造费用	30 000		
本期发生额合计	180 000	本期发生额合计	160 000
期末余额	40 000		

第九章 财产清查

第一节 财产清查的意义及种类

一、财产清查的概念及作用

（一）财产清查的概念

财产清查是指根据会计账簿记录,对企业的各项财产进行盘点与核对,以确定各项财产物资、货币资金、债权债务的实有数与账存数是否相符,并适当进行处理的一种专门方法。

准确反映财产物资、货币资金和债权债务的真实情况,是会计核算的基本原则,也是经济管理对会计核算的客观要求。在会计工作中,虽然可以通过正确填制凭证与登记账簿,并经过严格复核,保证账簿记录的正确性,但账簿记录的正确不等于账簿记录的真实可靠。由于有些情况无法事先通过凭证和账簿进行反映,从而使账面数额与实际数额有差异,造成账实不符。引起账实不符的原因很多,归纳起来有以下几个方面。

(1) 在收发财产物资过程中,由于计量、检验不准确而造成的品种、数量和质量上的差错。

(2) 在财产物资收发时,出现的漏记、错记、重记和计算的错误。

(3) 财产物资在保管过程中发生的自然损耗和失重。

(4) 由于保管不善或工作人员失职,造成的财产物资损坏、变质或者短缺。

(5) 由于不法分子营私舞弊、贪污盗窃而发生的财产物资的损失。

(6) 由于自然灾害和意外损失造成的财产物资毁坏。

(7) 由于未达账项引起的内外账不符等。

上述原因中,有些是可以避免的,而有些是不能完全避免的,但它们都是造成实存数与账存数不符的原因。因此,为了正确掌握各项资产的真实情况,保证会计资料的准确可靠,就必须在账簿记录的基础上,运用财产清查这一专门方法,对各项财产物资进行定期或不定期的盘点与核对,以确保账簿记录与实际结存相一致。

（二）财产清查的作用

财产清查是发挥会计监督职能的必要手段,是会计制度和会计法的基本要求,其作用主要表现为以下几个方面。

1. 保证会计核算资料的真实可靠

通过财产清查,可以查明各项财产物资有无溢余或短缺以及发生盘盈、盘亏、毁损的原因与责任,确定各项财产物资的实存数,并与账存数相核对,确认两者是否一致。如果账簿记录的内容与实际的财产物资相符合,说明会计核算资料真实可靠。如果账实不符,一方面,要根据财产清查的有关原始凭证填制记账凭证,并据以调整财产物资的账存数,做到账实相符,保证会计核算资料的真实可靠,为编制财务报告提供客观的编报资料,为资本市场各利益相关者提供真实可靠的会计信息;另一方面,应及时查明原因进行处理,并深入分析存在的问题,强化管理监督职能。

2. 保护各项财产物资的安全完整

通过财产清查,可以查明各项财产物资的保管情况,有无因内部控制问题导致的财产物资短缺、呆滞积压、以次充好、霉烂变质、损失浪费、贪污盗窃等情况。对于存在的问题,一经发现要及时进行处理,并深入分析问题产生的具体原因,采取措施以加强管理。对于贪污盗窃等犯罪行为要追究责任,严肃处理,以确保财产物资的安全完整;对于在财产清查中暴露出来的内部控制制度缺陷等问题,要深入调查,分析原因,完善各项财产物资的内部控制制度,提高内部控制设计和实施的有效性,实现其资产安全性目标。

3. 挖掘财产物资的潜力,加速资金周转

通过财产清查,可以查明各项财产物资的储备和有效利用情况。对于储备不足、影响企业正常生产经营的财产物资,应及时补充存货,满足生产经营的正常需要;对于超储积压的财产物资,应及时予以处理,加快财产物资周转,提高使用效率,降低资本成本,避免浪费损失;对于呆滞的和不配套的财产物资,应及时处理,提高资金的流动性,降低仓储成本。

4. 监督财经法规和财经纪律的执行

通过财产清查,可以查明货币资金的收、付是否严格遵守财经纪律和结算制度,有无坐支、白条抵库、贪污盗用等情况;可以查明往来款项是否符合财经纪律和结算制度的规定,有无不合法的债权债务,有无贪污盗窃、挪用公款等非法行为。对于发现的问题,应及时纠正,追究相关人员的责任,从而使相关责任人自觉地维护与遵守财经纪律与结算制度。

二、财产清查的种类

由于企业进行财产清查的对象和范围不同、目的和时间的不一致,则可以有不同的分类标准。

（一）按财产清查的对象和范围划分,可以分为全面清查和局部清查

1. 全面清查

全面清查是指对企业所有的财产物资进行全面盘点与核对。全面清查的对象包括:库存现金、银行存款等货币资金;各种应收、应付、预收、预付等往来结算款项;原材料、在产品、半成品、产成品、库存商品等各项存货;房屋及建筑物、机器设备等各项固定资产;代管物资和委托加工物资等。

由于全面清查涉及的内容多、范围广、工作量大,则不宜经常进行,一般在以下几种情况下需要进行全面清查。

（1）年终决算前,需要进行全面清查,以确保年度财务报告的可靠性。

（2）资产评估时,需要进行全面清查,以确保评估的可靠性。

（3）企业撤销、合并或改变隶属关系时,需要进行全面清查,以明确相关经济责任。

（4）清产核资时,需要进行全面清查,以核实资产,确保正常生产经营所需资金。

2. 局部清查

局部清查是根据经营管理的需要或依据有关的规定,对企业的一部分财产物资进行盘点与核对。局部清查一般针对重要的、流动性较大的财产物资进行,如对库存现金、原材料、产成品以及其他贵重物资进行清查盘点。

由于局部清查涉及范围小,参与人员少,则可以经常进行,一般在以下几种情况下需要进行局部清查:

(1) 对于现金,应由出纳人员于每日营业终了进行清点;对于银行存款和银行借款,每月至少要同银行核对一次;

(2) 对于流动性较大的财产物资,如存货等,除进行年度清查之外,年内还要轮流盘点或重点抽查;

(3) 对于各种贵重的财产物资,每月至少应该清查盘点一次;

(4) 对于各种债权债务,每年至少与往来单位核对一次至两次。

(二) 按财产清查的时间划分,可以分为定期清查和不定期清查

1. 定期清查

定期清查是指按照预定的时间对货币资金、财产物资、往来款项所进行的清查,以确保账实相符,会计资料真实可靠。定期清查一般在年度、季度、月份终了结账时进行,其清查的对象和范围,可以是局部清查,如每日营业终了,出纳员对库存现金进行清点;也可以是全面清查,如在年终决算前的全面清查。

2. 不定期清查

不定期清查也称为临时清查,是指事先不计划清查日期,而是根据实际工作需要进行临时性财产清查,以保护财产物资的安全完整。不定期清查可以是全面清查,也可以是局部清查。一般在以下几种情况下需要进行不定期清查。

(1) 更换现金等财产物资的保管人员时,要对有关人员所保管的财产物资进行清查,以明确经济责任。

(2) 发生自然灾害和意外事故等非常损失时,要对受灾损失的有关财产物资进行清查,以查明损失的性质和程度。

(3) 企业撤销、合并或改变隶属关系时,为摸清家底,要对本企业的各项财产物资、货币资金、往来款项进行清查。

(4) 上级主管部门和财政、审计、银行等机构,对本企业进行会计检查或评估时,应按检查或评估的范围、性质、要求进行清查,以验证会计资料的真实性、准确性。

(5) 其他临时需要清查的情况。

(三) 按财产清查的执行单位划分,可以分为内部清查和外部清查

1. 内部清查

内部清查也称为自查,是指由企业自行组织清查工作小组所进行的财产清查。多数财产清查都属于内部清查。

2. 外部清查

外部清查是指由企业外部有关部门根据国家法律制度的规定,对本企业所进行的财

产清查。

三、财产清查的主要内容

财产清查的内容主要表现为以下几个方面。

（一）流动资产清查

流动资产清查包括货币资金、交易性金融资产、应收及应付款项、存货等财产清查。其中，货币资金包括库存现金及在开户银行和其他金融机构的各种存款、其他货币资金等；应收及预付款项包括应收票据、应收账款、其他应收款、预付账款等；存货包括原材料、辅助材料、燃料、修理用的备品备件、周转材料、在产品、半成品、库存商品、外购商品、协作件，以及由其他企业、个人保管的物资，在途、外存、外借、委托加工的商品、物资等。

（二）固定资产清查

固定资产清查包括房屋及建筑物、机器设备、交通运输设备、工具器具、办公设备等财产清查。凡租出、借出和未按规定授权批准转让出去的固定资产必须清查，以防止财产被侵占和流失。

（三）长期投资清查

长期投资清查包括企业以各种形式对其他单位所进行的长期股权投资以及各项长期金融资产的清查。

（四）无形资产清查

无形资产清查包括各项专利权、商标权、特许权、著作权、土地使用权、非专利技术等财产清查。

（五）其他资产清查

其他资产清查包括固定资产大修理支出、租入固定资产改良支出以及特种储备物资等财产清查。

（六）债务清查

债务清查包括流动负债、非流动负债的清查。流动负债清查包括各种短期借款、应付及预收账款等的清查；非流动负债清查包括各种长期借款、应付债券、长期应付款等的清查。

（七）产权清查

随着改革开放的深入，企业间的联营、合资或进行股份制改造，必须通过产权界定来明确企业投资的产权及权益，划分企业原始投资和增值部分，规范产权关系，把应属于国家所有的净资产纳入国有资产管理范围，则进行相应的产权清查十分必要。

第二节　财产清查的程序和方法

一、财产清查的一般程序

财产清查是一项时间紧、范围广、人员多、工作量大、复杂而细致的工作。为使财产清查工作能够迅速有效地开展，达到预期的目标，在清查之前，企业应在负责人和总会计师的领导下,成立由财会部门牵头,设备、技术、生产、行政及其他各有关部门参加的财产清查小组,具体负责财产清查的领导和组织工作。财产清查的一般程序包括以下几个方面的内容。

（一）制定清查计划

根据管理制度或有关部门的要求,拟定财产清查工作的总体规划,确定财产清查的对象、范围、时间和方法,安排清查的人员分工和详细步骤。

（二）进行清查准备

（1）会计部门和会计人员在财产清查之前,要将发生的所有经济业务全部登记入账,并结出余额,核对清楚,做到账簿记录完整准确、账证相符、账账相符,为财产清查提供可靠的书面资料。

（2）财产物资保管部门要将清查截止时点的所有经济业务办理好凭证手续,登记入账并结算出余额。对各种财产物资整理排列整齐,张贴标签,标明品种、规格和结存数量,以便盘点核对。

（3）财产清查小组及有关部门在清查之前,准备好测量工具和清查用的各种表、册。计量器具与仪器要完好,并进行严格检查与校正,保证计量准确。

（4）清查登记时用的各种表格,如"盘存单""实存账存对比表"等要预先填列好各项财产物资的编号、名称、存放地点等。

（三）实施清查工作

按照清查方案确定的方法与步骤进行财产清查,清查时应按照先清查数量、后认定质量的原则进行,并根据实际情况调整工作进度。根据清点结果填写"盘存单",对财产清查中出现的问题及时进行研究和解决。

（四）撰写清查报告

财产清查工作结束之后,根据财产清查结果,分析账实不符的原因,提出处理意见和建议,以书面形式报告给上级或有关部门审批处理,并做好清查收尾工作。

二、财产清查的一般方法

财产物资形态各异,存放地点也不相同,企业应根据不同的对象采取不同的清查方法,主要包括货币资金清查、实物资产清查和往来款项清查等。

（一）实物资产清查

实物资产是指企业所拥有的具有实物形态的各种资产,包括对原材料、在产品、产成品、库存商品、固定资产、在建工程项目等财产物资的清查。

1. 存货清查

存货是指原材料、燃料、包装物、低值易耗品、在产品、库存商品等资产。由于存货的形态、体积、重量、堆放方式等都不尽相同,清查时要根据不同特点采用不同的方法。

（1）实地盘点法。实地盘点法是指在存货堆放现场逐一清点数量或使用计量器具确定其实存数的方法。这种方法适用范围广,要求严格,数字准确可靠,但工作量大,适用于可以逐一点数、量尺、过磅的存货清查,如原材料、库存商品等。

（2）技术推算法。技术推算法是指利用一定的技术方法，如量方、计尺等推算出存货实存数的方法，适用于大量成堆，难以逐一清点、量尺、过磅的存货清查，如散装的饲料、化肥等。

（3）抽样盘存法。抽样盘存法是指从总体中选取所需要的个体，再通过盘点个体的数量，推断出总体数量的方法，具体又分为随机抽样、机械抽样、分层抽样等类型，适用于价值小、数量多、重量均匀且不便于逐一清点的存货清查，如煤、盐、装包前仓库的粮食等。

（4）函证核对法。函证核对法是指通过向其他单位发函或派人调查获取数据，并与本企业的存货账存数相核对，以此确定存货实存数的方法，适用于委托外单位加工、保管的存货和出租、在途存货的清查。

由于存货品种多、收发频繁，在日常收发过程中可能发生计量错误、计算错误、自然损耗、损坏变质以及违法、盗窃等情况，造成账实不符，因此，存货清查是财产清查的重点。存货清查前，要将截至清查日的所有存货的收发凭证都登记入账，结出总账和各明细账的结存数额并认真核对，保证账簿记录准确无误，同时在实物存放地点准备好各种度量器具，详细检查，以保证计量的准确性。

清查时，为了明确经济责任，有关存货的保管人员必须在场，并参加盘点工作。对各项存货的盘点结果，应逐笔如实地登记在"盘存单"上，详细说明各项存货的编号、名称、规格、计量单位、数量、单价、金额等，并由盘点人员和保管人员同时签字或盖章。"盘存单"既是记录各项存货盘点结果的书面证明，也是反映存货实存金额的原始凭证，其一般格式见表9-1。

表 9-1 　　　　　　　　　　　盘 存 单

盘点时间：　　　　　　　　　　　　　　　　　　　　　　　　编号：
单位名称：　　　　　　　　　　财产类别：　　　　　　　　　存放地点：

编 号	名 称	规 格	计量单位	数 量	单 价	金 额	备 注

盘点人：　　　　　　　　　　　　　　　　　　实物保管人：

盘点完毕，为确定账实是否相符，还要将"盘存单"上所列存货的实际结存数与账面结存数进行核对，发现账实不符时，应填制"实存账存对比表"，以确定存货盘盈或盘亏的数额。"实存账存对比表"既是调整账面记录的原始凭证，也是分析盘盈盘亏原因、明确经济责任的依据，其一般格式见表9-2。

清查存货时，不仅要清查数量，同时还要注意质量，检查有无缺损、霉烂、变质等情况。清查在产品、半成品时，应注意其配套情况和完工程度；清查受托外单位加工、保管的存货时，应注意不要将其混为本企业的财产物资。

2. 固定资产清查

固定资产是指机器设备、房屋及建筑物、交通运输工具等资产。在使用过程中，由于客观、人为或不可抗力等原因使固定资产可能会出现账实不符，企业应定期或不定期地对

表 9-2　　　　　　　　　　　　　　　　实存账存对比表

单位名称：　　　　　　　　　　　　　　　年　月　日　　　　　　　　　　　　　　编号：

编号	类别及名称	计量单位	单价	实存		账存		对比结果				备注
				数量	金额	数量	金额	盘盈		盘亏		
								数量	金额	数量	金额	

盘点人：　　　　　　　　　　　　　　　　　　　　　　　　　会计员：

固定资产进行清查，通常采用实地盘点法。在清查前，会计人员和固定资产的管理人员应将各自负责的有关账簿核对准确。在清查过程中，不但要核实固定资产的实有数量，而且还要查明固定资产的使用、保管、维修保养等情况，以保证固定资产记录的正确性、使用的效率和安全性。

固定资产清查过程中发现的盘盈、盘亏，应编制"固定资产盘盈、盘亏报告表"，详细记录盘盈、盘亏固定资产的编号、名称、原价、累计折旧、净值以及盘盈、盘亏的原因等内容，作为调整账面记录和处理清理结果的依据。"固定资产盘盈、盘亏报告表"的格式见表 9-3。

表 9-3　　　　　　　　　　　　　固定资产盘盈、盘亏报告表

部门：　　　　　　　　　　　　　　　　年　月　日

编号	名称	规格及型号	盘　盈			盘　亏			毁　损			原因
			数量	重置价值	累计折旧	数量	原价	已提折旧	数量	原价	已提折旧	
处理意见			审批部门			清查小组			使用保管部门			

盘点人：　　　　　　　　　　　　　　　　　　　　　　　　　会计员：

（二）货币资金清查

货币资金包括库存现金、银行存款和其他货币资金。其中，库存现金应在财产清查时进行实地盘点；银行存款应根据银行对账单与本企业的银行存款日记账进行核对。

1. 库存现金清查

库存现金是存放在企业财会部门，由出纳人员保管的货币资金，是企业流动性最强的资产；对库存现金不仅要进行定期清查，还要进行不定期清查。库存现金的清查主要是通过实地盘点的方法确定库存现金的实存数，再与现金日记账的账面余额进行核对，确定账存与实存是否相等，包括以下两种情况：

（1）由出纳人员每日清点库存现金的实存数，并与现金日记账的结余额相核对，以确

保账实相符,这是出纳人员的基本职责。

(2) 由清查人员定期或不定期地进行清查。清查时,出纳人员必须在场,配合清查人员清查账务处理是否合理合法、账簿记录有无错误,以确定账实是否相符。对于临时挪用或借给个人的现金,不允许以白条收据抵库;对于超过银行核定限额的现金要及时送存开户银行;不允许任意坐支现金。

现金盘点结束后,应根据实地盘点的结果以及与现金日记账核对的情况,及时填制"库存现金盘点报告表"。"库存现金盘点报告表"是重要的原始凭证,既能起到实物"盘存单"的作用,又能起到"实存账存对比表"的作用。也就是说,"库存现金盘点报告表"既能反映现金的实存数,是据以调整账面记录的原始凭证,又是分析现金余缺的依据。因此,"库存现金盘点报告表"应由清查人员和出纳人员认真填写,共同签章,其一般格式见表 9-4。

表 9-4   **库存现金盘点报告表**

单位名称: 年   月   日

实存金额	账存金额	对 比 结 果		备注
		盘盈	盘亏	

盘点人: 会计主管: 复核人: 出纳员:

有价证券主要包括国库券、其他金融证券、公司债券、股票等,其清查方法和库存现金相同。

2. 银行存款清查

银行存款是企业存放于银行的货币资金,其清查方法与库存现金不同,是采用企业的银行存款日记账与开户银行送来的银行对账单进行账目核对的方法进行。企业在同银行核对账目之前,首先应检查本单位银行存款日记账的正确性和完整性,然后与银行送来的对账单(即银行记账时复写的账页)逐笔勾对,以保证账证相符。尽管对于每一笔银行存款的收、支业务,企业和银行已分别在银行存款日记账与银行对账单上逐日逐笔进行顺序登记,但双方余额往往也会出现不一致的情况。究其原因:一是某一方或双方出现了记账错误,如错记、漏记、重记、串户等,属于企业差错的,由企业自行调整,属于银行对账单差错的,由银行检查更正;二是产生了未达账项。

所谓未达账项,是指在企业和开户银行之间,对于同一款项的收付业务,由于记账时间不一致,发生一方已入账,而另一方尚未入账的会计事项。企业与银行之间的未达账项通常有以下四种情况。

(1) 企业送存银行的款项,企业已做银行存款的增加入账,但银行尚未入账,简称"企收银未收"。

(2) 企业开出支票从银行支出款项,企业已作银行存款的减少入账,但银行尚未入账,简称"企付银未付"。

（3）银行代企业收进的款项，银行已作企业存款的增加入账，但企业尚未入账，简称"银收企未收"。

（4）银行代企业支付的款项，银行已作企业存款的减少入账，但企业尚未入账，简称"银付企未付"。

上述任何一种情况的发生，都会使企业和银行的账簿记录不一致。因此，企业在接到银行送来的对账单时，应尽快与银行存款日记账逐笔进行核对。如有未达账项，企业应填制"未达账项登记表"，其一般格式见表9-5。

表 9-5   未达账项登记表

单位名称：   年　月　日   金额单位:元

未达账项种类	摘要	结算凭证种类号数	记账凭证种类号数	金额	备注
（一）银行已收，企业未收账项 1. 2.					
合计					
（二）银行已付，企业未付账项 1. 2.					
合计					
（三）企业已收，银行未收账项 1. 2.					
合计					
（四）企业已付，银行未付账项 1. 2.					
合计					

核对人：   出纳员：

企业在填制完成"未达账项登记表"后，再编制"银行存款余额调节表"，将企业银行存款日记账余额和银行对账单余额调节为消除未达账项影响之后的余额，然后验证调节后的余额是否相等。如果相符，一般表明双方记账都是正确的，否则，说明某一方或双方的账簿记录有错误，应及时查明错账原因并予以更正。

银行存款余额调节的计算公式为：

$$\text{企业银行存款日记账余额} + \text{银行已收企业未收款项} - \text{银行已付企业未付款项} = \text{银行对账单余额} + \text{企业已收银行未收款项} - \text{企业已付银行未付款项}$$

【例9-1】 某企业银行存款日记账20×4年12月31日的余额为110 400元，银行对账单余额为 120 800 元。经逐笔核对,发现以下未达账项。

(1) 企业于月末开出转账支票一张,金额为 10 000 元,企业已记银行存款减少,但持票人尚未到银行办理转账手续,银行尚未入账。

(2) 企业于月末收到某单位转账支票一张,金额为 58 000 元,已将支票送存银行,企业已记银行存款增加,但银行尚未办理入账手续。

(3) 企业委托银行代收货款 60 000 元,银行已收款入账,但企业因尚未收到银行收账通知,未记银行存款增加。

(4) 银行代付水电费 1 600 元,银行已付款入账,但企业尚未收到付款通知,尚未入账。

根据上述资料编制"银行存款余额调节表",其格式见表 9-6。

表 9-6　　　　　　　　　　　　　银行存款余额调节表

20×4 年 12 月 31 日　　　　　　　　　　　　金额单位:元

项　目	金　额	项　目	金　额
银行存款日记账余额	110 400	银行对账单余额	120 800
加:银行已收企业未收款项	60 000	加:企业已收银行未收款项	58 000
减:银行已付企业未付款项	1 600	减:企业已付银行未付款项	10 000
调节后存款余额	168 800	调节后存款余额	168 800

会计主管:　　　　　出纳:　　　　　　　复核:　　　　　　　制表:

"银行存款余额调节表"通常作为清查资料与银行对账单一并附在当月银行存款日记账后保存。运用"银行存款余额调节表"必须注意以下几点。

(1) "银行存款余额调节表"是对账的工具,不能将其视为原始凭证而编制记账凭证入账;银行存款账面的实际调整应在收到银行存款收款凭证、付款凭证之后才能进行;对于长期悬置的未达账项,应及时查明原因,予以解决。

(2) "银行存款余额调节表"调节后的余额,并不是期末企业银行存款的真实余额,企业期末实际可动用的银行存款仍然是核对无误的银行对账单上的余额。

(3) "银行存款余额调节表"调节不平,说明肯定存在记账错误或其他未达账项等问题,但调节平衡并不能表示企业银行存款完全没有问题。

(4) "银行存款余额调节表"应按不同的银行户头分别编制。

(三) 往来款项清查

往来款项一般包括应收账款、其他应收款、预付账款、应付账款、其他应付款和预收账款等,一般采取"函证核对法",即采用向对方单位发送对账单,与对方单位核对账目的方法进行清查。往来款项清查前,首先检查本企业各种往来款项的账簿记录是否正确、完整,确认无误后,根据明细分类账的记录编制"往来款项对账单",送交对方单位进行核对。对账单一式两联,一联由对方留存,另一联作为回单。对方单位如核对相符,应在回单上注明"核对相符"字样,盖章后返回本企业;如数额不符,应在对账单的回单联注明不符情况或另抄对账单退回本企业,作为进一步核对的依据。"往来款项对账单"的一般格式与内容如图9-1所示。

往来款项对账单

××单位:

你单位20××年××月××日购买我单位××产品××件,已付货款××元,尚有××元货款尚未支付,请核对后将回单联寄回。

清查单位:(盖章)
20××年××月××日

沿此虚线裁开,将以下回单联寄回

- -

往来款项对账单(回单)

××清查单位:

1. 你单位寄来的"往来款项对账单"已收到,经核对无误相符。

2. 你单位寄来的"往来款项对账单"已收到,经核对,我单位的往来款项与你单位送达的对账金额不符,我单位的账面金额如下:＿＿＿＿＿＿＿。

××单位:(盖章)
20××年××月××日

图9-1 往来款项对账单

在核对往来款项的过程中,如发现未达账项,双方都应编制余额调节表,核对消除未达账项影响后的往来款项是否相符。通过往来款项的清查还应查明有无双方发生争议的款项和确实无法收回的款项,以便及时采取措施,减少坏账损失,避免呆滞款项长期挂账。对于往来款项的清查结果,应编制"往来款项清查报告表",其格式见表9-7。

表9-7　　　　　　　　　往来款项清查报告表

编制单位:　　　　　　　　　年　月　日　　　　　　　　金额单位:元

明细科目	本企业账面结存金额	对方账面结存金额	清查结果		差异金额及原因分析				备注
			大于对方金额	小于对方金额	未达账项	有争议账项	拒付账项	坏账	

清查人员:　　　　　　　　　　　　　　　　　记账人员:

"往来款项清查报告表"不能作为编制记账凭证、登记账簿的依据,必须在收到往来款项的结算凭证后方可登记入账。通过往来款项的清查,要及时催收应该收回的账款,偿付应该偿还的账款,对呆账与坏账也应及时进行处理。

第三节　财产清查结果的账务处理

财产清查通常会产生以下三种结果：一是实存数与账存数一致；二是实存数大于账存数，称为盘盈；三是实存数小于账存数，称为盘亏。值得注意的是，即使账实相符，但实存的财产物资如已丧失了使用价值（称为毁损），视同盘亏处理。对于财产清查中发现的盘盈、盘亏、毁损、变质和超储积压等问题，企业应核实数额，查找原因，明确责任，并按有关政策、制度的规定及时进行处理。

一、财产清查结果的处理原则

（一）查明财产物资盘盈、盘亏的原因及责任

对于财产清查中发现的盘盈、盘亏、毁损等情况，企业应认真分析、查明账实不符的原因，明确经济责任，提出处理意见，并按规定程序报送有关领导和部门审批。一般来说，对于定额内的或自然原因引起的盈亏，办理手续后应及时进行转账处理；对于人为原因造成的损失应由个人赔偿；对于贪污盗窃事件应报送有关部门处理；对于已投保的损失应向保险公司索赔。

（二）及时处理积压物资和往来款项

在财产清查以后，企业应当全面检查物资的储备情况，储备不足的应及时补充；对于多余、积压的物资应当查明原因分别进行处理；对于长期没能结清的债权债务等往来款项，应按照国家法规及相关合同的规定，并指定专人与对方研究解决，或者提请有关部门仲裁。

（三）及时调整账簿，保证账实相符

对于财产清查中发现的各种盘盈、盘亏，企业应在核准数字、查明原因的基础上，根据财产盈亏报告单编制记账凭证，及时调整账簿记录。即使是在调查核实等待处理的过程中，也应将其作为待处理账项在账面上反映，以保证各项财产物资做到账实相符。

（四）总结经验教训，建立健全财产管理制度

在财产清查以后，企业不仅要及时处理账务问题以保证账实相符，更重要的是积极总结经验教训，提出工作改进措施，加强财产管理，建立、健全和完善财产管理制度，从根本上保证财产物资的安全和完整，使财产清查工作能够发挥更大的作用。

二、财产清查结果的处理程序

（一）审批前的处理程序

审批之前，企业应根据已查明属实的财产物资盘盈、盘亏、毁损等数字，根据清查中取得的原始凭证（如"实存账存对比表"）填制记账凭证，据以登记有关账簿，调整账簿记录，使各项财产物资的实存数与账存数完全一致。调整账簿记录的原则是：以"实存"为准，当盘盈时，补充账面记录；当盘亏时，冲销账面记录。在调整了账面记录，确保了账实相符之后，将财产清查结果按照规定程序报送有关领导和部门批准。

(二)审批后的处理程序

当有关领导部门对所呈报的财产清查结果提出处理意见之后,企业应严格按照批复意见编制记账凭证,登记有关账簿,进行审批后的账务处理,并追回由于责任者个人原因所造成的财产损失,或对投保财产向保险公司索赔。财产清查结果的账务处理应于结账前处理完毕。

三、财产清查结果的账务处理

(一)实物资产清查结果的账务处理

为了对实物资产的清查结果进行账务处理,企业应设置"待处理财产损溢"总分类账户,专门核实财产清查过程中查明的各项实物资产的盘盈、盘亏、毁损及其经批准后的转销处理情况。"待处理财产损溢"属于资产类账户,但从其核算的内容(盘盈与盘亏)来看,又具有双重性质。该账户的借方登记发生的待处理财产物资盘亏和毁损金额,以及经批准后转销的财产物资盘盈金额;贷方登记发生的待处理财产物资盘盈金额,以及经批准后转销的财产物资盘亏和毁损金额。

企业由于财产清查而记入"待处理财产损溢"账户的盘盈、盘亏或毁损金额,应于期末结账前查明原因,并根据管理权限,报经有关领导部门批准后,在期末结账前处理完毕。处理前如出现借方余额,表示尚未批准处理的待处理财产物资净损失;如出现贷方余额,表示尚未批准处理的待处理财产物资净溢余;期末批准处理后该账户无余额。若在期末结账前尚未批准的,在对外提供财务报表时,先按相关规定进行处理,并在财务报表附注中作出说明;如果其后批准处理的金额与已经处理的金额不一致,则调整财务报表相关项目的年初数。

"待处理财产损溢"账户可按盘盈、盘亏的实物资产种类和项目进行明细核算,通常下设"待处理流动资产损溢"和"待处理固定资产损溢"两个明细账户。"待处理财产损溢"账户的基本结构见表9-8。

表 9-8　　　　　　　　　　　　待处理财产损溢账户

借方	贷方
发生额:清查确定的待处理财产损溢的盘亏和毁损数额 经批准后转销的财产物资的盘盈数额	发生额:清查确定的待处理财产损溢的盘盈数额 经批准后转销的财产物资的盘亏和毁损数额
期末余额:尚未批准处理的待处理财产物资净损失额	期末余额:尚未批准处理的待处理财产物资净溢余额

1. 存货清查结果的账务处理

企业存货发生盘盈、盘亏或毁损,在报经有关部门批准之前,首先通过"待处理财产损溢——待处理流动资产损溢"账户进行核算,然后根据不同的情况进行相应的处理。

1)存货盘盈的账务处理

财产清查中发生盘盈的存货,在报经批准前,要先根据"实存账存对比表"及时办理盘盈存货的入账手续,调整存货账面记录,借记"原材料""产成品""库存商品"等账户,贷记"待处理财产损溢——待处理流动资产损溢"账户;报经有关部门批准转销后,冲减管理费用,借记"待处理财产损溢——待处理流动资产损溢"账户,贷记"管理费用"账户。

【例 9-2】 某企业在财产清查中发现一批甲材料盘盈 5 000 元。

在报经批准前,根据"实存账存对比表"记录的甲材料盘盈数,编制会计分录为:

借:原材料——甲材料　　　　　　　　　　　　　　　　　　　　　5 000
　　贷:待处理财产损溢——待处理流动资产损溢　　　　　　　　　　　　5 000

经查明,盘盈的甲材料是由计量上的差错引起的,在报经批准后,冲减当期的管理费用,编制会计分录为:

借:待处理财产损溢——待处理流动资产损溢　　　　　　　　　　　　5 000
　　贷:管理费用　　　　　　　　　　　　　　　　　　　　　　　　　5 000

2) 存货盘亏的账务处理

财产清查中发生盘亏的存货,在报经批准前,要先根据"实存账存对比表"及时调整存货账面记录,借记"待处理财产损溢——待处理流动资产损溢"账户,贷记"原材料""产成品""库存商品"等账户;报经有关部门批准后,根据造成存货盘亏或毁损的原因,分别按以下情况进行处理。

(1) 属于定额内的存货自然损耗,报经批准后,借记"管理费用"账户,贷记"原材料""产成品""库存商品"等账户;

(2) 属于计量收发差错和管理不善等原因造成的存货短缺与毁损,能够收回的残料价值,借记"原材料"或"银行存款"等账户;能够确定过失人的,按可收回的过失人赔偿金额,借记"其他应收款——××"账户;属于保险责任范围的,按可收回的保险赔偿金额,借记"其他应收款——××保险公司"账户;扣除残料价值、过失人赔偿金额、保险公司赔偿金额之后的部分,作为净损失,借记"管理费用",同时将原记入"待处理财产损溢——待处理流动资产损溢"账户借方的金额予以转销,贷记"待处理财产损溢——待处理流动资产损溢"账户。

(3) 属于自然灾害或意外事故等非常原因造成的存货毁损,按可收回的残料价值、过失人赔偿金额和保险赔偿金额,借记"原材料"或"银行存款""其他应收款——××"账户,将净损失借记"营业外支出"账户,同时贷记"待处理财产损溢——待处理流动资产损溢"账户。

【例 9-3】 某企业在财产清查中发现一批乙材料盘亏 8 500 元。

在报经批准前,根据"实存账存对比表"记录的乙材料盘亏数,编制会计分录为:

借:待处理财产损溢——待处理流动资产损溢　　　　　　　　　　　　8 500
　　贷:原材料——乙材料　　　　　　　　　　　　　　　　　　　　　8 500

经查明,盘亏的乙材料是定额内的自然损耗,属于正常损失,在报经批准后,编制会计分录为:

借：管理费用	8 500
贷：待处理财产损溢——待处理流动资产损溢	8 500

若盘亏的乙材料由管理人员保管不当造成,应由相应的负责人赔偿损失,在报经批准后,编制会计分录为:

借：其他应收款——××（职工）	8 500
贷：待处理财产损溢——待处理流动资产损溢	8 500

若盘亏的乙材料由自然灾害造成,可收回残料价值 1 500 元,已入库,可从保险公司取得赔偿金额 4 000 元,在报经批准后,编制会计分录为:

借：原材料	1 500
其他应收款——××保险公司	4 000
营业外支出	3 000
贷：待处理财产损溢——待处理流动资产损溢	8 500

2. 固定资产清查结果的账务处理

固定资产清查结果的处理程序与存货基本相同,但也有所区别。固定资产的实地盘点工作一般是将固定资产卡片与固定资产实物相核对,若出现账实不符,应编制“固定资产盘盈、盘亏报告表”,作为清查结果会计处理的依据。

1) 固定资产盘盈的账务处理

在财产清查中发生盘盈的固定资产,经查确属本企业所有,会计处理时作前期差错处理。在报经批准前,应根据“固定资产盘盈、盘亏报告表”填制固定资产交接凭证,按重置价值作为原始成本,借记“固定资产”账户,按固定资产的新旧程度估计已提折旧,贷记“累计折旧”账户,按重置价值减去累计折旧的差额,贷记“以前年度损益调整”账户;在报经有关部门批准后,采用追溯重述法进行更正,借记“以前年度损益调整”账户,贷记“利润分配——未分配利润”账户。具体内容见《中级财务会计》教材的“会计差错更正”章节。

【例 9-4】 某企业在财产清查中发现账外一台三成新的机器,重置价值为 10 000 元,估计已提折旧 7 000 元。

在报经批准前,根据“固定资产盘盈、盘亏报告表”的记录,编制会计分录为:

借：固定资产	10 000
贷：累计折旧	7 000
以前年度损益调整	3 000

在报经批准后,采用追溯重述法进行更正,作为企业的未分配利润的增加处理,编制会计分录为:

借：以前年度损益调整	3 000
贷：利润分配——未分配利润	3 000

2) 固定资产盘亏的账务处理

在财产清查中发生盘亏的固定资产,在报经批准前,要先根据“固定资产盘盈、盘亏报告表”,按盘亏固定资产的净值,借记“待处理财产损溢——待处理固定资产损溢”账户,按累计的已提折旧,借记"累计折旧"账户,按盘亏固定资产的原值,贷记"固定资产"账户;报经有关部门批准转销后,按过失人赔偿金额和保险赔偿金额,借记"其他应收款——××"账户,按盘亏固定资产净值扣除过失人和保险赔偿金额后的差额,借记"营业外支出——固定资产盘亏损失"账户,贷记"待处理财产损溢——待处理固定资产损溢"账户。

【例 9-5】 某企业在财产清查中发现盘亏设备一台,原值 36 000 元,已提折旧 12 000 元。

在报经批准前,根据"固定资产盘盈、盘亏报告表"的记录,编制会计分录为:

借:待处理财产损溢——待处理固定资产损溢   24 000
    累计折旧   12 000
    贷:固定资产   36 000

经查明,盘亏设备由管理人员过失造成,应由过失人赔偿 5 000 元,保险公司赔偿 18 000 元,经报批准后转销,编制会计分录为:

借:其他应收款——××(职工)   5 000
    ——××保险公司   18 000
  营业外支出——固定资产盘亏损失   1 000
    贷:待处理财产损溢——待处理固定资产损溢   24 000

此外,对于财产清查中出现毁损的固定资产,属于固定资产的处置,则通过"固定资产清理"账户核算,不需要通过"待处理财产损溢——待处理固定资产损溢"账户核算。

（二）货币资金清查结果的账务处理

1. 库存现金清查结果的账务处理

企业每日营业终了结算库存现金收支或在财产清查中发现库存现金短缺或溢余,除设法查明原因之外,还应及时根据"库存现金盘点报告表"进行会计处理。在报经有关部门批准之前,首先通过"待处理财产损溢——待处理流动资产损溢"账户进行核算。

1）库存现金盘盈的账务处理

财产清查中发生盘盈的库存现金,在报经批准前,要先根据"库存现金盘点报告表"的溢余金额,借记"库存现金"账户,贷记"待处理财产损溢——待处理流动资产损溢"账户;报经有关部门批准转销后,属于应支付给相关人员或单位的库存现金溢余,借记"待处理财产损溢——待处理流动资产损溢"账户,贷记"其他应付款——应付库存现金溢余(××个人或单位)"账户;属于无法查明原因的库存现金溢余,借记"待处理财产损溢——待处理流动资产损溢"账户,贷记"营业外收入——库存现金溢余"账户。

【例 9-6】 某企业某日在库存现金清查中发现现金溢余 500 元,原因待查。

在报经批准前,根据"库存现金盘点报告表"所确定的库存现金盘盈数额,编制会计分录为:

借:库存现金   500
    贷:待处理财产损溢——待处理流动资产损溢   500

在报经批准后,其中 300 元属于少付给职工王某的款项、200 元无法查明原因,编制会计分录为：

借：待处理财产损溢——待处理流动资产损溢　　　　　　　　　　　　　500
　　贷：其他应付款——应付现金溢余（王某）　　　　　　　　　　　　　300
　　　　营业外收入——库存现金溢余　　　　　　　　　　　　　　　　　200

2）库存现金盘亏的账务处理

财产清查中发生盘亏的库存现金，在报经批准前，要先根据"库存现金盘点报告表"的短缺金额，借记"待处理财产损溢——待处理流动资产损溢"账户，贷记"库存现金"账户；报经有关部门批准转销后，属于应由责任人或责任单位赔偿的部分，借记"其他应收款——应收库存现金短缺款（××个人或单位）"账户，贷记"待处理财产损溢——待处理流动资产损溢"账户；属于无法查明原因的库存现金短缺，借记"管理费用——库存现金短缺"账户，贷记"待处理财产损溢——待处理流动资产损溢"账户。

【例9-7】　某企业某日在库存现金清查中发现现金短缺300元，原因待查。

在报经批准前，根据"库存现金盘点报告表"所确定的库存现金盘亏数额，编制会计分录为：

借：待处理财产损溢——待处理流动资产损溢　　　　　　　　　　　　　300
　　贷：库存现金　　　　　　　　　　　　　　　　　　　　　　　　　　300

在报经批准后，其中：200元由职工张某的过失造成，应予以赔偿；100元无法查明原因，编制会计分录为：

借：其他应收款——应收库存现金短缺款（张某）　　　　　　　　　　　　200
　　管理费用——库存现金短缺　　　　　　　　　　　　　　　　　　　　100
　　贷：待处理财产损溢——待处理流动资产损溢　　　　　　　　　　　　300

2. 银行存款清查结果的账务处理

银行存款清查时，将企业的银行存款日记账与银行送来的对账单进行核对。通过核对，如果发现企业的银行存款日记账有错账、漏账，则应立即加以纠正；如果发现银行错账、漏账，则应及时通知银行查明更正。对于发现的未达账项，则通过编制"银行存款余额调节表"进行调节，但无需对未达账项作账面调整，待结算凭证到达后再进行账务处理。因此，这里不再专门介绍银行存款清查结果的账务处理。

（三）往来款项清查结果的账务处理

企业在财产清查中，对于往来款项应采取函证核对法，向对方单位发送对账单来证明账面记录的真实性。如果发现长期挂账、数额不清的往来款项，要及时根据"往来款项清查报告表"进行会计处理。需要进行调整的账项，不必通过"待处理财产损溢"账户，但进行账项调整前必须经过有关部门和领导的审批，特别是确认坏账损失放弃债权时，必须经过慎重调查与论证，会计人员不能擅自确认坏账损失，防止营私舞弊，保证企业债权债务真实可靠。

1. 应收账款清查结果的账务处理

企业在财产清查过程中，对于长期应收而未收的应收账款，应查明原因，积极催收。

如果发现确实无法回收的应收账款,即坏账损失,在报经批准前不作账务处理,无需通过"待处理财产损溢"账户进行核算。在报经有关部门批准后,对于确认发生的坏账损失,如果企业已经提取了坏账准备,应在原来账面记录的基础上进行转销处理,冲减坏账准备金,借记"坏账准备"账户,贷记"应收账款"账户;如果企业没有提取坏账准备金,则直接借记"管理费用"账户,贷记"应收账款"账户。

【例 9-8】 某企业在财产清查中发现有一笔 70 000 元的货款,债务人已经破产,货款无法收回,企业已全额计提坏账准备。

在报经批准后,根据"往来款项清查报告表"的记录与处理意见,编制会计分录为:

借:坏账准备   70 000
  贷:应收账款——××单位   70 000

如果该企业未计提坏账准备,在报经批准后,编制会计分录为:

借:管理费用   70 000
  贷:应收账款——××单位   70 000

2. 应付账款清查结果的账务处理

企业在财产清查过程中,对于长期应付而未付的应付账款,应查明原因,及时支付。如果发现确实无法支付的应付账款,在报经批准前不作账务处理,无需通过"待处理财产损溢"账户进行核算。在报经有关部门批准后,按应付账款的金额直接借记"应付账款"账户,贷记"营业外收入"账户。

【例 9-9】 某企业在财产清查中发现有一笔无法支付的 60 000 元账款,经查实,对方单位已经撤销,在报经批准后作销账处理。

在报经批准后,根据"往来款项清查报告表"的记录与处理意见,编制会计分录为:

借:应付账款——××单位   60 000
  贷:营业外收入   60 000

第十章 账务处理程序

第一节 账务处理程序概述

一、账务处理程序的概念及作用

账务处理程序又称为会计核算组织程序或会计核算形式,是指会计数据的记录、归类、汇总、呈报的步骤和方法,即从原始凭证的整理、汇总,记账凭证的填制、汇总,日记账、明细分类账、总分类账的登记,到财务报表编制的步骤和方法。

在会计工作中,作为会计核算专门方法的会计凭证、会计账簿和财务报表等,彼此之间不是孤立存在、互不相关的,而是相互联系、相互依存的关系。

经济业务发生后,要根据经济业务的发生情况编制会计凭证,根据会计凭证登记账簿,根据账簿资料和其他有关资料编制会计报表,这是一个连续不断、循环周转的过程。为了连续、系统、全面、综合地反映本企业的实际情况,按照统一会计制度的基本要求,明确本企业需要或应使用哪些会计凭证和会计账簿,编制哪些会计报表,如何把凭证、账簿和报表有机结合起来,这就要求企业选择适合自身经济管理需要的、能够反映本企业经济活动全过程的会计核算组织程序。

账务处理程序的作用有如下几个。

(1) 有利于科学地组织本单位的会计核算工作以保证会计数据的整个处理过程有条不紊地进行,保证会计记录正确、及时、完整。

(2) 可以迅速编制会计报表,提高会计核算工作的效率。

(3) 可以保证迅速形成财务信息,提高会计核算资料的质量,为企业的经营管理提供准确的财务资料。

(4) 可以减少不必要的核算环节和手续,避免重复,提高会计核算工作的效率。

二、设计账务处理程序的要求

为了保证会计指标在全国范围内的口径一致,便于会计资料的汇总和分析利用,财政部已规定了若干种全国统一的会计核算组织程序,各企业应根据各自的实际情况设置适合本企业的会计核算组织程序。具体而言,合理的账务处理程序,一般应符合以下要求:

(1) 适合本企业的业务性质、规模大小、繁简程度、经营管理的要求和特点,有利于加强会计核算工作的分工协作,有利于落实会计核算工作的岗位责任制。

(2) 能正确、及时、完整地提供本企业经营管理和国民经济宏观调控所需要的各种必要的会计核算资料。

（3）在保证会计核算工作质量的前提下，力求简化核算手续，节约人力和物力，降低核算费用，提高会计核算工作效率。

三、账务处理程序的种类

由于各企业的规模大小、经济业务的管理要求不同，在选用会计核算组织程序时不能强求一致。不同的单位可以采用不同的会计核算组织程序。在会计实务中，根据登记总分类账的依据和方法的不同，将会计核算组织程序划分为以下几种。

（1）记账凭证账务处理程序。

（2）科目汇总表账务处理程序。

（3）汇总记账凭证账务处理程序。

（4）日记总账账务处理程序。

（5）多栏式日记账账务处理程序。

以上几种账务处理程序有很多相同点，但也有区别，其主要的区别在于登记总分类账的依据和方法不同。在我国，常用的账务处理程序主要有记账凭证账务处理程序、科目汇总表账务处理程序和汇总记账凭证账务处理程序。

第二节　记账凭证账务处理程序

一、记账凭证账务处理程序的概念和特点

记账凭证账务处理程序是指对所发生的经济业务，都要以原始凭证或原始凭证汇总表编制记账凭证，根据记账凭证逐笔登记总分类账，并定期编制财务报表的一种账务处理程序。

记账凭证账务处理程序的主要特点是：直接根据记账凭证，逐笔登记总分类账。记账凭证账务处理程序是所有会计核算程序中最基本的一种组织程序，也是其他各种账务处理程序的基础。

二、记账凭证账务处理程序中凭证和账簿的设置

采用记账凭证账务处理程序时，记账凭证可以采用通用格式，也可以分别采用收款凭证、付款凭证和转账凭证三种格式；账簿组织一般应设置日记账（包括现金日记账和银行存款日记账）、总分类账和各种明细分类账。日记账和总分类账均可采用三栏式；明细分类账可根据需要采用三栏式、数量金额式和多栏式。

三、记账凭证财务处理程序的处理流程

记账凭证财务处理程序的处理步骤如下。

（1）根据原始凭证或原始凭证汇总表编制记账凭证。记账凭证可以根据实际情况选用收款凭证、付款凭证和转账凭证，也可以直接选用通用记账凭证。

（2）根据收款凭证和付款凭证逐日逐笔登记现金日记账和银行存款日记账。

（3）根据原始凭证、原始凭证汇总表、记账凭证逐笔登记各类明细账。

（4）根据记账凭证逐笔登记总分类账。

（5）月末，将现金日记账、银行存款日记账、各类明细账的余额合计数分别与相关总分类账账户的余额进行核对。

（6）月末，根据总分类账和明细分类账编制会计报表。

上述步骤如图10-1所示。

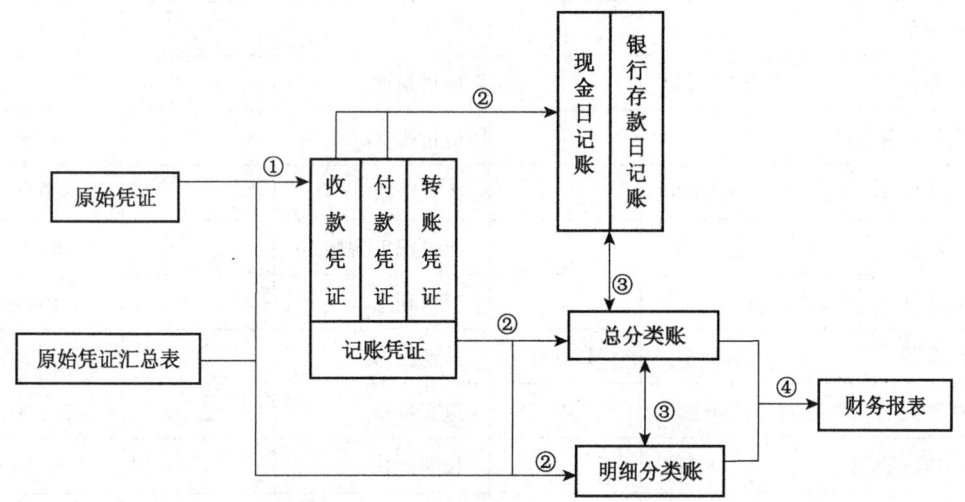

注：①填制记账凭证；②登记账簿；③对账；④编制报表。

图10-1　记账凭证账务处理程序步骤图

四、记账凭证账务处理程序的优缺点及适用范围

记账凭证账务处理程序的优点主要有以下几点。

（1）账务处理程序简单明了，手续简便，方法简易，易于理解和掌握。

（2）总分类账能详细记录和反映经济业务的发生和完成情况，便于对会计资料进行分类和检查，对业务较少的科目，总分类账可代替明细分类账。

（3）账户之间的对应关系比较清晰，便于对账和查账。

记账凭证账务处理程序的缺点主要是：因为需要根据记账凭证逐笔登记总分类账，当经济业务发生较多时，登记总分类账的工作量就比较大。

记账凭证账务处理程序一般适用于经营规模较小、经济业务量较少和记账凭证不多的企业。

五、记账凭证账务处理程序举例

现举例说明在记账凭证账务处理程序下，各种记账凭证的填制方法；现金日记账，银行存款日记账、总分类账及有关明细分类账的登记；日记账、明细分类账与总分类账的核对。

【例10-1】　甲公司201×年12月期初的有关资料如下：

该公司为一般纳税人,适用的增值税税率为16%,假设企业所得税税率为25%,有关账户的期初余额见表10-1。

表 10-1 甲公司账户期初余额表

201×年12月 金额单位:元

账户名称	期初余额		账户名称	期初余额	
	借方	贷方		借方	贷方
库存现金	34 000		短期借款		1 000 000
银行存款	2 650 000		应付票据		230 000
交易性金融资产	3 000 000		应付账款		585 000
应收票据	185 000		预收账款		300 000
应收利息	40 000		应付职工薪酬		287 000
应收账款	1 200 000		应付利息		10 000
坏账准备		12 000	其他应付款		3 000
预付账款	200 000		应交税费		375 000
其他应收款	8 000		长期借款		2 000 000
在途物资	100 000		应付债券		1 000 000
原材料	1 480 000		实收资本		12 000 000
其中:A材料	1 000 000		资本公积		1 500 000
B材料	480 000		盈余公积		800 000
库存商品	320 000		本年利润		100 000
其中:甲产品	200 000		未分配利润		220 000
乙产品	120 000				
周转材料	5 000				
固定资产	12 000 000				
累计折旧		1 800 000			
无形资产	1 000 000				
合计	20 410 000		合计		20 410 000

假设201×年12月甲公司发生以下经济业务,其账务处理程序如下。

(一)根据所列经济业务编制记账凭证

(1)2日,收到投资者追加的投资,投入A材料共计5 000千克,每千克200元,总计

1 000 000 元。增值税进项税额 160 000 元,共计 1 160 000 元。材料已验收入库,编制的记账凭证见表 10-2。

表 10-2

转 账 凭 证

201×年 12 月 2 日　　　　　　　　　　　　　　转字第 01 号

摘　要	总账科目	明细科目	借方金额	贷方金额
投资者投入原材料	原材料	A 材料	1 000 000	
	应交税费	应交增值税(进项税额)	160 000	
	实收资本			1 160 000
合　计			1 160 000	1 160 000

会计主管:　　　　　记账:　　　　　稽查:　　　　　制单:

附单据 2 张

(2) 5 日,从乙工厂购入 B 材料 4 000 千克,每千克 100 元,共计 400 000 元。增值税进项税额 64 000 元,共计 464 000 元。材料已验收入库,材料款及税款以转账支票付讫,编制的记账凭证见表 10-3(注:为处理业务简单,将采购材料直接记入"原材料"账户)。

表 10-3

付 款 凭 证

贷方科目:银行存款　　　　　201×年 12 月 5 日　　　　　银付字第 01 号

摘　要	借方科目		金额	记账符号
	总账科目	明细科目		
购入原材料	原材料	B 材料	400 000	
	应交税费	应交增值税(进项税额)	64 000	
合　计			464 000	

会计主管:　　　记账:　　　稽查:　　　出纳:　　　制单:

附单据 3 张

(3) 10 日,车间及行政管理部门领用各种材料汇总如下:生产甲产品领用 A 材料 3 000 千克,金额 600 000 元;领用 B 材料 1 000 千克,金额 100 000 元。生产乙产品领用 A 材料 2 000 千克,金额 400 000 元;领用 B 材料 1 000 千克,金额 100 000 元。生产车间领用 A 材料 1 000 千克,金额 200 000 元;领用 B 材料 1 500 千克,金额 150 000 元。行政管理部门领用 A 材料 100 千克,金额 20 000 元;领用 B 材料 200 千克,金额 20 000 元,编制的记账凭证见表 10-4。

表 10-4   转 账 凭 证

201×年 12 月 10 日   转字第 02 号

摘　要	总账科目	明细科目	借方金额	贷方金额
领用原材料	生产成本	甲产品	700 000	
		乙产品	500 000	
	制造费用	材料费	350 000	
	管理费用	材料费	40 000	
	原材料	A 材料		1 220 000
		B 材料		370 000
合计			1 590 000	1 590 000

附单据 1 张

会计主管：　　　　　记账：　　　　　稽查：　　　　　制单：

（4）10 日，采购员李某预借差旅费 6 000 元，经审核原始凭证后以现金付讫，编制的记账凭证见表 10-5。

表 10-5   付 款 凭 证

贷方科目：库存现金　　　　　201×年 12 月 10 日　　　　　现付字第 01 号

摘　要	借方科目		金额	记账符号
	总账科目	明细科目		
李某借差旅费	其他应收款	李某	6 000	
合计			6 000	

附单据 1 张

会计主管：　　　　　记账：　　　　　稽查：　　　　　出纳：　　　　　制单：

（5）10 日，销售甲产品 40 台，每台售价 4 000 元，销售乙产品 30 台，每台售价 5 000 元，共计货款 310 000 元，增值税销项税额 49 600 元，收到购货单位转账支票一张，共计 359 600 元，交存银行，编制的记账凭证见表 10-6。

表 10-6   收 款 凭 证

借方科目：银行存款　　　　　201×年 12 月 10 日　　　　　银收字第 01 号

摘　要	贷方科目		金额	记账符号
	总账科目	明细科目		
销售产品	主营业务收入	甲产品	160 000	
		乙产品	150 000	
	应交税费	应交增值税（销项税额）	49 600	
合计			359 600	

附单据 2 张

会计主管：　　　　　记账：　　　　　稽查：　　　　　出纳：　　　　　制单：

（6）11 日，收到丙公司的违约金 6 350 元，已交存银行，编制的记账凭证见表10-7。

表 10-7　　　　　　　　　　　　　**收 款 凭 证**

借方科目:银行存款　　　　　　　201×年 12 月 11 日　　　　　　　　银收字第 02 号

摘　要	贷方科目		金额	记账符号
	总账科目	明细科目		
收存违约金	营业外收入	违约金	6 350	
合计			6 350	

附单据 1 张

会计主管:　　　　记账:　　　　稽查:　　　　出纳:　　　　制单:

（7）12 日，从银行提取现金160 000 元，并以现金 160 000 元发放上月工资，编制的记账凭证见表 10-8、表 10-9。

表 10-8　　　　　　　　　　　　　**付 款 凭 证**

贷方科目:银行存款　　　　　　　201×年 12 月 12 日　　　　　　　　银付字第 02 号

摘　要	借方科目		金额	记账符号
	总账科目	明细科目		
提取现金	库存现金		160 000	
合计			160 000	

附单据 1 张

会计主管:　　　　记账:　　　　稽查:　　　　出纳:　　　　制单:

表 10-9　　　　　　　　　　　　　**付 款 凭 证**

贷方科目:库存现金　　　　　　　201×年 12 月 12 日　　　　　　　　现付字第 02 号

摘　要	借方科目		金额	记账符号
	总账科目	明细科目		
发放工资	应付职工薪酬	工资	160 000	
合计			160 000	

附单据 1 张

会计主管:　　　　记账:　　　　稽查:　　　　出纳:　　　　制单:

（8）15 日，销售库存的 A 材料 100 千克，收到银行存款 20 880 元，其中增值税税额 2 880 元，该材料账面成本 20 000 元，编制的记账凭证见表 10-10、表 10-11。

表 10-10　　　　　　　　　**收 款 凭 证**

借方科目:银行存款　　　　　　201×年 12 月 15 日　　　　　　银收字第 03 号

摘　要	贷方科目		金额	记账符号
	总账科目	明细科目		
销售原材料	其他业务收入	A 材料	18 000	
	应交税费	应交增值税(销项税额)	2 880	
合计			20 880	

会计主管:　　　　　记账:　　　　　稽查:　　　　　出纳:　　　　　制单:

附单据 2 张

表 10-11　　　　　　　　　**转 账 凭 证**

201×年 12 月 15 日　　　　　　转字第 03 号

摘　要	总账科目	明细科目	借方金额	贷方金额
结转原材料成本	其他业务成本	A 材料	20 000	
	原材料	A 材料		20 000
合计			20 000	20 000

会计主管:　　　　　记账:　　　　　稽查:　　　　　制单:

附单据 1 张

(9) 16 日,采购员李某回公司报销差旅费 5 000 元,并退回现金 1 000 元,编制的记账凭证见表 10-12、表 10-13。

表 10-12　　　　　　　　　**收 款 凭 证**

借方科目:库存现金　　　　　　201×年 12 月 16 日　　　　　　现收字第 01 号

摘　要	贷方科目		金额	记账符号
	总账科目	明细科目		
退回现金	其他应收款	李某	1 000	
合计			1 000	

会计主管:　　　　　记账:　　　　　稽查:　　　　　出纳:　　　　　制单:

附单据 1 张

表 10-13　　　　　　　　　　　　　**转 账 凭 证**

201×年 12 月 16 日　　　　　　　　　　　转字第 04 号

摘　要	总账科目	明细科目	借方金额	贷方金额
报销差旅费	管理费用	差旅费	5 000	
	其他应收款	李某		5 000
合计			5 000	5 000

附单据 1 张

会计主管：　　　　　记账：　　　　　稽查：　　　　　制单：

（10）17 日，以银行存款 10 000 元支付报社广告费，编制的记账凭证见表10-14。

表 10-14　　　　　　　　　　　　　**付 款 凭 证**

贷方科目：银行存款　　　　　　　201×年 12 月 17 日　　　　　　　银付字第 03 号

摘　要	借方科目		金额	记账符号
	总账科目	明细科目		
支付广告费	销售费用	广告费	10 000	
合计			10 000	

附单据 1 张

会计主管：　　　　　记账：　　　　　稽查：　　　　　出纳：　　　　　制单：

（11）18 日，开出支票支付本月水电费 18 000 元。其中：生产甲产品耗用 8 000 元，生产乙产品耗用 7 000 元，生产车间照明耗用 1 000 元，行政管理部门耗用 2 000 元，编制的记账凭证见表 10-15。

表 10-15　　　　　　　　　　　　　**付 款 凭 证**

贷方科目：银行存款　　　　　　　201×年 12 月 18 日　　　　　　　银付字第 04 号

摘　要	借方科目		金额	记账符号
	总账科目	明细科目		
支付水电费	生产成本	甲产品	8 000	
		乙产品	7 000	
	制造费用		1 000	
	管理费用		2 000	
合计			18 000	

附单据 2 张

会计主管：　　　　　记账：　　　　　稽查：　　　　　出纳：　　　　　制单：

（12）19 日，以现金 800 元支付生产车间办公费，编制的记账凭证见表10-16。

表 10-16　　　　　　　　　　　**付 款 凭 证**

贷方科目:库存现金　　　　　　201×年 12 月 19 日　　　　　　现付字第 03 号

摘　要	借方科目		金额	记账符号
	总账科目	明细科目		
支付车间办公费	制造费用	办公费	800	
合计			800	

会计主管:　　　　　记账:　　　　　稽查:　　　　　出纳:　　　　　制单:

附单据 1 张

（13）20 日，开出 3 600 元的转账支票支付下一年度报刊费，编制的记账凭证见表10-17。

表 10-17　　　　　　　　　　　**付 款 凭 证**

贷方科目:银行存款　　　　　　201×年 12 月 20 日　　　　　　银付字第 05 号

摘　要	借方科目		金额	记账符号
	总账科目	明细科目		
支付下一年度报刊费	预付账款	报刊订阅	3 600	
合计			3 600	

会计主管:　　　　　记账:　　　　　稽查:　　　　　出纳:　　　　　制单:

附单据 2 张

（14）21 日，从银行取得短期借款 500 000 元，存入银行，编制的记账凭证见表10-18。

表 10-18　　　　　　　　　　　**收 款 凭 证**

借方科目:银行存款　　　　　　201×年 12 月 21 日　　　　　　银收字第 04 号

摘　要	贷方科目		金额	记账符号
	总账科目	明细科目		
从银行取得贷款	短期借款		500 000	
合计			500 000	

会计主管:　　　　　记账:　　　　　稽查:　　　　　出纳:　　　　　制单:

附单据 1 张

（15）23 日，本月应收出租固定资产租金 4 000 元，款项尚未收到，编制的记账凭证见表10-19。

表 10-19

转 账 凭 证

201×年 12 月 23 日　　　　　　　　　　　转字第 05 号

摘　要	总账科目	明细科目	借方金额	贷方金额
租金收入	其他应收款		4 000	
	其他业务收入			4 000
合　计			4 000	4 000

会计主管：　　　记账：　　　稽查：　　　制单：

（16）31 日，计算本月应付职工工资。其中：甲产品生产人员的工资 50 000 元,乙产品生产人员的工资 60 000 元,车间管理人员的工资 20 000 元,企业行政管理人员的工资 30 000 元,共计 160 000 元,编制的记账凭证见表 10-20。

表 10-20

转 账 凭 证

201×年 12 月 31 日　　　　　　　　　　　转字第 06 号

摘　要	总账科目	明细科目	借方金额	贷方金额
分配工资	生产成本	甲产品	50 000	
		乙产品	60 000	
	制造费用		20 000	
	管理费用		30 000	
	应付职工薪酬	工资		160 000
合　计			160 000	160 000

会计主管：　　　记账：　　　稽查：　　　制单：

（17）31 日,按工资总额的 14％计提本月职工福利费,编制的记账凭证见表 10-21。

表 10-21

转 账 凭 证

201×年 12 月 31 日　　　　　　　　　　　转字第 07 号

摘　要	总账科目	明细科目	借方金额	贷方金额
计提福利费	生产成本	甲产品	7 000	
		乙产品	8 400	
	制造费用		2 800	
	管理费用		4 200	
	应付职工薪酬	福利费		22 400
合　计			22 400	22 400

会计主管：　　　记账：　　　稽查：　　　制单：

（18）31 日,按规定的折旧率计提本月固定资产折旧费 28 000 元。其中:生产车间使用固定资产计提折旧 26 000 元,行政管理部门使用固定资产计提折旧 2 000 元,编制的记账凭证见表 10-22。

表 10-22

转 账 凭 证

201×年 12 月 31 日   转字第 08 号

摘　要	总账科目	明细科目	借方金额	贷方金额	
计提折旧	制造费用	折旧费	26 000		附单据1张
	管理费用	折旧费	2 000		
	累计折旧			28 000	
合计			28 000	28 000	

会计主管:　　　　记账:　　　　　　稽查:　　　　　制单:

（19）31 日,计提应由本月负担的短期借款利息 750 元,编制的记账凭证见表 10-23。

表 10-23

转 账 凭 证

201×年 12 月 31 日   转字第 09 号

摘　要	总账科目	明细科目	借方金额	贷方金额	
计提贷款利息	财务费用		750		附单据1张
	应付利息			750	
合计			750	750	

会计主管:　　　　记账:　　　　　　稽查:　　　　　制单:

（20）31 日,按计划预提租入固定资产租金 4 000 元。其中,生产车间承担 3 000 元、行政管理部门承担 1 000 元,编制的记账凭证见表 10-24。

表 10-24

转 账 凭 证

201×年 12 月 31 日   转字第 10 号

摘　要	总账科目	明细科目	借方金额	贷方金额	
预提租金	制造费用	租金	3 000		附单据1张
	管理费用	租金	1 000		
	其他应付款	租金		4 000	
合计			4 000	4 000	

会计主管:　　　　记账:　　　　　　稽查:　　　　　制单:

（21）31 日,月末结转应由本月负担的周转材料费用 1 500 元。其中:生产车间承担 1 200 元、行政管理部门承担 300 元,编制的记账凭证见表 10-25。

表 10-25　　　　　　　　　　转 账 凭 证

201×年 12 月 31 日　　　　　　　　转字第 11 号

摘　要	总账科目	明细科目	借方金额	贷方金额
摊销周转材料	制造费用	周转材料费	1 200	
	管理费用	周转材料费	300	
		周转材料		1 500
合　计			1 500	1 500

会计主管：　　　　记账：　　　　　稽查：　　　　　制单：

附单据 1 张

（22）31 日，计算本月发生的制造费用总额 404 800 元，按工资比例分配。其中：甲产品负担 184 000 元、乙产品负担 220 800 元，编制的记账凭证见表 10-26。

表 10-26　　　　　　　　　　转 账 凭 证

201×年 12 月 31 日　　　　　　　　转字第 12 号

摘　要	总账科目	明细科目	借方金额	贷方金额
分配制造费用	生产成本	甲产品	184 000	
		乙产品	220 800	
	制造费用			404 800
合　计			404 800	404 800

会计主管：　　　　记账：　　　　　稽查：　　　　　制单：

附单据 1 张

（23）31 日，甲产品全部完工验收入库，总成本为 949 000 元；乙产品全部完工验收入库，总成本为 796 200 元，编制的记账凭证见表 10-27。

表 10-27　　　　　　　　　　转 账 凭 证

201×年 12 月 31 日　　　　　　　　转字第 13 号

摘　要	总账科目	明细科目	借方金额	贷方金额
完工产品入库	库存商品	甲产品	949 000	
		乙产品	796 200	
	生产成本	甲产品		949 000
		乙产品		796 200
合　计			1 745 200	1 745 200

会计主管：　　　　记账：　　　　　稽查：　　　　　制单：

附单据 1 张

（24）31 日，本月售出甲产品 40 台，单位成本 2 300 元，本月售出乙产品 30 台，单位成本为 3 000 元，结转本月已销售商品的成本，编制的记账凭证见表 10-28。

表 10-28

转 账 凭 证

201×年 12 月 31 日

转字第 14 号

摘　要	总账科目	明细科目	借方金额	贷方金额	
结转销售成本	主营业务成本	甲产品	92 000		附单据1张
		乙产品	90 000		
	库存商品	甲产品		92 000	
		乙产品		90 000	
合计			182 000	182 000	

会计主管：　　　　记账：　　　　　稽查：　　　　　制单：

（25）31 日,计算本月应交城市维护建设税 15 000 元,编制的记账凭证见表 10-29。

表 10-29

转 账 凭 证

201×年 12 月 31 日

转字第 15 号

摘　要	总账科目	明细科目	借方金额	贷方金额	
计算城市维护建设税	税金及附加		15 000		附单据1张
	应交税费	应交城建税		15 000	
合计			15 000	15 000	

会计主管：　　　　记账：　　　　　稽查：　　　　　制单：

（26）31 日,结转本月有关损益类账户发生额,计算利润总额,编制的记账凭证见表 10-30、表 10-31。

表 10-30

转 账 凭 证

201×年 12 月 31 日

转字第 16 号

摘　要	总账科目	明细科目	借方金额	贷方金额	
结转费用	本年利润		312 250		附单据0张
	主营业务成本	甲产品		92 000	
		乙产品		90 000	
	其他业务成本			20 000	
	管理费用			84 500	
	销售费用			10 000	
	财务费用			750	
	税金及附加			15 000	
合计			312 250	312 250	

会计主管：　　　　记账：　　　　　稽查：　　　　　制单：

表 10-31

转 账 凭 证

201×年 12 月 31 日　　　　　　　　　　　　转字第 17 号

摘　要	总账科目	明细科目	借方金额	贷方金额
结转收益	主营业务收入		310 000	
	其他业务收入		22 000	
	营业外收入		6 350	
	本年利润			338 350
合计			338 350	338 350

会计主管：　　　　　记账：　　　　　稽查：　　　　　制单：

附单据 0 张

（27）31 日,计算并结转本月应缴纳的所得税(假设无纳税调整事项)。

$$(338\ 350 - 312\ 250) \times 25\% = 6\ 525(元)$$

编制的记账凭证见表 10-32、10-33。

表 10-32

转 账 凭 证

201×年 12 月 31 日　　　　　　　　　　　　转字第 18 号

摘　要	总账科目	明细科目	借方金额	贷方金额
计算所得税	所得税费用		6 525	
	应交税费	应交所得税		6 525
合计			6 525	6 525

会计主管：　　　　　记账：　　　　　稽查：　　　　　制单：

附单据 1 张

表 10-33

转 账 凭 证

201×年 12 月 31 日　　　　　　　　　　　　转字第 19 号

摘　要	总账科目	明细科目	借方金额	贷方金额
结转所得税	本年利润		6 525	
	所得税费用			6 525
合计			6 525	6 525

会计主管：　　　　　记账：　　　　　稽查：　　　　　制单：

附单据 0 张

（28）31 日,计算并结转本年利润,编制的记账凭证见表 10-34。

表 10-34

转 账 凭 证

201×年 12 月 31 日　　　　　　　　　　　　转字第 20 号

摘　要	总账科目	明细科目	借方金额	贷方金额
结转本年利润	本年利润		119 575	
	利润分配	未分配利润		119 575
合　计			119 575	119 575

会计主管：　　　　记账：　　　　　稽查：　　　　　制单：

附单据 0 张

（29）31 日，按当年净利润的 10％计提法定盈余公积，编制的记账凭证见表 10-35。

计提的法定盈余公积＝119 575×10％＝11 957.5(元)

表 10-35

转 账 凭 证

201×年 12 月 31 日　　　　　　　　　　　　转字第 21 号

摘　要	总账科目	明细科目	借方金额	贷方金额
计提法定盈余公积金	利润分配	计提法定盈余公积	11 957.5	
	盈余公积	法定盈余公积		11 957.5
合　计			11 957.5	11 957.5

会计主管：　　　　记账：　　　　　稽查：　　　　　制单：

附单据 1 张

（30）31 日，结转利润分配明细项目，编制的记账凭证见表 10-36。

表 10-36

转 账 凭 证

201×年 12 月 31 日　　　　　　　　　　　　转字第 22 号

摘　要	总账科目	明细科目	借方金额	贷方金额
结转利润分配明细项目	利润分配	未分配利润	11 957.5	
	利润分配	计提法定盈余公积		11 957.5
合　计			11 957.5	11 957.5

会计主管：　　　　记账：　　　　　稽查：　　　　　制单：

附单据 0 张

（二）登记日记账

根据所编制的现金收款凭证和现金付款凭证，逐日逐笔登记现金日记账，见表 10-37；

根据所编制的银行存款收款凭证和银行存款付款凭证,逐日逐笔登记银行存款日记账,见表 10-38。

表 10-37　　　　　　　　　　　　现金日记账

201×年		凭证		摘　要	对方科目	借方	贷方	余额
月	日	字	号					
12	1			期初余额				34 000
12	10	现付	01	李某借差旅费	其他应收款		6 000	28 000
12	12	银付	02	提现	银行存款	160 000		188 000
12	12	现付	02	发放工资	应付职工薪酬		160 000	28 000
12	16	现收	01	退回现金	其他应收款	1 000		29 000
12	19	现付	03	支付车间办公费	制造费用		800	28 200
12	31			本月合计		161 000	166 800	28 200

表 10-38　　　　　　　　　　　　银行存款日记账

201×年		凭证		摘　要	对方科目	借方	贷方	余额
月	日	字	号					
12	1			期初余额				2 650 000
12	5	银付	01	购入原材料	原材料 应交税费		464 000	2 186 000
12	10	银收	01	销售产品	主营业务收入 应交税费	359 600		2 545 600
12	11	银收	02	收存违约金	营业外收入	6 350		2 551 950
12	12	银付	02	提现	现金		160 000	2 391 950
12	15	银收	03	销售材料	其他业务收入 应交税费	20 880		2 412 830
12	17	银付	03	支付广告费	销售费用		10 000	2 402 830
12	18	银付	04	支付水电费	生产成本 制造费用 管理费用		18 000	2 384 830
12	20	银付	05	支付下一年度报刊费	预付账款		3 600	2 381 230
12	21	银收	04	取得贷款	短期借款	500 000		2 881 230
12	31			本月合计		886 830	655 600	2 881 230

（三）登记明细分类账

根据上述原始凭证和记账凭证登记明细分类账（见表 10-39 至表 10-42）。

表 10-39　　　　　　　　　　　　原材料明细分类账

名称：A 材料　　　　　　　　　　计量单位：千克　　　　　　　　金额单位：元

201×年		凭证		摘　要	收入			发出			结存		
月	日	字	号		数量	单价	金额	数量	单价	金额	数量	单价	金额
12	1			期初余额							5 000	200	1 000 000
12	2	转	01	投资者投入	5 000	200	1 000 000				10 000	200	2 000 000
12	10	转	02	领用材料				6 100	200	1 220 000	3 900	200	780 000
12	15	转	03	销售材料				100	200	20 000	3 800	200	760 000
12	31			本月合计	5 000	200	1 000 000	6 200	200	1 240 000	3 800	200	760 000

表 10-40　　　　　　　　　　　　原材料明细分类账

名称：B 材料　　　　　　　　　　计量单位：千克　　　　　　　　金额单位：元

201×年		凭证		摘　要	收入			发出			结存		
月	日	字	号		数量	单价	金额	数量	单价	金额	数量	单价	金额
12	1			期初余额							4 800	100	480 000
12	5	银付	01	购入材料	4 000	100	400 000				8 800	100	880 000
12	10	转	02	领用材料				3 700	100	370 000	5 100	100	510 000
12	31			本月合计	4 000	100	400 000	3 700	100	370 000	5 100	100	510 000

表 10-41　　　　　　　　　　　　库存商品明细分类账

名称：甲产品　　　　　　　　　　计量单位：台　　　　　　　　金额单位：元

201×年		凭证		摘　要	收入			发出			结存		
月	日	字	号		数量	单价	金额	数量	单价	金额	数量	单价	金额
12	1			期初余额									200 000
12	31	转	13	完工产品入库			949 000						1 149 000
12	31	转	14	结转销售成本						92 000			1 057 000
12	31			本月合计			949 000			92 000			1 057 000

表 10-42

库存商品明细分类账

名称:乙产品 计量单位:台 金额单位:元

201×年		凭证		摘 要	收入			发出			结存		
月	日	字	号		数量	单价	金额	数量	单价	金额	数量	单价	金额
12	1			期初余额									120 000
12	31	转	13	完工产品入库			796 200						916 200
12	31	转	14	结转销售成本						90 000			826 200
12	31			本月合计			796 200			90 000			826 200

其他明细账从略。

(四)登记总分类账

根据记账凭证,逐笔登记各有关总分类账(见表 10-43 至表 10-71)。

表 10-43

总 分 类 账

会计科目:库存现金

201×年		凭 证		摘 要	借方	贷方	借或贷	余额
月	日	字	号					
12	1			期初余额			借	34 000
12	10	现付	01	李某借差旅费		6 000	借	28 000
12	12	银付	02	提现	160 000		借	188 000
12	12	现付	02	发放工资		160 000	借	28 000
12	16	现收	01	退回现金	1 000		借	29 000
12	19	现付	03	支付车间办公费		800	借	28 200
12	31			本月合计	161 000	166 800	借	28 200

表 10-44

总 分 类 账

会计科目:银行存款

201×年		凭 证		摘 要	借方	贷方	借或贷	余额
月	日	字	号					
12	1			期初余额			借	2 650 000
12	5	银付	01	购入原材料		464 000	借	2 186 000
12	10	银收	01	销售产品	359 600		借	2 545 600

(续表)

201×年		凭 证		摘 要	借方	贷方	借或贷	余额
月	日	字	号					
12	11	银收	02	收存违约金	6 350		借	2 551 950
12	12	银付	02	提现		160 000	借	2 391 950
12	15	银收	03	销售材料			借	2 412 830
12	17	银付	03	支付广告费	20 880	10 000	借	2 402 830
12	18	银付	04	支付水电费		18 000	借	2 384 830
12	20	银付	05	支付下半年度报刊费		3 600	借	2 381 230
12	21	银收	04	取得贷款	500 000		借	2 881 230
12	31			本月合计	886 830	655 600	借	2 881 230

表 10-45　　　　　　　　　　总 分 类 账

会计科目:预付账款

201×年		凭 证		摘 要	借方	贷方	借或贷	余 额
月	日	字	号					
12	1			期初余额			借	200 000
12	20	银付	05	付下年报刊费	3 600		借	203 600
12	31			本月合计	3 600		借	203 600

表 10-46　　　　　　　　　　总 分 类 账

会计科目:其他应收款

201×年		凭 证		摘 要	借方	贷方	借或贷	余 额
月	日	字	号					
12	1			期初余额			借	8 000
12	10	现付	01	李某借差旅费	6 000		借	14 000
12	16	现收	01	退回现金		1 000	借	13 000
12	16	转	04	报销差旅费		5 000	借	8 000
12	23	转	05	应收租金	4 000		借	12 000
12	31			本月合计	10 000	6 000	借	12 000

表 10-47　　　　　　　　　　　　　　　　　总 分 类 账

会计科目:原材料

201×年		凭　证		摘　要	借　方	贷　方	借或贷	余　额
月	日	字	号					
12	1			期初余额			借	1 480 000
12	2	转	01	投资者投入原材料	1 000 000		借	2 480 000
12	5	银付	01	购入原材料	400 000		借	2 880 000
12	10	转	02	领用原材料		1 590 000	借	1 290 000
12	15	转	03	销售原材料		20 000	借	1 270 000
12	31			本月合计	1 400 000	1 610 000	借	1 270 000

表 10-48　　　　　　　　　　　　　　　　　总 分 类 账

会计科目:周转材料

201×年		凭　证		摘　要	借　方	贷　方	借或贷	余　额
月	日	字	号					
12	1			期初余额			借	5 000
12	31	转	11	本月消耗		1 500	借	3 500
12	31			本月合计		1 500	借	3 500

表 10-49　　　　　　　　　　　　　　　　　总 分 类 账

会计科目:库存商品

201×年		凭　证		摘　要	借　方	贷　方	借或贷	余　额
月	日	字	号					
12	1			期初余额			借	320 000
12	31	转	13	完工入库	1 745 200		借	2 065 200
12	31	转	14	结转销售成本		182 000	借	1 883 200
12	31			本月合计	1 745 200	182 000	借	1 883 200

表 10-50　　　　　　　　　　　　　　　　　总 分 类 账

会计科目:累计折旧

201×年		凭　证		摘　要	借　方	贷　方	借或贷	余　额
月	日	字	号					
12	1			期初余额			贷	1 800 000
12	31	转	08	计提折旧		28 000	贷	1 828 000
12	31			本月合计		28 000	贷	1 828 000

表 10-51   总 分 类 账

会计科目:短期借款

201×年		凭证		摘 要	借 方	贷 方	借或贷	余 额
月	日	字	号					
12	1			期初余额			贷	1 000 000
12	21	银收	04	取得贷款		500 000	贷	1 500 000
12	31			本月合计		500 000	贷	1 500 000

表 10-52   总 分 类 账

会计科目:应付职工薪酬

201×年		凭证		摘 要	借 方	贷 方	借或贷	余 额
月	日	字	号					
12	1			期初余额			贷	287 000
12	12	现付	02	发放工资	160 000		贷	127 000
12	31	转	06	分配工资		160 000	贷	287 000
12	31	转	07	计提福利费		22 400	贷	309 400
12	31			本月合计	160 000	182 400	贷	309 400

表 10-53   总 分 类 账

会计科目:应交税费

201×年		凭证		摘 要	借 方	贷 方	借或贷	余 额
月	日	字	号					
12	1			期初余额			贷	375 000
12	2	转	01	增值税	160 000		贷	215 000
12	5	银付	01	增值税	64 000		贷	151 000
12	10	银收	01	增值税		49 600	贷	200 600
12	15	银收	03	增值税		2 880	贷	203 480
12	31	转	15	计提城建税		15 000	贷	218 480
12	31	转	18	本月所得税		6 525	贷	225 005
12	31			本月合计	224 000	74 005	贷	225 005

表 10-54 　　　　　　　　　　　　**总 分 类 账**

会计科目:应付利息

201×年		凭证		摘　要	借　方	贷　方	借或贷	余　额
月	日	字	号					
12	1			期初余额			贷	10 000
12	31	转	09	计提贷款利息		750	贷	10 750
12	31			本月合计		750	贷	10 750

表 10-55 　　　　　　　　　　　　**总 分 类 账**

会计科目:其他应付款

201×年		凭证		摘　要	借　方	贷　方	借或贷	余　额
月	日	字	号					
12	1			期初余额			贷	3 000
12	31	转	10	预提固定资产租金		4 000	贷	7 000
12	31			本月合计		4 000	贷	7 000

表 10-56 　　　　　　　　　　　　**总 分 类 账**

会计科目:实收资本

201×年		凭证		摘　要	借　方	贷　方	借或贷	余　额
月	日	字	号					
12	1			期初余额			贷	12 000 000
12	2	转	01	投入原材料		1 160 000	贷	13 160 000
12	31			本月合计		1 160 000	贷	13 160 000

表 10-57 　　　　　　　　　　　　**总 分 类 账**

会计科目:盈余公积

201×年		凭证		摘　要	借　方	贷　方	借或贷	余　额
月	日	字	号					
12	1			期初余额			贷	800 000
12	31	转	21	计提法定盈余公积		11 957.5	贷	811 957.5
12	31			本月合计		11 957.5	贷	811 957.5

表 10-58 　　　　　　　　　　　　　　**总 分 类 账**

会计科目：本年利润

201×年		凭 证		摘　要	借　方	贷　方	借或贷	余　额
月	日	字	号					
12	1			期初余额			贷	100 000
12	31	转	16	结转费用	312 250		借	212 250
12	31	转	17	结转收益		338 350	贷	126 100
12	31	转	19	结转所得税	6 525		贷	119 575
12	31	转	20	结转本年利润	119 575		平	0
12	31			本月合计	438 350	338 350	平	0

表 10-59 　　　　　　　　　　　　　　**总 分 类 账**

会计科目：利润分配

201×年		凭 证		摘　要	借　方	贷　方	借或贷	余　额
月	日	字	号					
12	1			期初余额			贷	220 000
12	31	转	20	结转净利润		119 575	贷	339 575
12	31	转	21	计提法定盈余公积	11 957.5		贷	327 617.5
12	31	转	22	结转利润分配项目	11 957.5	11 957.5	贷	327 617.5
12	31			本月合计	23 915	131 532.5	贷	327 617.5

表 10-60 　　　　　　　　　　　　　　**总 分 类 账**

会计科目：生产成本

201×年		凭 证		摘　要	借　方	贷　方	借或贷	余　额
月	日	字	号					
12	10	转	02	领用原材料	1 200 000		借	1 200 000
12	18	银付	04	支付水电费	15 000		借	1 215 000
12	31	转	06	分配工资	110 000		借	1 325 000
12	31	转	07	计提福利费	15 400		借	1 340 400
12	31	转	12	分配制造费用	404 800		借	1 745 200
12	31	转	13	完工入库		1 745 200	平	0
12	31			本月合计	1 745 200	1 745 200	平	0

表 10-61　　　　　　　　　　　总 分 类 账

会计科目:制造费用

201×年		凭证		摘　要	借　方	贷　方	借或贷	余　额
月	日	字	号					
12	10	转	02	领用原材料	350 000		借	350 000
12	18	银付	04	支付水电费	1 000		借	351 000
12	19	现付	03	支付办公费	800		借	351 800
12	31	转	06	分配工资	20 000		借	371 800
12	31	转	07	计提福利费	2 800		借	374 600
12	31	转	08	计提折旧	26 000		借	400 600
12	31	转	10	预提租金	3 000		借	403 600
12	31	转	11	周转材料费用	1 200		借	404 800
12	31	转	12	分配制造费用		404 800	平	0
12	31			本月合计	404 800	404 800	平	0

表 10-62　　　　　　　　　　　总 分 类 账

会计科目:主营业务收入

201×年		凭证		摘　要	借　方	贷　方	借或贷	余　额
月	日	字	号					
12	10	银收	01	销售商品		310 000	贷	310 000
12	31	转	17	结转收益	310 000		平	0
12	31			本月合计	310 000	310 000	平	0

表 10-63　　　　　　　　　　　总 分 类 账

会计科目:其他业务收入

201×年		凭证		摘　要	借　方	贷　方	借或贷	余　额
月	日	字	号					
12	15	银收	03	销售原材料		18 000	贷	18 000
12	23	转	05	租金收入		4 000	贷	22 000
12	31	转	17	结转	22 000		平	0
12	31			本月合计	22 000	22 000	平	0

表 10-64　　　　　　　　　　　**总 分 类 账**

会计科目:营业外收入

201×年		凭 证		摘　要	借　方	贷　方	借或贷	余　额
月	日	字	号					
12	11	银收	02	收存违约金		6 350	贷	6 350
12	31	转	17	结转收益	6 350		平	0
12	31			本月合计	6 350	6 350	平	0

表 10-65　　　　　　　　　　　**总 分 类 账**

会计科目:主营业务成本

201×年		凭 证		摘　要	借　方	贷　方	借或贷	余额
月	日	字	号					
12	31	转	14	结转成本	182 000		借	182 000
12	31	转	16	结转费用		182 000	平	0
12	31			本月合计	182 000	182 000	平	0

表 10-66　　　　　　　　　　　**总 分 类 账**

会计科目:其他业务成本

201×年		凭 证		摘　要	借　方	贷　方	借或贷	余　额
月	日	字	号					
12	15	转	03	结转原材料成本	20 000		借	20 000
12	31	转	16	结转费用		20 000	平	0
12	31			本月合计	20 000	20 000	平	0

表 10-67　　　　　　　　　　　**总 分 类 账**

会计科目:税金及附加

201×年		凭 证		摘　要	借　方	贷　方	借或贷	余额
月	日	字	号					
12	31	转	15	计提城建税	15 000		借	15 000
12	31	转	16	结转费用		15 000	平	0
12	31			本月合计	15 000	15 000	平	0

表 10-68 　　　　　　　　　总 分 类 账

会计科目：销售费用

201×年		凭 证		摘 要	借 方	贷 方	借或贷	余 额
月	日	字	号					
12	17	银付	03	支付广告费	10 000		借	10 000
12	31	转	16	结转费用		10 000	平	0
12	31			本月合计	10 000	10 000	平	0

表 10-69 　　　　　　　　　总 分 类 账

会计科目：管理费用

201×年		凭 证		摘 要	借 方	贷 方	借或贷	余 额
月	日	字	号					
12	10	转	02	领用原材料	40 000		借	40 000
12	16	转	04	报销差旅费	5 000		借	45 000
12	18	银付	04	支付水电费	2 000		借	47 000
12	31	转	06	分配工资	30 000		借	77 000
12	31	转	07	计提福利费	4 200		借	81 200
12	31	转	08	计提折旧	2 000		借	83 200
12	31	转	10	预提租金	1 000		借	84 200
12	31	转	11	周转材料费用	300		借	84 500
12	31	转	16	结转费用		84 500	平	0
12	31			本月合计	84 500	84 500	平	0

表 10-70 　　　　　　　　　总 分 类 账

会计科目：财务费用

201×年		凭 证		摘 要	借 方	贷 方	借或贷	余 额
月	日	字	号					
12	31	转	09	利息费用	750		借	750
12	31	转	16	结转费用		750	平	0
12	31			本月合计	750	750	平	0

表 10-71   **总 分 类 账**

会计科目:所得税费用

201×年		凭证		摘 要	借 方	贷 方	借或贷	余 额
月	日	字	号					
12	31	转	18	计算所得税	6 525		借	6 525
12	31	转	19	结转所得税		6 525	平	0
12	31			本月合计	6 525	6 525	平	0

（五）核对账簿记录

月度终了,将现金日记账和银行存款日记账余额及各种明细分类账的余额合计数,分别与总分类账中有关科目的余额核对相符,见表 10-72、表 10-73。

表 10-72   **总分类账和明细分类账对账表**

201×年 12 月 31 日

账户名称	期初余额		本期发生额		期末余额	
	借方	贷方	借方	贷方	借方	贷方
原材料	1 480 000		1 400 000	1 610 000	1 270 000	
——A 材料	1 000 000		1 000 000	1 240 000	760 000	
——B 材料	480 000		400 000	370 000	510 000	
库存商品	320 000		1 745 200	182 000	1 883 200	
——甲产品	200 000		949 000	92 000	1 057 000	
——乙产品	120 000		796 200	90 000	826 200	
现金总账	34 000		161 000	166 800	28 200	
现金日记账	34 000		161 000	166 800	28 200	
银行存款总账	2 650 000		890 110	659 600	2 880 510	
银行存款日记账	2 650 000		890 110	659 600	2 880 510	

表 10-73   **总分类账户试算平衡表**

201×年 12 月 31 日

账户名称	期初余额		本期发生额		期末余额	
	借方	贷方	借方	贷方	借方	贷方
库存现金	34 000		161 000	166 800	28 200	
银行存款	2 650 000		886 830	655 600	2 881 230	
交易性金融资产	3 000 000				3 000 000	

（续表）

账户名称	期初余额		本期发生额		期末余额	
	借方	贷方	借方	贷方	借方	贷方
应收票据	185 000				185 000	
应收利息	40 000				40 000	
应收账款	1 200 000				1 200 000	
坏账准备		12 000				12 000
预付账款	200 000		3 600		203 600	
其他应收款	8 000		10 000	6 000	12 000	
在途物资	100 000				100 000	
原材料	1 480 000		1 400 000	1 610 000	1 270 000	
库存商品	320 000		1 745 200	182 000	1 883 200	
周转材料	5 000			1 500	3 500	
固定资产	12 000 000				120 000 000	
累计折旧		1 800 000		28 000		1 828 000
无形资产	1 000 000				1 000 000	
短期借款		1 000 000		500 000		1 500 000
应付票据		230 000				230 000
应付账款		585 000				585 000
预收账款		300 000				300 000
应付职工薪酬		287 000	160 000	182 400		309 400
其他应付款		3 000		4 000		7 000
应交税费		375 000	224 000	74 005		225 005
应付利息		10 000		750		10 750
长期借款		2 000 000				2 000 000
应付债券		1 000 000				1 000 000
实收资本		12 000 000		1 160 000		13 160 000
资本公积		1 500 000				1 500 000
盈余公积		800 000		11 957.5		811 957.5
利润分配		220 000	23 915	131 532.5		327 617.5
主营业务收入			310 000	310 000		

(续表)

账户名称	期初余额		本期发生额		期末余额	
	借方	贷方	借方	贷方	借方	贷方
营业外收入			6 350	6 350		
其他业务收入			22 000	22 000		
其他业务成本			20 000	20 000		
主营业务成本			182 000	182 000		
生产成本			1 745 200	1 745 200		
税金及附加			15 000	15 000		
销售费用			10 000	10 000		
财务费用			750	750		
管理费用			84 500	84 500		
制造费用			404 800	404 800		
本年利润		100 000	438 350	338 350		
所得税费用			6 525	6 525		
合计	20 410 000	20 410 000	7 860 020	7 860 020	23 806 730	23 806 730

（六）编制会计报表

月度终了,根据核对无误的总分类账和明细分类账的记录,编制"资产负债表"和"利润表"。

第三节　科目汇总表账务处理程序

一、科目汇总表账务处理程序的概念和特点

科目汇总表账务处理程序又称为记账凭证汇总表账务处理程序,它是指对发生的经济业务,根据原始凭证或原始凭证汇总表编制记账凭证,根据记账凭证定期编制科目汇总表并据以登记总分类账的一种账务处理程序,它是在记账凭证账务处理程序的基础上演变而来的一种账务处理程序。

科目汇总表账务处理程序的主要特点是:不再根据每一张记账凭证直接登记总分类账,而是定期将每张记账凭证按照相同科目归类汇总编制成科目汇总表,然后根据科目汇总表登记总分类账。

与记账凭证账务处理程序相同,在科目汇总表账务处理程序下,记账凭证可以采用通用格式,也可以采用专用格式(即收款凭证、付款凭证和转账凭证);现金日记账和银行存款日记账一般采用三栏式;总分类账采用三栏式,并按每一总分类科目开设账页;明细分类账则可根据管理需要,采用三栏式、数量金额式或者多栏式格式。

二、科目汇总表账务处理程序的处理流程

科目汇总表账务处理程序的基本内容如下。

(1) 根据各种原始凭证编制原始凭证汇总表。

(2) 根据原始凭证、原始凭证汇总表编制记账凭证(包括收款凭证、付款凭证和转账凭证)。

(3) 根据收款凭证和付款凭证,逐日逐笔登记现金日记账和银行存款日记账。

(4) 根据原始凭证、原始凭证汇总表和各种记账凭证登记各种明细分类账。

(5) 根据一定时期内(5天、10天、15天或30天)的全部记账凭证,定期汇总编制科目汇总表。

(6) 根据定期编制的科目汇总表登记总分类账。

(7) 期末,将总分类账与现金日记账、银行存款日记账和明细分类账进行核对。

(8) 期末,根据核对无误的总分类账和明细分类账编制财务报表。

科目汇总表账务处理程序的处理步骤如图10-2所示。

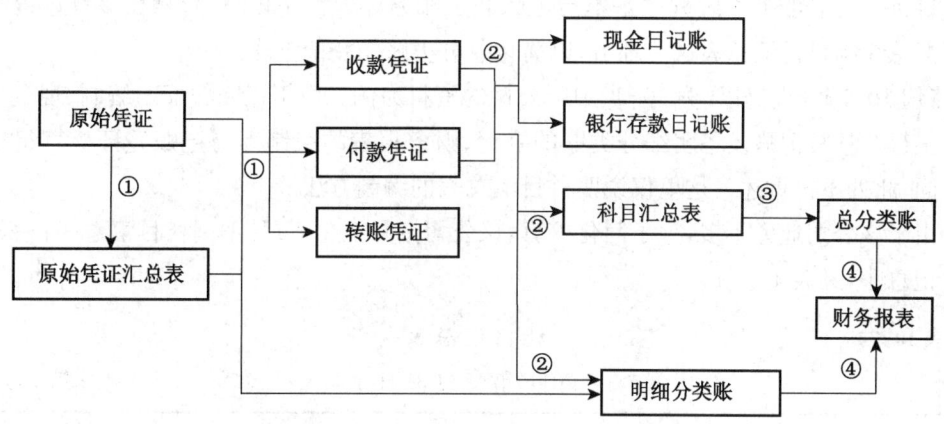

注:①填制记账凭证;②编制科目汇总表;③登记账簿;④编制报表。

图10-2　科目汇总表账务处理程序步骤图

三、科目汇总表的编制方法

科目汇总表由记账凭证汇总编制而成。首先,将经济业务涉及的会计科目填在科目汇总表的"会计科目"栏内,为了便于分类登记总账,会计科目一般按总分类账上的账户顺序填写。其次,定期(一般是5天或者10天)将该期间内的全部记账凭证按相同会计科目归类,汇总每一会计科目的借方本期发生额和贷方本期发生额,并填写在科目汇总表的相关栏内。对于库存现金和银行存款科目的借方本期发生额和贷方本期发生额,也可以直

接根据现金日记账和银行存款日记账的收入、支出合计数填列,而不再根据收款凭证和付款凭证汇总填列。由于借贷记账法的记账规则是"有借必有贷,借贷必相等",因此,在编制科目汇总表时,全部总分类账科目的借方发生额的合计数必定等于其贷方发生额的合计数。

科目汇总表的编制时间根据企业经济业务量的多少来确定,可以每月汇总一次,也可以每旬汇总一次。科目汇总表可以每汇总一次就编制一张,也可以每月编制一张。

四、科目汇总表账务处理程序的优缺点及适用范围

(1)科目汇总表账务处理程序的优点:定期汇总,按月一次登记总分类账簿,简化了总分类账簿的登记工作;科目汇总表记录所有本期发生的经济业务,根据借贷记账法的记账规则进行本期发生额的试算平衡,及时检查账簿登记中出现的错误,从而保证了总分类账登记的准确性。

(2)科目汇总表账务处理程序的缺点:科目汇总表只能汇总各科目的本期借方和贷方发生额,不能反映账户之间的对应关系,从而不便于对经济业务进行分析和检查。

科目汇总表账务处理程序一般适用于规模较大、经济业务较多、记账凭证较多的单位。

五、科目汇总表账务处理程序举例

科目汇总表账务处理程序基本与记账凭证账务处理程序相同,只是在核算过程中增加了汇总编制科目汇总表这一环节,以简化总分类账的登记工作。

【例10-2】 现仍以[例10-1]中甲公司的资料为例。由于记账凭证的编制、现金日记账和银行存款日记账及各明细分类账的登记、财务报表的编制等与记账凭证核算组织程序相同,此处不再重述。这里仅说明科目汇总表的编制方法。

由于该公司业务不多,为了简化核算,该公司按月汇总,每月编制科目汇总表一张,据以登记总账,见表10-74。

表10-74

科目汇总表

201×年12月31日　　　　　　　　　　　　　　　汇字第1号

会计科目	账页	本期发生额		记账凭证起讫号数
		借方	贷方	
库存现金	(略)	161 000	166 800	(略)
银行存款		886 830	655 600	
原材料		1 400 000	1 610 000	
库存商品		1 745 200	182 000	
应交税费		238 000	77 285	
实收资本			1 160 000	

（续表）

会计科目	账页	本期发生额		记账凭证起讫号数
		借方	贷方	
管理费用		84 500	84 500	
其他应收款		10 000	6 000	
主营业务收入		310 000	310 000	
营业外收入		6 350	6 350	
其他业务收入		22 000	22 000	
其他业务成本		20 000	20 000	
销售费用		10 000	10 000	
周转材料			1 500	
短期借款			500 000	
生产成本		1 745 200	1 745 200	
制造费用		404 800	404 800	
应付职工薪酬		160 000	182 400	
预付账款	（略）	3 600		（略）
累计折旧			28 000	
财务费用		750	750	
应付利息			750	
其他应付款			4 000	
应交税费		224 000	74 005	
主营业务成本		182 000	182 000	
税金及附加		15 000	15 000	
本年利润		438 350	338 350	
所得税费用		6 525	6 525	
盈余公积			11 957.5	
利润分配		23 915	131 532.5	
合计		7 860 020	7 860 020	

根据所编制的"科目汇总表"登记各有关总分类账(见表 10-75 至表 10-82)。

表 10-75   **总 分 类 账**

会计科目:库存现金

201×年		凭证		摘　要	借方	贷方	借或贷	余额
月	日	字	号					
12	1			期初余额			借	34 000
12	31	汇	1	1~31 号发生额	161 000	166 800	借	28 200
12	31			本月合计	161 000	166 800	借	28 200

表 10-76   **总 分 类 账**

会计科目:银行存款

201×年		凭证		摘　要	借方	贷方	借或贷	余额
月	日	字	号					
12	1			期初余额			借	2 650 000
12	31	汇	1	1~31 号发生额	886 830	655 600	借	2 881 230
12	31			本月合计	886 830	655 600	借	2 881 230

表 10-77   **总 分 类 账**

会计科目:原材料

201×年		凭证		摘　要	借方	贷方	借或贷	余额
月	日	字	号					
12	1			期初余额			借	1 480 000
12	31	汇	1	1~31 号发生额	1 400 000	1 610 000	借	1 270 000
12	31			本月合计	1 400 000	1 610 000	借	1 270 000

表 10-78   **总 分 类 账**

会计科目:库存商品

201×年		凭证		摘　要	借方	贷方	借或贷	余额
月	日	字	号					
12	1			期初余额			借	320 000
12	31	汇	1	1~31 号发生额	1 745 200	182 000	借	1 883 200
12	31			本月合计	1 745 200	182 000	借	1 883 200

表 10-79　　　　　　　　　总 分 类 账

会计科目:其他应收款

201×年		凭证		摘　要	借方	贷方	借或贷	余额
月	日	字	号					
12	1			期初余额			借	8 000
12	31	汇	1	1~31 号发生额	10 000	6 000	借	12 000
12	31			本月合计	10 000	6 000	借	12 000

表 10-80　　　　　　　　　总 分 类 账

会计科目:实收资本

201×年		凭证		摘　要	借方	贷方	借或贷	余额
月	日	字	号					
12	1			期初余额			贷	12 000 000
12	31	汇	1	1~31 号发生额		1 160 000		13 160 000
12	31			本月合计		1 160 000	贷	13 160 000

表 10-81　　　　　　　　　总 分 类 账

会计科目:主营业务收入

201×年		凭证		摘　要	借方	贷方	借或贷	余额
月	日	字	号					
12	1			期初余额			平	0
12	31	汇	1	1~31 号发生额	310 000	310 000	平	0
12	31			本月合计	310 000	310 000	平	0

表 10-82　　　　　　　　　总 分 类 账

会计科目:营业外收入

201×年		凭证		摘　要	借方	贷方	借或贷	余额
月	日	字	号					
12	1			期初余额			平	0
12	31	汇	1	1~31 号发生额	6 350	6 350	平	0
12	31			本月合计	6 350	6 350	平	0

其他总分类账从略。

第四节　汇总记账凭证账务处理程序

一、汇总记账凭证账务处理程序的概念和特点

汇总记账凭证账务处理程序是指对发生的经济业务,都要根据原始凭证(或原始凭证汇总表)填制记账凭证,再根据记账凭证编制汇总记账凭证,然后根据汇总记账凭证登记总分类账的一种账务处理程序。汇总记账凭证账务处理程序的主要特点是先定期将全部的记账凭证按收付款凭证和转账凭证分别归类,编制汇总记账凭证,再根据各种汇总记账凭证登记总分类账。

在汇总记账凭证账务处理程序下,除设置收款凭证、付款凭证和转账凭证外,还应设置汇总收款凭证、汇总付款凭证和汇总转账凭证,作为登记总分类账的依据。与记账凭证账务处理程序和科目汇总表账务处理程序相同,设置的现金日记账和银行存款日记账一般采用三栏式;总分类账按每一总账科目设置账页,采用三栏式;明细分类账则可根据管理需要,采用三栏式、数量金额式或者多栏式格式。

二、汇总记账凭证账务处理程序的处理流程

汇总记账凭证账务处理程序的基本内容如下。

(1) 根据各种原始凭证编制原始凭证汇总表。

(2) 根据原始凭证、原始凭证汇总表编制记账凭证。为了便于编制汇总记账凭证,要求收款凭证按一个借方科目与一个或几个贷方科目相对应填制;付款凭证按 1 个贷方科目与一个或几个借方科目相对应填制;转账凭证按一贷一借或一贷多借的科目相对应填制。

(3) 根据收、付款凭证登记现金日记账和银行存款日记账。现金日记账和银行存款日记账通常采用收、付、余三栏式日记账簿。

(4) 根据原始凭证、原始凭证汇总表和各种记账凭证登记各种明细分类账。明细分类账的格式根据单位的实际情况及管理上的要求可采用三栏式、数量金额式或多栏式。

(5) 根据各种记账凭证编制汇总收款凭证、汇总付款凭证和汇总转账凭证。

(6) 定期或月终根据汇总记账凭证登记总分类账。

(7) 月终,按照对账的要求,将现金日记账、银行存款日记账和各种明细分类账与总分类账进行核对。

(8) 月终,根据总分类账和明细分类账编制财务报表。

汇总记账凭证账务处理程序的处理步骤如图 10-3 所示。

三、汇总记账凭证的编制

汇总记账凭证分为汇总收款凭证、汇总付款凭证和汇总转账凭证三种。

(一) 汇总收款凭证的编制方法

汇总收款凭证是根据一定时期的全部收款凭证,按月汇总编制而成。由于每一收款

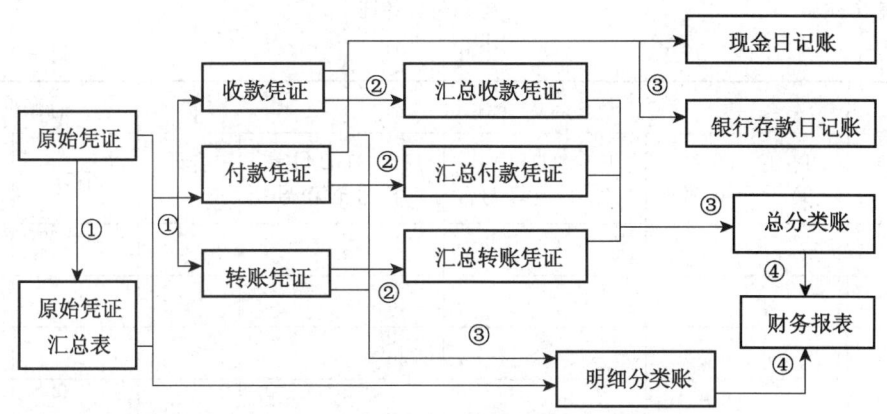

注：①填制记账凭证；②编制科目汇总表；③登记账簿；④编制报表。

图 10-3　汇总记账凭证账务处理程序步骤图

凭证中的借方科目都是"库存现金"或"银行存款"科目,所以汇总收款凭证也是按库存现金和银行存款科目的借方分别设置,并根据收款凭证按其对应的贷方科目归类,定期汇总填列,每月填制一张。在月末计算出汇总凭证中各行的合计数,并据以登记总分类账。其格式和内容见表10-83。

表 10-83　　　　　　　　　　　　汇总收款凭证

借方科目：　　　　　　　　　　　　年　月　　　　　　　　　　　　汇收字第　号

贷方科目	金额				总账页数	
	1～10日收字第 号至第 号	11～20日收字第 号至第 号	21～31日收字第 号至第 号	合计	借方	贷方
合计						

（二）汇总付款凭证的编制方法

汇总付款凭证是根据一定时期的全部付款凭证,按月汇总编制而成。由于每一付款凭证中的贷方科目都是"库存现金"或"银行存款"科目,所以汇总付款凭证也是按现金或银行存款科目的贷方分别设置,并根据付款凭证按借方科目归类,定期汇总填列,每月填制一张。在月末计算出汇总凭证中各行的合计数,并据以登记总分类账。其格式和内容见表10-84。

表 10-84 汇总付款凭证

贷方科目: 年 月 汇付字第 号

借方科目	金额				总账页数	
	1～10日付字 第 号至第 号	11～20日付字 第 号至第 号	21～31日付字 第 号至第 号	合计	借方	贷方
合计						

（三）汇总转账凭证的编制方法

汇总转账凭证是根据一定时期的全部转账凭证，按月汇总编制而成。由于每一转账凭证中的借方科目和贷方科目不完全相同，因此，在汇总所有转账凭证时，为了避免漏汇或重汇，一律按转账凭证中的贷方科目分别设置，并根据相对应的借方科目归类，定期汇总填列，每月填制一张。在月末计算出汇总凭证中各行的合计数，并据以登记总分类账。其格式和内容见表 10-85。

表 10-85 汇总转账凭证

贷方科目: 年 月 汇转字第 号

借方科目	金额				总账页数	
	1～10日转字 第 号至第 号	11～20日转字 第 号至第 号	21～31日转字 第 号至第 号	合计	借方	贷方
合计						

由于汇总转账凭证的一个贷方科目与一个或几个借方科目相对应，所以，在汇总记账凭证核算组织程序下，为了便于编制汇总转账凭证，平时填制的转账凭证中的科目对应关系也应该是一个贷方科目与一个或几个借方科目相对应，而不应填制几个贷方科目与一个或几个借方科目相对应的转账凭证。换言之，即可以填列一借一贷和多借一贷的转账凭证，而不应填制一借多贷和多借多贷的转账凭证。汇总转账凭证对一定时期内的转账凭证进行了汇总，据以登记总分类账，减少了总分类账登记的工作量，但同时又增加了汇总转账凭证编制的工作量。汇总转账凭证的编制非常复杂，数量也非常多。因此，在某些

贷方科目对应的转账凭证数量较少时,就可以不再编制汇总转账凭证,而是直接根据转账凭证登记总分类账。

四、汇总记账凭证账务处理程序的优缺点与适用范围

(1)汇总记账凭证账务处理程序的优点:由于汇总记账凭证是根据一定时期的全部记账凭证按照科目对应关系进行归类、汇总编制而成,因而在登记总分类账时也保持了科目之间的对应关系,可以清楚地反映经济业务的来龙去脉,便于经常分析、检查经济活动的发生情况,弥补科目汇总表核算组织程序的不足。

(2)汇总记账凭证账务处理程序的缺点:汇总记账凭证是按每一科目而不是按经济业务的性质归类汇总,从而不利于会计核算的日常分工,且转账凭证较多时,编制汇总转账凭证的工作量较大。

汇总记账凭证账务处理程序适用于规模较大、经济业务较多、财会工作分工较细的企业,特别是收付款业务频繁的企业。

五、汇总记账凭证账务处理程序举例

汇总记账凭证账务处理程序基本与记账凭证账务处理程序相同,只是在核算过程中增加了汇总记账凭证这一环节,用于汇总分散的记账凭证,以简化总分类账的登记工作。

【例10-3】 现仍以[例10-1]中甲公司的资料为例。由于记账凭证的编制、现金日记账和银行存款日记账及各明细分类账的登记、财务报表的编制等与记账凭证账务处理程序和科目汇总表账务处理程序相同,此处不再重述,这里仅说明汇总记账凭证的编制方法。

根据收款凭证编制汇总收款凭证,见表10-86、表10-87。根据付款凭证编制汇总付款凭证,见表10-88、表10-89。根据转账凭证编制汇总转账凭证,见表10-90、表10-91、表10-92。

表 10-86　　　　　　　　　　汇总收款凭证

借方科目:银行存款　　　　　　　201×年12月　　　　　　　汇收字第01号

贷方科目	金额				总账页数	
	1～10日收字 第 号至第 号	11～20日收字 第 号至第 号	21～31日收字 第 号至第 号	合计	借方	贷方
主营业务收入	310 000			310 000		
应交税费	49 600	2 880		52 480		
营业外收入		6 350		6 350		
其他业务收入		18 000		18 000		
短期借款			500 000	50 000		
合计	359 600	27 230	500 000	886 830		

表 10-87　　　　　　　　　　　汇总收款凭证

借方科目:库存现金　　　　　　　　　201×年 12 月　　　　　　　　汇收字第 02 号

贷方科目	金额				总账页数	
	1～10 日收字第 号至第 号	11～20 日收字第 号至第 号	21～31 日收字第 号至第 号	合计	借方	贷方
其他应收款		1 000		1 000		
银行存款		160 000		160 000		
合计		161 000		161 000		

表 10-88　　　　　　　　　　　汇总付款凭证

贷方科目:银行存款　　　　　　　　　201×年 12 月　　　　　　　　汇付字第 01 号

借方科目	金额				总账页数	
	1～10 日付字第 号至第 号	11～20 日付字第 号至第 号	21～31 日付字第 号至第 号	合计	借方	贷方
原材料	400 000			400 000		
应交税费	64 000			64 000		
库存现金		160 000		160 000		
销售费用		10 000		10 000		
生产成本		15 000		15 000		
制造费用		1 000		1 000		
管理费用		2 000		2 000		
预付账款		3 600		3 600		
合计	464 000	191 600		655 600		

表 10-89　　　　　　　　　　　汇总付款凭证

贷方科目:库存现金　　　　　　　　　201×年 12 月　　　　　　　　汇付字第 02 号

借方科目	金额				总账页数	
	1～10 日付字第 号至第 号	11～20 日付字第 号至第 号	21～31 日付字第 号至第 号	合计	借方	贷方
其他应收款	6 000			6 000		
应付职工薪酬		160 000		160 000		
制造费用		800		800		
合计	6 000	160 800		166 800		

表 10-90

汇总转账凭证

贷方科目:原材料　　　　　　　　　　　201×年 12 月　　　　　　　　　　汇转字第 01 号

借方科目	金额				总账页数	
	1~10 日转字 第　号至第　号	11~20 日转字 第　号至第　号	21~31 日转字 第　号至第　号	合计	借方	贷方
生产成本	1 200 000			1 200 000		
制造费用	350 000			350 000		
管理费用	40 000			40 000		
其他业务成本		20 000		20 000		
合计	1 590 000	20 000		1 610 000		

表 10-91

汇总转账凭证

贷方科目:应付职工薪酬　　　　　　　　201×年 12 月　　　　　　　　　　汇转字第 02 号

借方科目	金额				总账页数	
	1~10 日转字 第　号至第　号	11~20 日转字 第　号至第　号	21~31 日转字 第　号至第　号	合计	借方	贷方
生产成本			125 400	125 400		
制造费用			22 800	22 800		
管理费用			34 200	34 200		
合计			182 400	182 400		

表 10-92

汇总转账凭证

贷方科目:生产成本　　　　　　　　　　201×年 12 月　　　　　　　　　　汇转字第 03 号

借方科目	金额				总账页数	
	1~10 日转字 第　号至第　号	11~20 日转字 第　号至第　号	21~31 日转字 第　号至第　号	合计	借方	贷方
库存商品			1 745 200	1 745 200		
合计			1 745 200	1 745 200		

第五节　日记总账账务处理程序

一、日记总账账务处理程序的概念

日记总账账务处理程序是指根据记账凭证逐笔登记日记总账的一种账务处理程序。

其主要特点是:预先设置日记总账,然后直接根据记账凭证逐笔登记日记总账。

在日记总账账务处理程序下,设置的记账凭证有收款凭证、付款凭证和转账凭证;设置的账簿有现金日记账和银行存款日记账,一般采用三栏式;要设置日记总账;设置的各种明细分类账,可根据需要采用三栏式、数量金额式和多栏式。

二、 日记总账账务处理程序中凭证和账簿的设置和编制方法

设置日记总账,所有经济业务都必须在日记总账中进行登记。日记总账既要根据业务发生的时间顺序登记,又要将所有科目的总分类核算都集中到一张账页上。因此,它既是日记账,又是总账。

日记总账账务处理程序简便易行,但所有的科目均设在一张账页内,导致账页过长,不便于记账和查阅。因此,该账务处理程序只适用于业务很少且所用会计科目也很少的企业。日记总账账务处理程序如表 10-93 所示。

表 10-93　　　　　　　　　　　日 记 总 账

年		记账凭证号数	摘　要	发生额	科目		科目		科目	
月	日				借方	贷方	借方	贷方	借方	贷方
		本期发生额								
		月末余额								

登记日记总账时,应在同一行将每笔经济业务的借、贷方发生额按应借、应贷账户分别填列到相应账户的借方栏或贷方栏内,同时将这一发生额记入同一行的"发生额"栏内。发生转账业务时,应根据转账凭证逐日、逐笔地登记日记总账。对于收、付款业务,可以根据收、付款凭证逐日汇总登记日记总账,也可以在月末根据多栏式现金日记账、银行存款日记账汇总登记。到了每月月末,应计算出各科目的本期发生额和月末余额。其中,"发生额"一栏的当月合计数应该与全部科目的借方发生额合计数、贷方发生额合计数分别核对相符。

三、 日记总账账务处理程序的处理流程

日记总账账务处理程序的步骤,一般可归纳如下。

(1) 根据原始凭证或原始凭证汇总表填制记账凭证。

(2) 根据收款凭证、付款凭证登记现金日记账和银行存款日记账。

（3）根据记账凭证和原始凭证或原始凭证汇总表登记各种明细分类账。

（4）根据各种记账凭证逐笔登记日记总账。

（5）月末，将日记账和明细账的余额与日记总账的余额相核对。

（6）月末，根据日记总账和明细账的资料编制财务报表。

日记总账账务处理程序流程见图10-4。

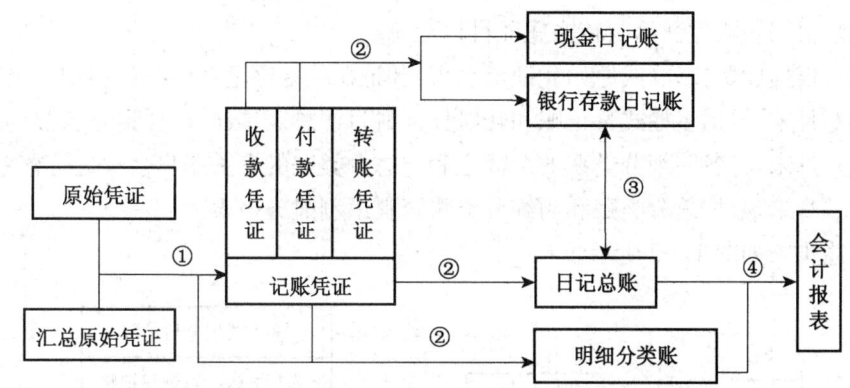

注：①填制记账凭证；②登记账簿；③对账；④编制报表。

图10-4 日记总账账务处理程序步骤图

四、日记总账账务处理程序优缺点及适用范围

日记总账账务处理程序的优点是核算手续简单，易于操作，且由于日记总账将所有总账科目都集中在一张账页上，并对经济业务的发生序时登记，可以直观地反映各账户之间的对应关系，便于查账。

但是，如果企业的业务复杂，设置会计科目多，则日记总账账页篇幅过大，不便于记账，也不利于会计人员的分工。

因此，这种账务处理程序一般适用于规模小、经济业务较简单、使用会计科目较少的小型企事业单位。

第六节 多栏式日记账账务处理程序

一、多栏式日记账账务处理程序的概念和特点

多栏式日记账账务处理程序指对发生的经济业务，都要根据原始凭证（或原始凭证汇总表）填制记账凭证，再根据记账凭证登记多栏式现金日记账和多栏式银行存款日记账，然后根据多栏式日记账登记总分类账的一种账务处理程序。

多栏式日记账账务处理程序的主要特点是：现金日记账和银行存款日记账均采用多栏式，既反映现金和银行存款的收付业务，又反映对应科目的增减业务。月末，有关收付款业务根据现金、银行存款日记账的记录登记总分类账；转账业务可以根据转账凭证逐笔

登记总分类账,也可以编制转账凭证科目汇总表,再根据转账凭证科目汇总表登记总账。

二、多栏式日记账账务处理程序的处理流程

采用多栏式日记账账务处理程序的基本步骤如下。

(1) 根据原始凭证(或原始凭证汇总表)填制记账凭证。

(2) 根据收款凭证、付款凭证登记多栏式现金日记账和多栏式银行存款日记账。

(3) 根据转账凭证编制转账凭证科目汇总表。

(4) 根据原始凭证(或原始凭证汇总表)和记账凭证逐笔登记各种明细分类账。

(5) 月末,根据多栏式日记账和转账凭证科目汇总表(或转账凭证)登记总分类账。

(6) 月末,将各明细分类账的余额之和与总分类账的有关账户余额进行核对。

(7) 月末,根据总分类账和明细分类账资料编制财务报表。

上述步骤如图 10-5 所示。

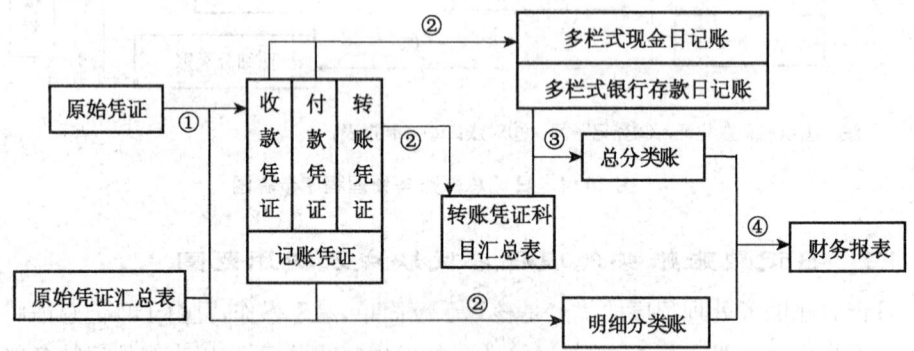

注:①填制记账凭证;②编制转账凭证科目汇总表;③登记账簿;④编制报表。

图 10-5　多栏式日记账账务处理程序步骤图

三、多栏式日记账账务处理程序的优缺点与适用范围

多栏式日记账账务处理程序的优点主要是根据多栏式日记账提供的汇总后的有关账户的数据登记总分类账,可以简化总分类账的记账工作。其缺点是在业务比较复杂、会计科目设置较多的企业里,日记账的专栏栏次过多,账页庞大,不便于记账。

多栏式日记账账务处理程序能较好地反映账户之间的关系,但它限制了会计科目的数量,只能用于业务量不多、使用会计科目较少的企业。

第十一章　财务会计报告

第一节　财务会计报告概述

一、编制财务会计报告的目的

　　财务会计报告是会计主体对外提供的反映其某一特定日期财务状况和一定期间经营成果以及现金流量等企业重要信息的书面文件。企业的财务会计报告是企业会计核算的最终工作成果,是企业对外提供财务会计信息的主要形式。

　　财务会计工作的目的主要是提供决策有用的信息。在会计核算中,会计主体通过设置账户、登记会计账簿,能够全面、连续、系统地反映企业的经济业务及其结果。但因会计账簿资料分散于各个会计账户,不能清晰地反映各个经济指标间的内在联系,不能满足国家宏观经济管理要求,也不能满足投资者、债权人等会计信息使用者了解该单位财务状况和经营成果的需要,同时也不能满足单位内部加强经营管理的需要。因此,财会人员应通过编制财务会计报告,提供反映会计主体财务状况、经营成果和现金流量等总括信息的会计资料,使报告的阅读者能够从整体和全局上清晰地了解企业的相关信息。首先,通过对财务会计报告的逐级汇总,便于国家经济管理部门掌握国民经济的发展速度。财务信息是政府部门制定宏观经济管理政策、产业政策和经济决策的重要信息来源,是进行经济宏观调控的依据;其次,通过财务会计报告,有助于投资者、债权人和潜在投资者了解企业的经营业绩,全面认识企业的财务状况和经营成果,对不同企业的经营业绩、财务实力进行比较分析,以确定其投资和贷款方向,减少投资风险,促进有限的社会资源得到合理分配;最后,通过财务会计报告,可以使企业的经营管理人员掌握本单位经济活动、财务收支和财务成果的全部情况,分析本单位在经营活动中的优势,查明问题存在的原因,不断改进经营管理工作,以便正确地进行经营理财决策,提高经济效益。

　　上面我们列举了企业的主要利益相关者对企业财务会计信息的诉求。其实,企业的其他利益相关者,如客户、供应商、企业所在社区、企业员工等都可以通过财务会计报告,了解企业的经营业绩,全面认识企业的财务状况和经营成果,促进企业健康发展。

二、财务会计报告的组成

　　根据《会计法》第二十条第二款规定,财务会计报告由会计报表、会计报表附注和财务情况说明书组成。

　　(1) 会计报表。会计报表是指企业以一定的会计方法和程序由会计账簿的数据整理得出,以表格的形式反映企业财务状况、经营成果和现金流量的书面文件,是财务会计报告的主体和核心。企业会计报表按其反映的内容不同,分为资产负债表、利润表、现金流量表、所有者权益(股东权益)变动表。其中,相关附表是反映企业财务状况、经营成果和现金流量的补充报表,主要包括利润分配表以及国家统一会计制度规定的其他附表。

(2) 会计报表附注,会计报表附注是为便于会计报表使用者理解会计报表的内容而对会计报表的编制基础、编制依据、编制原则和方法及主要项目等所作的解释。会计报表附注是财务会计报告的一个重要组成部分,它有利于增进会计信息的可理解性,提高会计信息可比性和突出重要的会计信息。通常,会计报表附注至少应当包括下列内容:①不符合会计假设的说明;②重要会计政策和会计估计及其变更情况、变更原因及其对财务状况和经营成果的影响;③或有事项和资产负债表日后事项的说明;④关联方关系及其交易的说明;⑤重要资产转让及其出售说明;⑥企业合并、分立的说明;⑦重大投资、融资活动;⑧会计报表中重要项目的明细资料;⑨财务报表中有助于理解和分析财务报表而需要说明的其他重要事项。

(3) 财务情况说明书,财务情况说明书是对单位一定会计期间内财务、成本等情况进行分析总结的书面文字报告,也是财务会计报告的重要组成部分。财务报告说明书全面提供公司、企业和其他单位生产经营、业务活动情况。分析总结经营业绩和存在问题及不足,是企业财务会计报告使用者,特别是单位负责人和国家宏观管理部门了解和考核各单位生产经营和业务活动开展情况的重要资料。企业至少应当对下列情况作出说明:①企业生产经营的基本情况;②利润实现和分配情况;③资金增减和周转情况;④对企业财务状况、经营成果和现金流量有重大影响的其他事项。

三、 财务会计报告设计原则

会计报表作为表现企业财务状况、经营成果和现金流量等的一种重要的书面信息,对其内容和编制的原则有较高的要求。

(1) 相关性原则。会计报表所提供的信息应尽可能满足各个方面的要求。例如,投资者要了解企业盈利能力的信息,以决定是否投资或继续投资;银行等金融机构要了解企业的偿债能力,以决定是否对企业贷款;税务部门要了解企业的盈利及生产经营情况,以决定企业的纳税情况是否合理等。会计报表就要向各方面提供有用的信息,只满足某方面的要求是不够的,要尽可能满足不同利益相关者的要求,而且还应该为后期的财务报表分析提供相关的数据指标。

(2) 完整性原则。会计报表提供的会计信息应当全面反映本企业的财务状况、经营成果和现金流量,对重要的经济业务应当单独反映。会计报表及其指标体系应当满足有关各方面了解企业信息的需要,会计报表所提供的信息既是国家宏观经济管理和决策的重要经济信息来源,又是投资者、债权人等报表使用者了解企业的财务状况、经营成果进行投资和信贷决策的依据,还是企业内部管理人员了解企业经营状况和经营成果的重要经济信息来源。因此,会计报表提供的会计信息应该全面、概括。

为此应建立报表体系，即从总体出发，从不同方面反映经济活动相互联系的一系列报表。

（3）可理解性原则。会计报表是会计部门向企业内外提供会计信息的重要手段，因此，会计报表项目的设置和分类以及列示方法，都应该遵循清晰明了、便于理解和利用的原则。会计报表清晰明了，不仅便于报表阅读者理解和利用，更好地发挥报表的效用，还可以提高会计人员的工作效率，保证报表编报及时。不过，可理解性并不意味着把应列入报表的有关复杂事项的会计资料予以排除或者排斥会计学的专业表述方法。

四、财务会计报告列报的基本要求

（一）遵循各项会计准则进行确认和计量

企业应当根据实际发生的交易或事项，遵循各项具体会计准则的规定进行确认和计量，在此基础上编制会计报表。如果由于某种原因没有遵循准则的要求，应在附注中说明。

（二）列报基础

企业以持续经营为基础编制会计报表。这里要注意区分列报基础和记账基础。企业的记账基础为权责发生制，列报基础是持续经营。如果一个企业不能持续经营，那么应按破产清算的思路处理，此时要用清算时的价值来代替以历史成本为主的计量属性的选择。

（三）项目列报

（1）性质或功能不同的项目，应当在财务报表中单独列报，但是不具有重要性的项目可以合并列报。性质或功能不同的项目，对会计报表使用者的涵义是不同的。

（2）性质或功能类似的项目，一般可以合并列报，但是对其具有重要性的类别，应当按其类别在会计报表中单独列报。比如，库存现金、银行存款、其他货币资金合并作为货币资金列报；原材料、在产品、库存商品的性质类似，合并作为存货项目列报；但是存货与固定资产项目不能合并列报。

（3）项目单独列报的原则不仅适用于报表，还适用于附注。

（4）企业会计准则规定单独列报的项目，企业都应当予以单独列报。

重要性是判断项目是否应单独列报的重要标准。判断重要性应当根据企业所处环境，从项目的性质和金额大小两方面予以判断。

（四）列报的一致性

会计报表项目的列报应当在各个会计期间保持一致，不得随意变更，但下列情况的除外：

（1）会计准则要求改变财务报表项目的列报。

（2）企业经营业务的性质发生重大变化后，变更会计报表项目的列报能够提供更可靠、更相关的会计信息。

（五）会计报表项目金额间的相互抵销

会计报表项目应当以总额列报，资产和负债、收入和费用不得相互抵销，但会计准则另有规定的除外。下列两种情况不属于抵销，可以净额列示：

（1）非日常活动产生的损益，以收入扣减费用后的净额列示，不属于抵销。比如，固定资产清理净损益，不需要将清理收入、发生的清理费用等单独列报。

（2）资产项目按扣除减值准备后的净额列示，不属于抵销。

（六）比较信息的列报

我国的报表是比较报表，即至少提供两期的数据。比如，资产负债表有年初余额和期末余额，利润表、现金流量表、所有者权益变动表都有本年数和上年数，这就是比较报表。企业在列报当期财务报表时，至少应当提供所有列报项目上一可比会计期间的比较数据，以及与理解当期财务报表相关的说明。

（七）会计报表表首的列报要求

企业编制的会计报表应当在表首部分概括说明下列基本信息。

（1）编报企业的名称。

（2）资产负债表日或会计报表涵盖的会计期间。

（3）货币名称和金额单位。

（4）会计报表是合并会计报表的，应当予以标明。

（八）报告期间

企业至少应当按年编制会计报表。年度会计报表涵盖的期间短于 1 年的，应当披露年度会计报表的涵盖期间，以及短于 1 年的原因；短于 1 年的报告称为中期财务报告。

五、会计报表的编制要求

（一）数字真实

企业应当根据真实、正确、完整的会计资料，按照国家统一的会计制度规定编制会计报表，以保证会计报表的真实性。不能用估计数代替实际数，更不能弄虚作假、篡改数字、隐瞒谎报。

（二）内容完整

每个单位都必须按照国家统一规定的报表种类、格式和内容编制会计报表，以保证其完整性。对不同的会计期间（月、季、半年、年）应当编报的各种会计报表，必须编报齐全；应当填列的报表指标，无论是表内项目，还是补充资料，必须全部填列；应汇总编制的所属各企业的会计报表，必须全部汇总，不得漏编、漏报。

（三）编报及时

会计报表必须遵照国家或上级主管部门规定的期限和程序，及时编制、及时报送，以保证报表的及时性。要保证会计报表编报及时，必须加强日常的核算工作，认真做好记账、算账、对账和财产清查，调整账面工作；同时加强会计人员的配合协作。但不能为赶编会计报表而提前结账，更不应为了提前报送而影响报表质量。

（四）清楚明了

会计报表中需要加以说明的项目，在会计报表附注中用文字和数字加以说明，对会计报表中主要指标的构成和计算方法，本报告期发生的特殊情况，如经营范围变化、经营结构变更以及本报告期经济效益影响较大的各种因素都必须加以说明。

第二节　资产负债表

一、资产负债表的意义

资产负债表(the Balance Sheet)也叫财务状况表,是反映企业在特定日期(通常为各会计期末,如某年 12 月 31 日)财务状况(即资产、负债和所有者权益的状况)的主要财务报表,资产负债表利用会计平衡原则,在经过会计分录、登记账簿、试算平衡、调整等会计程序后,把特定日期企业的财务状况表现在一张报表上,故资产负债表是一张静态报表。编制资产负债表的意义在于:

(1)可以表明企业拥有或控制的资源及其分布情况。资产负债表可以提供企业某一特定日期资产的总额及其结构,使用者可以一目了然地从资产负债表上了解企业在某一特定日期所拥有的资产总量及其结构。

(2)可以表现企业负债和所有者权益情况。资产负债表可以提供某一日期的负债总额及其结构,表明企业未来需要用多少资产或劳务清偿债务以及清偿时间;可以反映所有者所拥有的权益,据以判断资本保值、增值的情况以及对负债的保障程度。

(3)可以反映企业的流动性和财务实力。资产负债表还可以提供进行财务分析的基本资料,如将流动资产与流动负债进行比较,计算出流动比率;将速动资产与流动负债进行比较,计算出速动比率等,这可以表明企业的变现能力、偿债能力和资金周转能力,从而有助于报表使用者作出经济决策。

二、资产负债表的结构和内容

(一)资产负债表的内容

资产负债表的内容包括资产、负债和所有者权益三个方面。账户式资产负债表中资产项目列示在左方,并按其流动性强弱依次排列,即列示顺序为:流动资产、长期投资、固定资产、无形资产和其他资产。资产负债表的右方为负债和所有者权益项目,通常按求偿权先后顺序排列。负债项目中,先列示流动负债,然后列示长期负债。所有者权益项目则按股本(实收资本)、资本公积、盈余公积、未分配利润的顺序列示。

(二)资产负债表的结构

资产负债表由表头和表体两部分组成。表头部分包括表名、编制单位名称、编制报表日期及编表使用的货币计量单位。表体是资产负债表的最重要的部分,目前国际上通行的主要有账户式和报告式两种。

1. 账户式资产负债表

账户式资产负债表又称横式资产负债表,它是依据"资产＝负债＋所有者权益"的会计平衡公式,如一个大的 T 形账户,呈左右结构,即在报表的左方列示资产类的各个项目数额,而在其右方列示负债类和所有者权益类的各个项目数额,并使资产负债表左右两方的数额保持平衡。我国会计实务上采用账户式资产负债表,其基本格式如表 11-1 所示。

表 11-1　　　　　　　　　　　　　**资产负债表**

编制单位:　　　　　　　　　　××××年××月××日　　　　　　　　会企 01 表

单位:元

资　　产	年初余额	期末余额	负债和所有者权益（或股东权益）	年初余额	期末余额
流动资产:			流动负债:		
货币资金			短期借款		
交易性金融资产			交易性金融负债		
衍生金融资产			衍生金融负债		
应收账款			应付账款		
应收票据			应付票据		
预付款项			预收款项		
其他应收款			合同负债		
存货			应付职工薪酬		
合同资产			应交税费		
持有待售资产			其他应付款		
一年内到期的非流动资产			持有待售负债		
其他流动资产			一年内到期的非流动负债		
流动资产合计			其他流动负债		
非流动资产:			流动负债合计		
债权投资			非流动负债:		
其他债权投资			长期借款		
长期应收款			应付债券		
长期股权投资			其中:优先股		
其他权益工具投资			永续债		
其他非流动金融资产			长期应付款		
投资性房地产			预计负债		
固定资产			递延收益		
在建工程			递延所得税负债		
生产性生物资产			其他非流动负责		
油气资产			非流动负债合计		

（续表）

资产	年初余额	期末余额	负债和所有者权益（或股东权益）	年初余额	期末余额
无形资产			负债合计		
开发支出			所有者权益（或股东权益）		
商誉			实收资本（或股本）		
长期待摊费用			其他权益工具		
递延所得税资产			其中：优先股		
其他非流动资产			永续债		
非流动资产合计			资本公积		
			减：库存股		
			其他综合收益		
			盈余公积		
			未分配利润		
			所有者权益（或股东权益）合计		
资产总计			负债和所有者权益（或股东权益）合计		

2. 报告式资产负债表

报告式资产负债表又称竖式资产负债表，它是依据"资产－负债＝所有者权益"的会计平衡公式，自上而下列示各类项目，即先列示资产类项目数额，后列示扣减的负债类项目数额，最后再列示所有者权益项目及其余额。这种结构形似向外报告企业的财务状况，也可称财务状况式资产负债表，其基本格式如表 11-2 所示。

表 11-2   资 产 负 债 表

编制单位：   年 月 日   单位：元

项目	年初数	期末数
一、资产		
流动资产：		
货币资金		
交易性金融资产		
衍生金融资产		
应收票据		
应收账款		
预付款项		

（续表）

项目	年初数	期末数
其他应收款		
……		
流动资产合计		
非流动资产：		
债权投资		
其他债权投资		
……		
资产合计		
二、负债		
流动负债：		
短期借款		
交易性金融负债		
衍生金融负债		
……		
流动负债合计		
非流动负债：		
长期借款		
应付债券		
……		
长期负债合计		
负债合计		
三、所有者权益（或股东权益）		
实收资本（或股本）		
其他权益工具		
……		
所有者权益（或股东权益）合计		

三、资产负债表的编制方法

（一）资产负债表填列的基本方法

财务报表的编制，基本都是通过对日常会计核算记录的数据加以归集、整理来实现的。为了提供比较信息，资产负债表的各项目均需填列"年初余额"和"期末余额"两栏数字。其中，"年初余额"栏内各项目的数字，可根据上年年末资产负债表"期末余额"栏相应项目的数字填列。如果本年度资产负债表规定的各个项目的名称和内容与上年度不相一致,应当对上年年末资产负债表各个项目的名称和数字按照本年度的规定进行调整。"期末余额"栏各项目的填列方法如下。

1. 根据总账账户期末余额直接填列

资产负债表中大部分项目的"期末余额"可以根据有关总账账户的期末余额直接填列,如"短期借款""应付职工薪酬""预计负债""实收资本""盈余公积"等项目。

2. 根据总账和明细账户期末余额分析计算填列

资产负债表中一部分项目的"期末余额"需要根据有关总账和明细账户的期末余额分析计算填列。如"一年内到期的非流动资产""一年内到期的非流动负债"等项目。

3. 根据总账账户期末余额计算填列

资产负债表中一部分项目的"期末余额"需要根据有关总账账户的期末余额计算填列,如"货币资金"项目,应根据"库存现金""银行存款"和"其他货币资金"等账户的期末余额合计填列。

4. 根据总账余额减去备抵科目余额后的净额填列

资产负债表中一部分项目的"期末余额"需要根据总账余额减去备抵科目余额后的净额填列,如"无形资产"项目,应根据"无形资产"账户的期末余额减去"累计摊销"账户期末余额和"无形资产减值准备"账户期末余额后以净额反映。

5. 综合运用上述方法填列

资产负债表中一部分项目的"期末余额"需要综合运用上述方法进行填列。如"存货"项目,应根据"原材料""生产成本""委托加工材料""库存商品"等存货类各账户期末余额合计数,减去"存货跌价准备"账户期末余额后的金额填列。

（二）资产负债表各项目填列的具体方法

（1）"货币资金"项目,应根据"库存现金""银行存款""其他货币资金"账户期末余额的合计数填列。

（2）"交易性金融资产"项目,应根据"交易性金融资产"账户相关明细账期末余额分析填列。从资产负债表日起超过一年到期且预期持有超过一年的以公允价值计量且其变动计入当前损益的非流动金融资产的期末账面价值,在"其他非流动金融资产"项目反映。

（3）"应收账款"项目,应根据"应收账款""预收账款"账户明细账的借方余额之和减去"坏账准备"账户中有关属于应收款项计提的坏账准备期末余额后的金额填列。

（4）"预付款项"项目,应根据"预付账款"和"应付账款"账户所属明细账的期末借方余额之和减去"坏账准备"账户中有关属于预付款项计提的坏账准备期末余额后的金额填列。

（5）"其他应收款"项目,应根据"应收利息"和"应收股利"和"其他应收款"账户的期末余额之和减去"坏账准备"账户中有关属于其他应收款计提的坏账准备期末余额后的金额填列。

（6）"存货"项目,应根据"原材料""生产成本""委托加工材料""库存商品""低值易耗品"等存货类各账户期末余额合计数,减去"存货跌价准备"账户期末余额后的金额填列。

（7）"一年内到期的非流动资产"项目，反映企业将于一年内（含一年）到期的非流动资产项目金额。剩余折旧（或摊销、折耗）年限（或期限）在一年以内（含一年）的固定资产、无形资产、长期待摊费用等非流动资产，无需转为该项目。

（8）"其他流动资产"项目，反映企业除上述流动资产以外的其他流动资产。

（9）"长期股权投资"项目，应根据"长期股权投资"账户的期末余额，减去"长期股权投资减值准备"账户期末余额后的金额填列。

（10）"固定资产"项目，应根据"固定资产"账户期末余额，减去"累计折旧"和"固定资产减值准备"账户期末余额后的金额，以及"固定资产清理"账户的期末余额（加借方余额，减贷方余额）填列。

（11）"在建工程"项目，应根据"在建工程"账户期末余额，减去"在建工程减值准备"账户期末余额后的金额，以及"工程物资"账户的期末余额，减去"工程物资减值准备"账户期末余额后的金额填列。

（12）"短期借款"项目，应根据"短期借款"账户的期末余额填列。

（13）"应付账款"项目，应根据"应付账款"和"预付账款"账户所属明细账的期末贷方余额的合计数填列。

（14）"预收款项"项目，应根据"预收账款"和"应收账款"账户所属明细账的贷方余额合计数填列。

（15）"应付职工薪酬"项目，应根据"应付职工薪酬"账户期末贷方余额填列。

（16）"应交税费"项目，应根据"应交税费"账户期末贷方余额填列。

（17）"其他应付款"项目，应根据"应付利息""应付股利"和"其他应付款"账户期末贷方余额合计数填列。

（18）"一年内到期的非流动负债"项目，反映企业非流动负债中将于资产负债表日后一年内到期部分的金额。应根据相关账户的期末余额填列。

（19）"长期借款"项目，应根据"长期借款"账户所属明细账期末贷方余额填列（即扣除一年内到期的借款）。

（20）"实收资本（或股本）"项目，应根据"实收资本（或股本）"账户期末贷方余额填列。

（21）"资本公积"项目，应根据"资本公积"账户期末贷方余额填列。

（22）"盈余公积"项目，应根据"盈余公积"账户期末贷方余额填列。

（23）"未分配利润"项目，应根据"本年利润"账户和"利润分配"账户期末余额计算填列，未弥补的亏损以"－"号填列。

除以上项目之外的其他项目所反映的经济内容和填列方法见相关《中级财务会计学》教材。

四、资产负债表编制举例

【例 11-1】 1. 资料：红星化工有限公司是从事产品生产的工业企业，20×4 年 12 月 31 日该企业在尚未结转"本年利润"账户之前，其资产、负债和所有者权益类总账账户及相关明细账户期末余额如表 11-3 所示。

表 11-3　　　　　　　　　　　　总账及明细账账户期末余额表

20×4 年 12 月 31 日　　　　　　　　　　　　　　单位:元

账户名称	借/贷	余额	账户名称	借/贷	余额
库存现金	借	500	无形资产	借	125 000
银行存款	借	3 958 701	累计摊销	贷	13 000
应收账款	借	468 000	短期借款	贷	3 000 000
其中:A 客户	借	200 000	预收账款	贷	198 000
B 客户	借	300 000	其中:D 客户	贷	200 000
C 客户	贷	32 000	E 客户	借	2 000
预付账款	借	138 233	应付账款	贷	105 947
其中:甲供应商	借	128 233	其中:丁供应商	贷	110 000
乙供应商	借	20 000	戊供应商	借	4 053
丙供应商	贷	10 000	其他应付款	贷	16 700
其他应收款	借	1 200	应付职工薪酬	贷	30 100
在途物资	借	150 000	应交税费	贷	7 370
原材料	借	200 000	应付利息	贷	53 800
生产成本	借	263 000	长期借款	贷	2 523 000
库存商品	借	5 075 860	实收资本	贷	5 000 000
长期股权投资	借	402 532	资本公积	贷	235 700
固定资产	借	2 145 647	盈余公积	贷	211 686
累计折旧	贷	668 110	未分配利润	贷	380 584
在建工程	借	202 348	本年利润	贷	687 024

2. 要求:依据上述资料编制 20×4 年度资产负债表。

企业 20×4 年度的资产负债中,"年初余额"栏的数字是按 20×3 年度资产负债表的"期末余额"过入的(年初余额从略),"期末余额"栏的数字是按照资产负债表的编制原理计算得出的。注意以下几个特殊项目的计算。

(1)"货币资金"项目金额="库存现金"+"银行借款"+"其他货币资金"余额;

(2)"应收账款"项目金额="应收账款"明细科目借方余额+"预收账款"明细科目借方余额-属于应收款项的"坏账准备"账户余额;

(3)"预付款项"项目金额="预付账款"明细科目借方余额+"应付账款"明细科目借方余额-属于预付款项的"坏账准备"账户余额;

(4)"其他应收款"项目金额="其他应收款"余额+"应收利息"余额+"应收股利"余额-属于其他应收款项的"坏账准备"账户余额;

（5）"存货"项目金额＝"在途物资"余额＋"原材料"余额＋"生产成本"余额＋"库存商品"余额－"存货跌价准备"账户余额；

（6）"固定资产"项目金额＝"固定资产"余额－"累计折旧"余额－"固定资产减值准备"余额＋"固定资产清理"借方余额（或－"固定资产清理"贷方余额）；

（7）"无形资产"项目金额＝"无形资产"余额－"累计摊销"余额－"无形资产减值准备"余额；

（8）"应付账款"项目金额＝"应付账款"明细科目贷方余额＋"预付账款"明细科目贷方余额；

（9）"预收款项"项目金额＝"预收账款"明细科目贷方余额＋"应收账款"明细科目贷方余额；

（10）"其他应付款"项目金额＝"其他应付款"余额＋"应付利息"余额＋"应付股利"余额；

（11）"未分配利润"项目金额＝"本年利润"余额＋"利润分配"期末余额。

具体编制资产负债表如表 11-4 所示。

表 11-4　　　　　　　　　　**资产负债表**　　　　　　　　　会企 01 表

编制单位：红星化工有限公司　　　　20×4 年 12 月 31 日　　　　　　　单位：元

资　产	年初余额	期末余额	负债和所有者权益（或股东权益）	年初余额	期末余额
流动资产：			流动负债：		
货币资金	略	3 959 201	短期借款	略	3 000 000
交易性金融资产			交易性金融负债		
衍生金融资产			衍生金融负债		
应收票据		0	应付票据		0
应收账款		502 000	应付账款		120 000
预付款项		152 286	预收款项		232 000
其他应收款		1 200	合同负债		
存货		5 688 860	应付职工薪酬		30 100
合同资产			应交税费		7 370
持有待售资产			其他应付款		70 500
一年内到期的非流动资产			持有待售负债		
其他流动资产			一年内到期的非流动负债		
流动资产合计		10 303 547	其他流动负债		
非流动资产：			流动负债合计		3 459 970

（续表）

资　产	年初余额	期末余额	负债和所有者权益（或股东权益）	年初余额	期末余额
债权投资			非流动负债：		
其他债权投资			长期借款		2 523 000
长期应收款			应付债券		
长期股权投资		402 532	其中：优先股		
其他权益工具投资			永续债		
其他非流动金融资产			长期应付款		
投资性房地产			预计负债		
固定资产		1 477 537	递延收益		
在建工程		202 348	递延所得税负债		
生产性生物资产			其他非流动负债		
油气资产			非流动负债合计		2 523 000
无形资产		112 000	负债合计		5 982 970
开发支出			所有者权益（或股东权益）：		
商誉			实收资本（或股本）		5 000 000
长期待摊费用			其他权益工具		
递延所得税资产			其中：优先股		
其他非流动资产			永续债		
非流动资产合计		2 194 417	资本公积		235 700
			减：库存股		
			其他综合收益		
			盈余公积		211 686
			未分配利润		1 067 608
			所有者权益（或股东权益）合计		6 514 994
资产总计		12 497 964	负债和所有者权益（或股东权益）合计		12 497 964

第三节　利润表、利润分配表及综合收益表

一、利润表及利润分配表的意义

利润表是反映企业一定会计期间（如月度、季度、半年度或年度）经营成果的财务报

表。企业一定会计期间的经营成果既可能为盈利,也可能为亏损,因此,利润表又被称为损益表。会计部门应定期(一般按月份)核算企业的经营成果,并将核算结果编制成报表,这就形成了利润表。利润分配表是反映企业在一定时期利润分配情况和年末未分配利润结余情况的报表。利润分配表是利润表的附表,利润表反映企业利润的形成情况,而利润分配表则是用来反映企业的利润分配情况。

编制利润表及利润分配表有着重要的意义,具体表现为以下几个方面:

(1)便于评价和预测企业的经营成果和获利能力,为投资决策提供依据。经营成果是一个绝对值指标,可以反映企业财富增长的规模。获利能力是一个相对值指标,它是指企业运用一定经济资源获取经营成果的能力,经济资源可以是资产总额、净资产,可以是资产的耗费,还可以是投入的人力。因而衡量获利能力的指标包括资产收益率、净资产(税后)收益率、成本收益率以及人均实现收益等指标。经营成果的信息直接由利润表反映,而获利能力的信息除利润表外,还要借助于其他财务报表和注释附表才能得到。根据利润表所提供的经营成果信息,股东和管理部门可评价和预测企业的获利能力,对是否投资或追加投资、投向何处、投资多少等作出决策。

(2)便于评价和预测企业的偿债能力,为筹资决策提供依据。偿债能力是指企业以资产清偿债务的能力。企业的偿债能力不仅取决于资产的流动性和资产结构,也取决于获利能力。获利能力不强甚至亏损的企业,通常其偿债能力不会很强。债权人通过分析和比较利润表的有关信息,可以评价和预测企业的偿债能力,尤其是长期偿债能力,对是否继续向企业提供信贷作出决策。财务部门通过分析和比较利润表的有关信息和偿债能力可以对筹资的方案和资本结构以及财务杠杆的运用作出决策。

(3)便于企业管理人员作出经营决策。企业管理人员比较和分析利润表中各种构成因素,可知悉各项收入、成本费用与收益之间的消长趋势,发现各方面工作中存在的问题,从而作出合理的经营决策。

(4)便于评价和考核管理人员的绩效。董事会和股东从利润表所反映的收入、成本费用与收益的信息可以评价管理层的业绩,为考核和奖励管理人员作出合理的决策。

(5)便于了解企业实现净利润的分配情况或亏损的弥补情况,了解利润分配的构成,以及年末未分配利润的数据。

二、利润表的结构和内容

利润表是根据"收入-费用=利润"的基本关系来编制的,其具体内容取决于收入、费用和利润等会计要素及其内容,利润表项目是收入、费用和利润要素内容的具体体现。利润表一般有表首、正表两部分。其中表首说明报表名称、编制单位、编制日期、报表编号、计量单位等;正表是利润表的主体,反映形成经营成果的各个项目和计算过程。

利润表正表的格式一般有两种:单步式利润表和多步式利润表。

单步式利润表是当期全部收入抵掉当期全部支出,一次计算出当期损益的一种利润表。单步式利润表的格式如表11-5所示。

表 11-5　　　　　　　　　　利润表(单步式)

编制单位：　　　　　　　　　　20×4 年　　　　　　　　　　单位:元

项　　目	行　次	本月数	本年累计数
一、收入	（略）		
营业收入			
投资收益			
营业外收入			
……			
二、费用			
营业成本			
税金及附加			
管理费用			
销售费用			
财务费用			
营业外支出			
……			
所得税费用			
三、净利润			

　　单步式利润表的优点是收入、费用归类清楚,经营成果的确认比较直观,报表编制方法简单;不足之处是对收入和费用的性质不加区分,不能揭示利润中各要素之间的内在联系,不便于对企业经营成果进行分析和评价。

　　多步式利润表是按照利润的性质,分层次计算利润的一种利润表。一般分为以下几个层次：

　　第一层次,计算营业利润,即:营业利润＝营业收入－营业成本－税金及附加－销售费用－管理费用－财务费用－资产减值损失＋公允价值变动收益＋投资收益。

　　第二层次,计算利润总额,即:利润总额＝营业利润＋营业外收入－营业外支出。

　　第三层次,计算净利润,即:净利润＝利润总额－所得税费用。

　　多步式利润表的格式如表 11-6 所示。

表 11-6　　　　　　　　　　利润表(多步式)

编制单位：　　　　　　　　　　20×4 年　　　　　　　　　　单位:元

项　　目	行次	本月数	本年数
一、营业收入			
减:营业成本			
税金及附加			

（续表）

项　　目	行次	本月数	本年数
销售费用			
管理费用			
研发费用			
财务费用			
其中:利息费用			
利息收入			
资产减值损失			
信用减值损失			
加:其他收益			
投资收益			
其中:对联营企业和合营企业投资的收益			
净敞口套期收益(损失以"－"号填列)			
公允价值变动收益(损失以"－"号填列)			
资产处置收益(损失以"－"号填列)			
二、营业利润(亏损以"－"号填列)			
加:营业外收入			
减:营业外支出			
三、利润总额(亏损总额以"－"号填列)			
减:所得税费用			
四、净利润(净亏损以"－"号填列)			
(一)持续经营净利润(净亏损以"－"号填列)			
(二)终止经营净利润(净亏损以"－"号填列)			
五、其他综合收益的税后净额			
(一)以后不能重分类进损益的其他综合收益			
(一)以后将重分类进损益的其他综合收益			
六、综合收益总额			
七、每股收益:			
(一)基本每股收益			
(二)稀释每股收益			

多步式利润表的优点:便于对企业利润形成的渠道进行分析,明确盈利的主要因素,或亏损的主要原因,使管理更具有针对性。同时也有利于不同企业之间进行比较;还可以预测企业未来的盈利能力。

三、利润表的编制

(一)利润表编制的基本方法

利润表编制的原理是"收入-费用=利润"的会计平衡公式和收入与费用的配比原则。在生产经营中企业不断地发生各种费用支出,同时取得各种收入,收入减去费用,剩余的部分就是企业的盈利。取得的收入和发生的相关费用的对比情况就是企业的经营成果。如果企业经营不当,发生的生产经营费用超过取得的收入,企业就发生了亏损;反之企业就能取得一定的利润。

在我国,利润表采用多步式,对于月度利润表,每个项目通常分为"本月数"和"本年累计数"两栏分别填列。"本月数"栏反映各项目的本月实际发生数,应根据收益类和费用类等账户的本期发生额填列,或根据结账前的余额填列;"本年累计数"栏反映各项目自年初起至本月末止的累计实际发生数,可根据本月数与前期累计数填列。在编制年度利润表时,"本月数"栏改为"本年数","本年累计数"栏改为"上年数"。"上年数"栏应根据上年利润表"本年数"栏内所列数字填列,如果上年度利润表与本年度利润表的项目名称和内容不相一致,则按编报当年的口径对上年度利润表项目的名称和数字进行调整,填入本表"上年数"栏。

(二)利润表各项目"本期金额栏"编制的具体方法

(1)"营业收入"项目,应根据"主营业务收入"账户和"其他业务收入"账户的本期发生额分析填列。

(2)"营业成本"项目,应根据"主营业务成本"账户和"其他业务成本"账户的本期发生额分析填列。

(3)"税金及附加"项目,应根据"税金及附加"账户的本期发生额分析填列。

(4)"销售费用"项目,应根据"销售费用"账户的本期发生额分析填列。

(5)"管理费用"项目,应根据"管理费用"账户的本期发生额分析填列。

(6)"研发费用"项目,反映企业进行研究与开发过程中发生的费用化支出。本项目应根据"管理费用"账户中的"研发费用"明细账户的本期发生额分析填列。

(7)"财务费用"项目,应根据"财务费用"账户的本期发生额分析填列。其中"利息费用"项目反映企业为筹集生产经营所需资金而发生的应予费用化的利息支出;"利息收入"项目主要是银行存款产生的利息收入,以及根据《企业会计准则第 14 号——收入》相关规定确认的利息收入。

(8)"资产减值损失"项目,应根据"资产减值损失"账户的本期发生额分析填列。

(9)"信用减值损失"项目,反映企业按照 2017 年修订的《企业会计准则第 22 号——金融工具确认和计量》的要求计提的各项金融工具减值准备所形成的预期信用损失。本项目应根据"信用减值损失"账户的本期发生额分析填列。

(10)"其他收益"项目,反映计入其他收益的政府补助,以及企业作为扣缴义务人根据《中华人民共和国个人所得税法》收到的个人所得税扣缴税款手续费等。本项目应根据"其他收益"账户的本期发生额分析填列。

(11)"投资收益"项目,应根据"投资收益"账户的本期发生额分析填列。如为投资损失,以"-"号填列。

(12)"公允价值变动损益"项目,应根据"公允价值变动损益"账户的本期发生额分析填列。如为净损失,以"-"号填列。

(13)"资产处置收益"项目,反映企业出售划分为持有待售的非流动资产(金融工具、长期股权投资和投资性房地产除外)或处置组时确认的处置利得或损失,以及处置未划分为持有待售的固定资产、在建工程、生产性生物资产及无形资产而产生的处置利得或损失。债务重组中因处置非流动资产产生的利得或损失和非货币性资产交换产生的利得或损失也包括在本项目中。本项目应根据"资产处置收益"账户的本期发生额分析填列。处置损失以"-"号填列。

(14)"营业外收入"项目,反映企业债务重组利得、与企业日常活动无关的政府补助、盘盈利得、捐赠利得(企业接受股东或股东的子公司直接或间接捐赠,经济实质属于股东对企业的资本性投入的除外)等。本项目应根据"营业外收入"账户的本期发生额分析填列。

(15)"营业外支出"项目,反映企业债务重组损失、公益性捐赠支出、盘盈损失、非常损失、非流动资产毁损报废损失(通常包括因自然灾害发生毁损、已丧失使用功能等原因而报废清理产生的损失)等。本项目应根据"营业外支出"账户的本期发生额分析填列。

(16)"净利润"项目,反映企业实现的净利润,如为净亏损,以"-"号填列。本项目中的"(一)持续经营净利润"和"(二)终止经营净利润"项目分别反映净利润中与持续经营和与终止经营相关的净利润;如为净亏损,以"-"号填列。这两个项目应按照《企业会计准则第42号——持有待售的非流动资产、处置组和终止经营》的相关规定分别列报。

多步式利润表的优点在于,便于对企业利润形成的渠道进行分析,明了盈利的主要因素,或亏损的主要原因,使管理更具有针对性。同时也有利于不同企业之间进行比较;还可以预测企业未来的盈利能力。

四、利润表编制举例

【例 11-2】 1.资料:红星机械有限公司 20×4 年 12 月有关损益类账户的余额如表 11-7 所示。

表 11-7　　　　红星机械有限公司 20×4 年 12 月损益类账户余额及发生额　　　　单位:元

科目名称	借方发生额	借方累计发生额	贷方发生额	贷方累计发生额
主营业务收入			1 500 000	20 000 000
主营业务成本	830 000	11 000 000		
税金及附加	62 893	800 000		

（续表）

科目名称	借方发生额	借方累计发生额	贷方发生额	贷方累计发生额
管理费用	221 177	3 000 000		
销售费用	28 000	400 000		
财务费用	28 400	450 000		
投资收益			36 500	90 000
营业外收入			50 000	50 000
营业外支出	64 700	100 000		
所得税费用	103 399	1 097 500		

2. 要求：依据上述资料编制 20×4 年度利润表。

表 11-8 　　　　　　　　　利 润 表

编制单位：　　　　　　　　20×4 年　　　　　　　　单位：元

项　　目	本年数	上年数
一、营业收入	20 000 000	略
减：营业成本	11 000 000	
税金及附加	800 000	
销售费用	400 000	
管理费用	3 000 000	
研发费用		
财务费用	450 000	
其中：利息费用		
利息收入		
资产减值损失		
信用减值损失		
加：其他收益		
投资收益	90 000	
其中：对联营企业和合营企业投资的收益		
净敞口套期收益（损失以"－"号填列）		
公允价值变动收益（损失以"－"号填列）		

（续表）

项　　目	本年数	上年数
资产处置收益(损失以"一"号填列)		
二、营业利润(亏损以"一"号填列)	4 440 000	
加:营业外收入	50 000	
减:营业外支出	100 000	
三、利润总额(亏损总额以"一"号填列)	4 390 000	
减：所得税费用	109 750	
四、净利润(净亏损以"一"号填列)	329 250	
(一)持续经营净利润(净亏损以"一"号填列)		
(二)终止经营净利润(净亏损以"一"号填列)		
五、其他综合收益的税后净额		
(一)以后不能重分类进损益的其他综合收益		
(二)以后将重分类进损益的其他综合收益		
六、综合收益总额		
七、每股收益		
(一)基本每股收益		
(二)稀释每股收益		

五、利润分配表的编制

（一）利润分配表及其结构

利润分配表是反映企业一定会计期间对所实现的净利润以及以前年度未分配利润的分配或者亏损弥补情况的报表。利润分配表是利润表的附表。它主要揭示企业实现利润的分配情况和年末未分配利润的结余情况。

利润分配表一般有表首、正表两部分。其中,表首说明报表名称、编制单位、编制日期、报表编号、货币名称、计量单位等;正表是利润分配表的主体,具体说明利润分配表的各项内容,每项内容通常按"本年实际"和"上年实际"两栏分别填列。

在我国,利润分配表的"本年实际"栏,根据本年"本年利润"及"利润分配"科目及其所属明细科目的记录分析填列:"上年实际"栏根据上年"利润分配表"填列。如果上年度利润分配表与本年度利润分配表的项目名称和内容不一致,则按编报当年的口径对上年度报表项目的名称和数字进行调整,填入本表"上年实际"栏内。

利润分配表的基本格式如表 11-9 所示。

表 11-9　　　　　　　　　　　　利 润 分 配 表
　　　　　　　　　　　　　　　××××年　　　　　　　　　　　单位:元

项　　目	本年实际	上年实际
一、净利润		
加:年初未分配利润		
其他转入		
二、可供分配的利润		
减:提取法定盈余公积		
提取法定公益金		
提取职工福利及奖励基金		
三、可供投资者分配的利润		
减:应付优先股股利		
提取任意盈余公积		
应付普通股股利		
转作资本(或股本)的普通股股利		
四、未分配利润		

（二）利润分配表的编制方法

（1）利润分配表"本年实际"栏下各项目,应根据"本年利润"和"利润分配"账户所属明细账户的记录分析填列。

（2）利润分配表"上年实际"栏各项目,应根据上年"利润分配表"填列。

（3）利润分配表各项目的内容及填列方法。

①"净利润"项目,反映企业实现的净利润。如为净亏损,以"-"号填列。本项目的数字应与"利润表""本年累计数"栏的"净利润"项目一致。

②"年初未分配利润"项目,反映企业年初未分配的利润,如为未弥补的亏损,以"-"号填列。

③"其他转入"项目,反映企业按规定用盈余公积弥补亏损等转入的数额。

④"提取法定盈余公积"项目和"提取法定公益金"项目,分别反映企业按照规定提取的法定盈余公积和法定公益金。

⑤"提取职工奖励及福利基金"项目,反映外商投资企业按规定提取的职工奖励及福利基金。

⑥"应付优先股股利"项目,反映企业应分配给优先股股东的现金股利。

⑦"提取任意盈余公积"项目,反映企业提取的任意盈余公积。

⑧"应付普通股股利"项目,反映企业应分配给普通股股东的现金股利。

⑨"转作股本的普通股股利"项目,反映企业分配给普通股股东的股票股利。

⑩ "未分配利润"项目,反映企业年末尚未分配的利润。如为未弥补的亏损以"-"号填列。

企业如因以收购本企业股票方式减少注册资本而相应减少的未分配利润,可在本表"年初未分配利润"项目下增设"减:减少注册资本减少的未分配利润"项目反映。

六、综合收益表

(一)综合收益表产生的背景

传统会计收益的报告模式以实际交易为基础,遵循收益实现原则、历史成本原则和配比原则,反映的会计收益具有客观、可检验和谨慎等优点。但其也存在以下缺陷和不足:①收益实现原则,使计算的收益不完整,没有包括未实现的持产损益;②历史成本计价使资产负债表中的资产仅是过去未分摊资产成本的余额,使资产负债表失去了意义;③以现时价格计量收入、以历史成本计量费用,使成本不能得到真正回收,造成虚盈实亏;④稳健原则和配比原则不可避免地带有主观因素,使计量结果缺乏可比性,同时配比原则还使得资产负债表出现了递延借项和递延贷项等模糊概念。

自20世纪90年代以来,随着会计目标由受托责任观向决策有用观转变,以及企业面临的经济环境日趋多变、企业的经营活动日益复杂,传统会计收益的报告模式受到越来越多的指责。在收益的确定方面,因受传统收益确定模式的制约,许多已确认但未实现的收益只能进入资产负债表而不能进入利润表,这样,收益的透明性受到影响,财务业绩信息的有用性降低。因此,传统的财务报表不能反映企业真实的财务状况和经营成果,会计计量出现了以公允价值替代历史成本的趋势。

为了实现决策有用性的会计目标及克服传统会计收益报告模式的缺陷,许多国家及国际财务报告准则委员会纷纷着手改革传统的收益确定模式。报告综合收益,已成为当前会计改革的迫切要求,我国财政部于2014年7月1日修订的《企业会计准则第30号——财务报表列报》中也对综合收益的列示作出了规范。

(二)综合收益的相关概念

(1)综合收益。综合收益是企业在某一期间内除与所有者以其所有者身份进行的交易之外的其他交易或事项所引起的所有者权益的变化额,它包括净利润和其他综合收益。

(2)其他综合收益。其他综合收益是除净利润之外的所有综合收益的总称,它是根据企业会计准则规定未在当期损益中确认的各项利得和损失扣除所得税影响后的净额。包括:以公允价值计量且其变动计入其他综合收益的金融资产的公允价值变动、按照权益法核算的在被投资单位其他综合收益中所享有的份额、计入其他资本公积的现金流量套期工具利得或损失中属于有效套期的部分、境外经营外币报表折算差额等。

在综合收益中,净利润是其主要组成部分。

(三)综合收益的列报

综合收益的列报主要有以下两种方式。

(1)编制独立的综合收益表。独立的综合收益表由两部分组成:第一部分列示净利润,第二部分列示其他综合收益的具体构成项目及其调整内容。

(2) 编制利润与综合收益表。将其他综合收益的数据与利润表数据列示于同一张报表,该表上半部分列示传统的利润表数据,下半部分列示其他综合收益表数据。

相关综合收益的列报格式见《中级财务会计学》教材,本教材不作介绍。

第四节 现金流量表

一、现金流量表的意义

现金流量表是财务报表的四大基本报表之一,所表达的是在一定期间内,企业的现金增减变动情形。我国《企业会计准则第 31 号——现金流量表》规范了现金流量表的编制。

编制现金流量表的意义如下。

(1) 现金流量表能够说明企业一定期间内现金流入和流出的原因。现金流量表将现金流量划分为经营活动、投资活动和筹资活动所产生的现金流量,并按照流入现金和流出现金项目分别反映。通过现金流量表能够清晰地反映企业现金流入和流出的原因,即现金从哪里来,又用到哪里去。这些信息是资产负债表和利润表所不能提供的。

(2) 现金流量表能够说明企业的偿债能力和支付股利的能力。在某些情况下,虽然企业利润表上反映的经营业绩很可观,但财务困难,不能偿还到期债务;还有些企业虽然利润表上反映的经营成果并不可观,但却有足够的偿付能力。产生这种情况有诸多原因,其中会计核算采用的权责发生制、配比原则等所含的估计因素也是其主要原因之一。现金流量表完全以现金的收支为基础,消除了会计核算中由于会计估计等所产生的获利能力和支付能力。通过现金流量表能够了解企业现金流入的构成,分析企业偿债和支付股利的能力,增强投资者的投资信心和债权人收回债权的信心;通过现金流量表,投资者和债权人可了解企业获取现金的能力和现金偿付的能力,从而使有限的社会资源流向最能产生效益的地方。

(3) 现金流量表可以用来分析企业未来获取现金的能力。现金流量表反映企业一定期间内的现金流入和流出的整体情况。现金流量表中的经营活动产生的现金流量,代表企业运用其经济资源创造现金流量的能力;投资活动产生的现金流量,代表企业运用资金产生现金流量的能力;筹资活动产生的现金流量,代表企业筹资获得现金流量的能力。通过现金流量表及其他财务信息,可以分析企业未来获取或支付现金的能力。

(4) 现金流量表可以用来分析企业投资和理财活动对经营成果和财务状况的影响。资产负债表能够提供企业一定日期财务的状况,它所提供的是静态的财务信息,并不能反映财务状况变动的原因,也不能表明这些资产、负债给企业带来多少现金,又用去多少现金;利润表虽然反映企业一定期间的经营成果,提供动态的财务信息,但利润表只能反映利润的构成,也不能反映经营活动、投资活动和筹资活动给企业带来多少现金,又支付多少现金,而且利润表不能反映投资活动和筹资活动的全部事项。现金流量表提供一定时期现金流入和流出的动态财务信息,表明企业在报告期内由经营活动、投资活动和筹资活动获得多少现金,企业获得的这些现金是如何运用的,能够说明资产、负债、净资产变动的原因,对资产负债表和利润表起到补充说明的作用。现金流量表是连接资产负债表和利润表的桥梁。

(5)现金流量表能够提供不涉及现金的投资活动和筹资活动的信息。现金流量表除了反映企业与现金有关的投资活动和筹资活动外,还通过补充资料(附注)提供不涉及现金的投资活动和筹资活动方面的信息,使财务报表使用者或阅读者能够全面了解和分析企业的投资活动和筹资活动。

(6)编制现金流量表,便于和国际惯例相协调。目前世界许多国家都要求企业编制现金流量表,如美国、英国、澳大利亚、加拿大等。我国企业编制现金流量表后,将对开展跨国经营、境外筹资、加强国际经济合作起到积极的作用。

二、编制现金流量表的基础

现金流量表是以现金为基础编制的,这里的现金是指企业库存现金、可以随时用于支付的存款,以及现金等价物。具体包括如下几项。

(1)库存现金。库存现金是指企业持有可随时用于支付的现金,即与会计核算中"库存现金"科目所包括的内容一致。

(2)银行存款。银行存款是指企业存在银行或其他金融机构随时可以用于支付的存款,即与会计核算中"银行存款"科目所包括的内容基本一致,区别在于:如果存在银行或其他金融机构的款项中不能随时用于支付的存款,如不能随时支取的定期存款,不作为现金流量表中的现金,但提前通知银行或其他金融机构便可支取的定期存款,则包括在现金流量表中的现金概念中。

(3)其他货币资金。其他货币资金是指企业存在银行有特定用途的资金,或在途中尚未收到的资金,如银行汇票存款、银行本票存款、信用证保证金、信用卡、在途货币资金等。

(4)现金等价物。现金等价物是指企业持有的期限短、流动性强、易于转换为已知金额的现金、价值变动风险很小的投资。现金等价物的主要特点是流动性强,并可以随时转换成现金的投资,通常指购买在3个月或更短时间内即到期或可转换为现金的投资。

三、现金流量的分类

通常,按照企业经营业务发生的性质将企业一定期间内产生的现金流量归为以下三类。

(1)经营活动产生的现金流量。经营活动是指企业投资活动和筹资活动以外的所有交易或事项,包括销售商品、提供劳务、经营性租赁、购买货物、接受劳务、制造产品、广告宣传、推销产品、缴纳税款等。经营活动产生的现金流量是企业通过运用所拥有的资产自身创造的现金流量,主要是与企业净利润有关的现金流量。但企业一定期间内实现的净利润并不一定都构成经营活动产生的现金流量,如处置固定资产净收益或净损失构成净利润的一部分,则不属于经营活动产生的现金流量,处置固定资产净收益或净损失也不是实际的现金流入或流出。通过现金流量表中反映的经营活动产生的现金流入和流出,说明企业经营活动对现金流入和流出净额的影响程度。需要说明的是,各类企业由于行业特点不同,对经营活动性质的确认可能会存在一定的差异,企业在编制现金流量表时,应根据自己的实际情况,对现金流量进行合理的归类。

(2)投资活动产生的现金流量。投资活动是指企业长期资产的购建以及不包括在现金等价物范围内的投资及其处置活动,包括取得或收回权益性证券的投资,购买或收回债券投资,购建和处置固定资产、无形资产和其他长期资产等。作为现金等价物的投资属于现金自身的增减变动,如购买还有 1 个月到期的债券等,都属于现金内部各项目转换,不会影响现金流量净额的变动。通过现金流量表中反映的投资活动产生的现金流量,可以分析企业通过投资获取现金流量的能力,以及投资产生的现金流量对企业现金流量净额的影响程度。

(3)筹资活动产生的现金流量。筹资活动是指导致企业资本及借款规模和构成发生变化的活动,包括吸收权益性资本、资本溢价、发行债券、借入资金、支付股利、偿还债务等。通过现金流量表中筹资活动产生的现金流量,可以分析企业筹资的能力,以及筹资产生的现金流量对企业现金流量净额的影响程度。

四、现金流量表的格式

现金流量表分为主表和附表(即补充资料)两大部分。主表的各项目金额实际上就是每笔现金流入、流出的归属,而附表的各项目金额则是相应会计账户的当期发生额或期末与期初余额的差额。现金流量表一般格式如表 11-10 所示。

表 11-10 现金流量表

编制单位:××公司 　　　　××××年度 　　　　单位:元

项　　　目	行次	金额
一、经营活动产生的现金流量:		
销售商品、提供劳务收到的现金	1	
收到的税费返还	2	
收到的其他与经营活动有关的现金	3	
现金流入小计	4	
购买商品、接受劳务支付的现金	5	
支付给职工以及为职工支付的现金	6	
支付的各项税费	7	
支付的其他与经营活动有关的现金	8	
现金流出小计	9	
经营活动产生的现金流量净额	10	

（续表）

项　　目	行次	金额
二、投资活动产生的现金流量：		
收回投资所收到的现金	11	
取得投资收益所收到的现金	12	
处置固定资产、无形资产和其他长期资产所收回的现金净额	13	
处置子公司及其他营业单位收到的现金净额	14	
收到的其他与投资活动有关的现金	15	
现金流入小计	16	
购建固定资产、无形资产和其他长期资产所支付的现金	17	
投资所支付的现金	18	
取得子公司及其他营业单位支付的现金净额	19	
支付的其他与投资活动有关的现金	20	
现金流出小计	21	
投资活动产生的现金流量净额	22	
三、筹资活动产生的现金流量：		
吸收投资所收到的现金	23	
借款所收到的现金	24	
收到的其他与筹资活动有关的现金	25	
现金流入小计	26	
偿还债务所支付的现金	27	
分配股利、利润或偿付利息所支付的现金	28	
支付的其他与筹资活动有关的现金	29	
现金流出小计	30	
筹资活动产生的现金流量净额	31	
四、汇率变动对现金的影响额	32	
五、现金及现金等价物净增加额	33	
补充资料		
1. 将净利润调节为经营活动的现金流量：		
净利润	34	
加：计提的资产减值准备	35	
固定资产折旧	36	
无形资产摊销	37	

（续表）

项　　　目	行次	金额
长期待摊费用摊销	38	
处置固定资产、无形资产和其他长期资产的损失（减：收益）	41	
固定资产报废损失	42	
公允价值变动损失（减：收益）	43	
财务费用	44	
投资损失（减：收益）	45	
递延所得税负债（减：递延所得税资产）	46	
存货的减少（减：增加）	47	
经营性应收项目的减少（减：增加）	48	
经营性应付项目的增加（减：减少）	49	
其他	50	
经营活动产生的现金流量净额	51	
2. 不涉及现金收支的投资活动和筹资活动：		
债务转为资本	52	
一年内到期的可转换公司债券	53	
融资租入固定资产	54	
3. 现金及现金等价物净增加情况：		
现金的期末余额	55	
减：现金的期初余额	56	
加：现金等价物的期末余额	57	
减：现金等价物的期初余额	58	
现金及现金等价物净增加额	59	

制表人：　　　　　　　　会计主管：　　　　　　　　单位负责人：

第五节　所有者权益变动表

一、所有者权益变动表的意义

所有者权益变动表是反映公司一定期间构成所有者权益的各组成部分的增减变动情况的报表。其中，所有者权益变动表应当全面反映一定时期所有者权益变动的情况。通过所有者权益变动表，既可以为报表使用者提供所有者权益总量增减变动的信息，也能为其提供所有者权益增减变动的结构性信息，特别是能够让报表使用者理解所有者权益增减变动的根源。

二、所有者权益变动表的内容及结构

在所有者权益变动表上,企业至少应当单独列示反映下列信息的项目:(1)综合收益总额;(2)会计政策变更和差错更正的累积影响金额;(3)所有者投入资本和向所有者分配利润等;(4)提取的盈余公积;(5)实收资本、资本公积、盈余公积、未分配利润的期初和期末余额及其调节情况。

所有者权益变动表以矩阵的形式列示:一方面,列示导致所有者权益变动的交易或事项,从所有者权益变动的来源对一定时期所有者权益的变动情况进行全面反映;另一方面,按照所有者权益各组成部分(即实收资本、资本公积、盈余公积、未分配利润和库存股)及其总额列示交易或事项对所有者权益的影响。另外,企业还要提供比较所有者权益变动表,表中各项目分为"本年金额"和"上年金额"两栏分别填列。所有者权益变动表的详细内容及格式如表 11-11 所示。

表 11-11 所有者权益权变动表

编制单位:××公司　　　　　　××××年度　　　　　　单位:元

项　　　目	本年金额							上年金额						
	实收资本(或股本)	资本公积	减:库存股	其他综合收益	盈余公积	未分配利润	所有者权益合计	实收资本(或股本)	资本公积	减:库存股	其他综合收益	盈余公积	未分配利润	所有者权益合计
一、上年年末余额														
加:会计政策变更														
前期差错更正														
二、本年年初余额														
三、本年增减变动金额(减少以"—"号填列)														
(一)综合收益总额														
(二)所有者投入和减少资本														
1. 所有者投入资本														
2. 股份支付计入所有者权益的金额														
3. 其他														
(三)利润分配														
1. 提取盈余公积														

（续表）

项　目	本年金额							上年金额						
	实收资本（或股本）	资本公积	减:库存股	其他综合收益	盈余公积	未分配利润	所有者权益合计	实收资本（或股本）	资本公积	减:库存股	其他综合收益	盈余公积	未分配利润	所有者权益合计
2. 对所有者（或股东）的分配														
3. 其他														
（四）所有者权益内部结转														
1. 资本公积转增资本（或股本）														
2. 盈余公积转增资本（或股本）														
3. 盈余公积弥补亏损														
4. 其他														
四、本年年末余额														

第六节　财务报表附注

一、财务报表附注的意义

财务报表附注是为了便于财务报表使用者理解财务报表的内容而对财务报表的编制基础、编制依据、编制原则和方法及主要项目等所作的解释。它是对财务报表的补充说明，是财务会计报告体系的重要组成部分。随着经济环境的复杂化以及人们对相关信息要求的提高，附注在整个报告体系中的地位日益突出。具体表现在如下方面。

（1）提高会计信息的相关性和可靠性。会计信息既要相关又要可靠，相关性和可靠性是会计信息的两个基本质量特征。由于财务会计本身的局限，相关性和可靠性的选择犹如鱼与熊掌的选择，很多时候都是不可兼得的。但是，财务报表附注披露可以在不降低会计信息可靠性的前提下提高信息的相关性，如或有事项的处理。或有事项由于发生的不确定性而不能直接在主表中进行确认，但等到完全可靠或基本能够预期的时候，又可能因为及时性的丧失而损伤了信息的相关性。为此，可以通过在财务报表附注中进行披露，揭示或有事项的类型和影响，以此来提高信息的相关性。

（2）增强不同行业和行业内部不同企业之间信息的可比性。会计信息是由多种因素综合促成的，经济环境的不确定性，不同行业的不同特点，以及各个企业前后各期情况的变化，都会降低不同企业之间会计信息的可比性，以及企业前后各期会计信息的一贯性。

财务报表附注可以通过披露企业的会计政策和会计估计的变更等情况,向投资者传递相关信息,使投资者能够"看透"会计方法的实质,而不被会计方法所误导。

(3) 与财务报表主表的不可分割性。财务报表主表与财务报表附注的关系可概括为:主表是根,附注是补充。没有主表的存在,附注就失去了依靠;而没有附注恰当的补充,财务报表主表的功能就难以有效地实现。

二、财务报表附注反映的内容

企业应当按照我国企业会计准则的要求在附注中至少披露下列内容,但是,非重要项目除外。企业的年度财务报表附注至少应披露如下内容。

(1) 企业基本情况。

(2) 财务报表的编制基础。

(3) 遵循企业会计准则的声明。

(4) 重要会计政策和会计估计。

(5) 会计政策和会计估计变更以及差错更正的说明。

(6) 重要报表项目的说明。

(7) 其他需要说明的重要事项。

(8) 有助于财务报表使用者评价企业管理资本的目标、政策及程序的信息。

第十二章 会计工作组织

第一节 会计工作组织的意义和要求

会计是经济管理的重要组成部分。从广义上来讲,凡是与组织会计工作有关的一切事项都可以包括在会计工作组织之内。从狭义上来说,会计工作组织就是根据会计工作的特点,设置会计核算机构,配备与教育会计人员,制定、执行会计法规制度,保管会计档案,以保证会计工作合理、有效地进行。为保证会计工作正常、高效运行,企事业单位必须科学地组织会计工作。

一、会计工作组织的意义

会计工作的恰当组织是形成、提高与完善会计工作,保证会计工作质量与效率,充分发挥会计作用的前提条件。其意义主要表现在以下几个方面。

(一)为会计工作的开展提供前提与保证

会计工作的开展必须要有会计机构和人员,即使不具备设置会计机构条件的单位,也必须配备专职的会计人员,以保证对企业财务进行反映与监督,为企业开展的经济活动提供资金支持。会计政策和制度的设计也属于会计组织工作的内容,政策与制度的基本内容是会计的原则、程序和方法。科学、合理地组织会计工作,是做好会计工作的前提,为问题的处理提供基本依据和规范。

(二)有利于核算质量的提高,保证会计信息的真实与完整

会计工作是一项严密细致的工作。会计为经营管理所提供的会计信息,需经过一系列的记录、计算、分类、汇总、分析、检查的手续和处理程序。任何一项手续的遗漏、数字差错或程序脱节,都可能导致会计信息的不正确、不及时,进而影响整个经济管理、预测和决策。科学、合理地组织会计工作,使会计工作按照预先规定的方法和程序有条不紊地进行,可以有效地防止手续的遗漏、数字差错或程序脱节。即使出现错误,也能及时查出并纠正。

(三)有利于企业内部经营管理的加强,提高经济效益

会计工作是一项综合性很强的工作。例如,会计工作既与宏观经济的国家财政、税收、金融工作有着密切的联系,又与各企业内部的计划、统计等工作密切联系。会计工作一方面能促进其他经济管理工作,另一方面也需要其他经济管理工作的配合。科学合理地组织会计工作,可以促使各部门之间、人员之间进行合理分工,相互补充,相互促进,共同完成经济管理任务,提高经济效益。

（四）有利于国家方针政策和财经纪律的贯彻，强化经济责任和经济核算

经济责任是企业实行内部控制和管理的重要手段，实行内部经济责任制离不开会计。根据企业规模和管理要求，会计工作呈现出错综复杂的特点，其系统的建立一直可分层延伸到班、组和个人。科学、合理地组织会计工作，能够通过核算如实反映企业的经济活动，通过监督有效贯彻执行国家有关方针政策和财经纪律、会计核算思想、会计管理要求，并强化经济核算和经济责任。

二、会计工作组织的要求

合理组织会计工作，必须遵循管理工作的一般规律，这是充分发挥会计职能，提高会计质量和效率必须遵守的原则。

（一）遵循国家统一会计制度要求

在社会主义市场经济条件下，我国企事业单位的经济活动既受到市场规律的制约，又需在国家统一的政策、方针和计划指导下完成。因此，我国会计工作组织是由国家统一管理，符合"统一领导"的原则。《中华人民共和国会计法》（以下简称《会计法》）以法律形式明确了会计工作的地位、任务和作用，是正确组织会计工作的依据和准绳；《企业财务通则》《企业会计准则》和各企业会计制度则对各企业进一步制定会计制度的具体操作提出统一要求；其他如《会计档案管理办法》《会计电算化管理办法》等，也是国家对会计工作的统一要求，各企业必须严格遵守。

（二）适合本企业生产经营管理的特点

符合国家统一要求只是会计工作组织的一般原则规定。由于各企业经济活动的性质、范围及具体要求各不相同，组织管理会计工作，也需贯彻"分级管理"的原则。从实际出发，适应企业的自身发展的需求。因此，在设置会计机构，配备会计人员，制定会计法规时，必须了解各企业的生产经营规模及特点、业务繁简程度和管理需求，作出切合实际的安排，制定具体实施办法和补充规定。例如，在会计准则和制度规定范围内，增设或合并一些会计科目，采用切合本企业实际的成本核算方法等。

（三）协调与其他经济管理工作的关系

会计工作是经济管理的重要组成部分，在通过核算与监督发挥其独立职能作用的同时，又与其他的经济管理工作保持密切联系。这些经济管理活动在共同的目标作用下，相互影响、相互制约、相互促进。例如，会计的价值核算同实物管理工作密切配合，成本核算工作结果又为成本管理工作所用。这就要求在会计工作的组织过程中，必须处理好会计部门与其他经济管理部门的关系，保证各部门在分工的基础上进行配合，在配合的基础上进行协作，共同实现经济管理目标。

（四）在保证会计工作质量的前提下，坚持成本效益均衡的原则

会计信息应当满足国家宏观经济管理的要求，满足各方了解本企业财务状况、经营成果和现金流量的需要，满足本企业内部经营管理的需要。会计工作严密细致的特点，要求必须进行科学合理的会计工作组织，详细地规定和执行各项会计手续和工作程序。此外，在保证会计质量的前提下，应根据各企业实际情况，坚持成本效益的原则，缩短会计工作

时间,精简费用。在会计机构的设置以及人员配备方面,应力求科学合理,避免因机构重设及重复劳动而造成的资源浪费。在会计凭证、账簿和报告的设计等方面,力求简化,避免繁琐。目前,我国正大力推进会计电算化进程,会计工作组织也要逐步适应形势发展的需求,进一步提高工作效率。

第二节　会计机构和会计人员

一、会计机构

会计机构是执行会计制度、负责组织、领导和处理会计工作的职能部门。建立、健全会计机构是保证会计工作顺利进行的重要条件,是落实《会计法》有关规定的需要,是履行会计职能、完成会计任务的需要。

（一）会计机构的设置

在我国实际工作中,企业往往设置一个会计机构,行使会计工作和财务工作的全部职权。各企业对会计机构的叫法也不尽相同,如"财务部(处、科、股)""会计部""计财部""财会部"等,这些实际上都是我们所讲的会计机构。

一般来说,会计机构设置的内容包括:会计机构的内部组织、会计人员的内部分工、会计机构和会计人员的职责、在企业中的地位以及同其他职能部门的关系等。由于各单位经营特点、管理要求各不相同,会计机构的设置也不完全一致。

《会计基础工作规范》中规定,各企业和行政事业单位应单独设置专职的会计机构;业务量较少的企业可以不设置独立的会计机构,但也应该配备专职的会计人员,以保证会计工作的正常运行。不具备设置条件的,应当根据《代理记账管理暂行办法》委托会计师事务所或者经批准设立从事会计代理记账业务的中介机构代理记账。

《会计法》指出,财政部是负责管理全国会计工作的机构,内部设置会计事务管理司,主管全国会计工作;各级地方政府财政部门设置会计处、科、股等机构,主管本地区的会计工作。各级主管部门会计机构的主要任务是:负责组织指导和监督检查所属企业的会计工作;审核、分析和批复所属企业上报的财务报表,并编制汇总财务报表;核算本企业与财政机关的上下级之间的款项缴拨;对所属企业进行定期或不定期的会计检查;组织和领导系统内会计人员的业务培训和会计人员专业技术资格考评及评定工作等。

基层企业的会计机关,一般设置财务会计处、科、组,在厂长或经理的领导下,负责办理本企业的财务会计工作,如实反映本企业的经营活动情况并及时向有关部门和人员提供有效的会计信息,参与本企业经济管理预测和决策,帮助制定企业生产经营计划,严格贯彻和执行国家经济制度,管好、用好资金,尽量降低成本,增收节支,努力提高经济效益。

大中型企事业单位和业务主管部门,应当建立总会计师负责制,总会计师应当是本企业的领导成员和经济负责人,通常应由具有会计师以上专业技术职称的人担任。小型企业应指明一名副厂长或副经理行使总会计师职权。

一般来说，企业会计机构的设置具有如下要求。

（1）有效地进行会计核算。

（2）进行合理的会计监督。

（3）制定本企业的会计制度。

（4）参与本企业的各项计划制定，并考核计划的执行情况。

会计机构是一个综合性经济管理部门，它与企业内部其他各职能部门、各生产业务部门的工作有着十分密切的联系，彼此相互促进、相互制约。因此，会计机构要主动承担起为各职能部门、各业务部门服务的责任，并依靠各职能部门和业务部门共同做好会计工作，完成会计任务。

（二）会计工作的组织形式

会计工作的组织形式是指企业会计部门与企业内部各部门会计组织之间在会计核算工作中分工与协调的形式，是企业内部会计管理体系的重要组成部分。一般包括集中核算和非集中核算两种。

1. 集中核算

集中核算组织形式是指将整个企业的会计工作集中在财务部门统一进行，由财务部门全面进行各项经济行为的核算，包括经济业务的总分类核算、明细分类核算、财务报表的编制、分析、检查等工作。企业内部的各个部门不单独核算，只对发生的经济业务登记原始记录、填制原始凭证并汇总，并送交会计部门，为其进行集中核算提供原始资料。这种核算组织形式优点在于有利于集中分析研究并统一解决问题，减少核算层次、精简会计人员、提高工作效率；缺点是不利于各部门了解自身的经济活动和各项经济指标的完成情况，也不利于加强责任感和调动职工的工作积极性。该方法一般适用于规模较小、经济业务较少的企业。

2. 非集中核算

非集中核算组织形式又称分散核算组织形式，是指在企业财会部门的指导下，各部门对发生的经济业务进行比较全面的核算，包括经济业务的凭证整理、明细分类核算、成本核算、内部财务报表的编制及分析等。财务会计部门只根据各部门报送的资料进行总分类核算，编制综合性财务报表。非集中核算组织形式的优点在于有利于企业内部及时利用核算资料进行日常考核与分析，了解自己的经营成果和成本费用的开支情况，把经济责任和经济利益挂钩，这样加强了员工的责任感，调动了工作的积极性，提高了企业经济效益；但这种组织形式要求企业除了设置总的会计机构外，还要在所属部门设置会计分支机构，如大型工业企业，在厂部设财务处，在车间设财务组，这将会大量耗费企业的人力、物力和财力。因此，它主要用于实行内部经济核算制，需要实行分级管理、分级核算的大中型企业。

对于一个企业而言，采用集中核算组织形式还是非集中核算组织形式并不是绝对的，可以单一地选用两者之一，也可以两者兼而有之，对企业内某些业务采用集中核算而对另外一些业务采用非集中核算。在确定应采用的会计工作组织形式时，企业既要考虑正确、及时地反映企业的经济活动情况，又要注意简化核算手续，提高工作效率，具体来说，应当注意以下几个方面的问题：

（1）考虑本企业的规模大小、业务繁简以及相关核算条件的要求。

（2）在保证会计核算质量的前提下，力求简化会计核算手续，及时、正确地提供会计核算资料，节约人力和物力。

（3）全面考虑企业会计人员的数量和业务适应能力等素质。

（4）各有关部门之间做到相互配合，有关会计核算资料的确定应口径一致。

无论采用哪种组织形式，企业对外的现金、银行存款的收付、物资供销以及债权债务的结算都应集中在财会部门核算。即使在非集中核算的情况下，企业财会部门也应对内部部门的会计核算工作进行指导监督，贯彻"统一领导、分级管理"的原则。

（三）会计机构的岗位责任制

会计机构的岗位责任制也称会计人员岗位责任制，是指在一个会计机构内部，按照会计工作的内容和会计人员配备情况，对会计工作进行具体合理的分工，明确各岗位的职责及经济责任。《会计基础工作规范》第八十七条规定，各单位应当建立会计人员岗位责任制度。主要内容包括：会计人员工作岗位设置；各会计工作岗位的职责和标准；各会计工作岗位的人员和具体分工；会计工作岗位轮换办法；对会计工作岗位的考核办法。因此，各企业应本着有利于加强会计工作程序化、规范化，提高工作效率和质量，以及有利于明确职责、严明纪律、考核干部的要求，建立、健全会计机构岗位责任制。

在会计机构岗位责任制下，每一项会计工作有专人负责，每一个会计人员有明确的职责，办事有要求，工作有检查。这样既加强了会计管理，提高了工作效率，保证了会计工作有条不紊地进行，又能够较好地考察会计人员的工作成绩。

会计机构的岗位责任制，要求各岗位职责要与本企业的经济责任制相联系，实行以责定权，权责明确，严格考核，奖惩分明的原则。

会计机构的岗位责任制，要求从本企业会计业务量和会计人员配备的实际情况出发，按照效益和精简的原则划分工作岗位。一般来说，各企业自身业务内容及数量和会计核算的要求各不相同。因此，应当结合本企业实际的会计业务的需求设置会计工作岗位，确定各岗位相应的职责。会计工作岗位，可以一人一岗，也可以一人多岗。但岗位设置必须符合内部牵制原则。即凡涉及款项和财物收付、结算及登记的任何工作，必须由两人或者两人以上分工办理。例如，出纳人员不得兼管稽核、会计档案保管、收入、费用、债权债务账目的登记工作。内部牵制制度加强了会计人员之间的相互制约、相互监督、相互核对，提高了会计核算工作质量，降低了会计处理中发生失误、差错和营私舞弊等行为的可能。在较大规模的企业中，会计业务量大，会计人员较多，会计机构内部可以按照经济业务的类别划分岗位，设置若干职能组，分别负责各项业务工作。例如，设立综合财务组、工资组、资金组、成本组、会计组等，并按分管的业务明确职责要求。有些企业按照经济业务和会计方法相结合的原则进行分工，设置资金核算组、成本核算组、综合报表组、审核分析组和计划决策组等，以便发挥会计的职能作用。

会计工作岗位的一般设置见图 12-1。

会计机构的岗位责任制，要求会计人员的工作应有计划地进行定期轮换。一方面，这

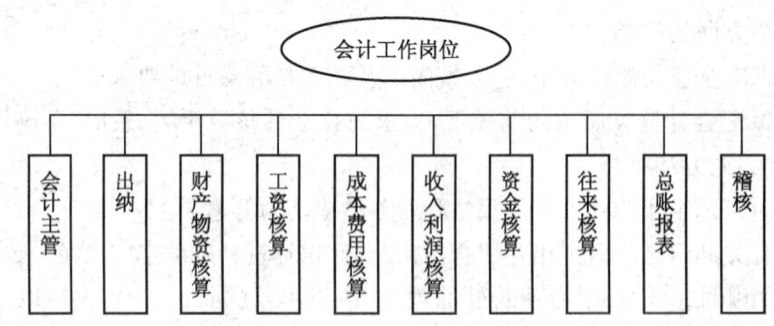

图 12-1 会计工作岗位一般设置

样可以促进会计人员全面熟悉业务,激励会计人员不断进取,不断提高业务素质;另一方面,轮岗制在一定程度上也有助于防止会计舞弊行为的发生,同时保护会计人员。会计人员在完成本职工作的同时,应与其他岗位的会计人员密切配合、互相协作,共同做好本企业的会计工作。

电算化条件下,企业不仅应根据需要设置相应工作岗位,正确划分系统管理员的权责,而且需要协调系统管理员与其他会计人员的关系。

（四）会计监督体系

会计监督体系是指有若干个具有履行会计监督职能的组织机构相互联系、相互依赖、相互制约而构成的一个有机整体,包括企业内部会计监督制度进行的单位内部监督、通过注册会计师进行的社会监督和以财政部门为主的国家监督。三位一体的会计监督体系满足新形势发展的要求。

我国《会计法》指出企业内部会计监督,本质上是一种内部控制制度,是内部会计管理制度的重要组成部分,是我国会计监督体系的基础。各企业应当建立、健全本企业内部会计监督制度。企业内部会计监督制度应当符合下列要求:有关人员的权责应当明确,并相互分离、相互制约,即会计事项相关人员的权责权限应当明确,将失误、舞弊等问题控制到最低限度。对会计资料定期进行内部审计的办法和程序应当明确。企业内部会计监督制度是一个企业为了保护其资产的安全完整,保证其经营活动符合国家法律、法规和内部规章制度要求,提高经营管理效率,防止舞弊、控制风险等,而在企业内部采取的一系列相互联系、相互制约的制度和方法。企业内部会计监督制度的内容非常广泛,不同经济性质、经营范围、管理基础的企业对内部会计监督制度有不同的内容和要求,各企业应根据本企业管理的需求和实际情况,将会计法的规定加以具体化。

通过注册会计师进行的社会监督,是一种外部监督,是我国会计监督体系的重要补充。社会监督以其特有的中介性和公正性得到法律的认可,具有较强的权威性。注册会计师依法接受委托,根据被审计单位如实提供的会计资料及有关情况,对其会计事项进行审计并依法出具审计报告。任何企业或个人不得以任何方式要求或者示意注册会计师及其所在的会计师事务所出具不实或者不当的审计报告。我国《会计法》中有关注册会计师审计的专门条款,也加强了对会计师事务所及注册会计师的监管,加大了对违法违纪行为的处罚力度。这些规定改善了注册会计师的职业标准,对会计中介机构社会监督作用的发挥起到了重要的保证作用。

国家监督是财政、审计、税务等政府机关代表国家对各企业财务会计工作进行的监督,它是我国经济监督体系的重要组成部分,与企业内部监督形成互补作用。财政部门对各企业的下列情况实施监督:①是否依法设置会计账簿;②会计凭证、会计账簿、财务会计报告和其他会计资料是否真实、完整;③会计核算是否符合本法和国家会计准则的规定;④从事会计工作的人员是否具备从事从业资格。在对企业所列事项实施监督,发现重大违法嫌疑时,国务院财政部门及其派出机构可以向与被监督企业有经济业务往来的企业和被监督企业开立账户的金融机构查询有关情况,有关企业和金融机构应当予以支持。财政、审计、税务、人民银行、证券监管、保险监管等部门应当依照有关法律、行政法规规定的职责,对有关企业的会计资料实施监督检查。监督监察部门对有关企业的会计资料实施监督检查后,应当出具检查报告。有关监督监察部门已经作出的检查报告能够满足其他监督监察部门履行本部门职责需要的,其他监督检查部门应当加以利用,避免重复查账。

依法对有关企业的会计资料实施监督检查的部门及其工作人员对在监督检查中知悉的国家秘密和商业秘密负有保密义务。

各企业必须依照有关法律、行政法规的规定,接受有关监督检查部门依法实施的监督检查,如实提供会计凭证、会计账簿、财务会计报告和其他会计资料以及有关情况,不得拒绝、隐匿、谎报。

二、会计人员

会计人员是指从事会计工作、处理会计业务、完成会计任务的专业人员。企业设置会计机构后,应根据实际需要配备一定数量的会计人员,这是做好会计工作的决定性因素。

为了充分发挥会计人员的作用,调动会计人员的工作积极性,我国在《会计法》及有关会计人员管理条例中,对会计人员的职责、权限、专业技术职务等都做了明确的规定。

(一)会计人员的职责与权限

1. 会计人员的职责

会计人员的职责是指会计人员在自己的岗位上应尽的职务与责任。概括起来就是及时提供真实可靠的会计信息,认真贯彻执行和维护国家财经制度和财经纪律,积极参与经营管理,提高经济效益。根据国务院 1978 年颁布的《会计人员职权条例》,会计人员的主要职责表现在以下五个方面:

(1)进行会计核算。会计人员应按照《会计法》和国家统一会计制度的具体规定,以实际发生的经济业务为依据,认真填制会计凭证、登记会计账簿、编制财务会计报告,切实做好记账、算账、报账工作。按期结算、核对账目、财产清查,保证账证相符、账账相符、账实相符,手续完备,数字真实,如实反映企业的财务状况、经营成果及财务状况的变动,满足国家宏观经济管理,企业加强内部经营管理和有关各方了解本企业财务状况、经营成果及财务收支情况的需要。

进行会计核算,及时提供真实可靠的经济信息,满足有关各方会计信息需求,是会计人员最基本的职责,也是做好会计工作最起码的要求。

(2)实行会计监督。会计人员要以国家法律、法规、规章、财务制度为依据,通过日常会计工作,对本企业各项经济业务和会计手续的合法性、合理性及有效性进行监督。具体工作内容包括:认真审核凭证,对不真实、不合法的原始凭证不予受理,对记载不明、不完整的原始凭证予以退回,并要求更正、补充;通过账簿记录对实物与款项进行监督,若发现账实不符,应按照有关规定查明原因、作出处理,并及时向本企业领导报告;对违反国家统一的财政制度、财务规定的收支行为加以制止和纠正,制止无效的应及时向上级主管部门报告。

各企业必须依照法律和国家有关规定,接受财政、审计、税务机关的监督,如实提供会计凭证、会计账簿、财务报表和其他会计资料及有关情况,不得拒绝、隐匿、谎报。

(3)拟订本企业办理会计事务的具体办法。各企业要根据国家会计法规、财政经济方针政策和上级有关规定,结合本企业的实际情况和需求,建立、健全相应的企业内部会计管理制度,包括:会计人员岗位责任制、账务处理程序制度、内部牵制制度、内部稽核制度、原始记录管理制度、定额管理制度、计量验收制度、财产清查制度、财务收支审批制度、成本核算制度、财务会计分析制度等。

(4)参与拟订经济计划、业务计划、考核、分析预算、财务计划的执行情况。财务会计部门负责制定财务计划及预算,会计人员应当根据会计资料并结合统计核算、业务核算等其他资料,按照国家各项政策和制度规定,认真编制并严格执行财务计划、预算,并定期检查和分析财务计划、预算的执行情况,提出改进企业经营管理的建议。

(5)办理其他会计事务。其他会计事务是指不属于上述各项的会计事务。例如,运用各种会计手段对本企业的经济效益进行预测,协助企业其他管理部门做好企业管理的基础工作,保管会计档案等。随着经济业务的日益繁多和复杂,会计事务也日趋丰富多样。

会计人员的职责是考核会计人员工作质量的重要标准。会计人员应当根据我国《会计法》和国家统一会计制度的规定,结合企业类型和管理需要,制定本企业办理会计事项的具体办法,包括会计人员岗位责任制度、账务处理程序制度、财产清查制度、成本核算制度、内部稽核制度、原始记录管理制度等,努力做好会计核算、会计监督、会计分析、会计检查等各项会计工作,守职尽责,为社会主义建设事业服务。

2. 会计人员的工作权限

为了保障会计人员顺利地履行自己的职责,国家在明确会计人员职责的同时,也赋予了他们必要的权限,具体有以下三个方面:

(1)有权要求本企业有关部门和相关人员认真执行国家、上级主管部门等批准的计划和预算。即会计人员有权督促本企业负责人和内部有关部门、人员严格遵守国家财经法纪和财务会计制度。对于违反国家有关规定的会计事项,有权拒绝办理或者按照职权予以纠正。对于弄虚作假、营私舞弊、欺骗上级等违法乱纪行为,会计人员必须坚决拒绝执行,超出其职权范围的应及时向企业负责人报告,请求查明原因,作出处理。

会计人员对于违反制度、法令的事项,既不拒绝执行,又不向领导或者上级机关、财政部门报告的,应同有关人员负连带责任。

(2) 有权履行其管理职能。即会计人员有权参与编制企业生产经营计划、制定各项定额、鉴定对外经济合同、生产和经营管理的会议,有权了解本企业的生产经营状况,并提出自己的意见或建议。

企业负责人和有关部门对会计人员提出的财务开支和经济效益方面的问题和意见,应认真考虑,合理的建议要加以采纳。

(3) 有权对本企业所有会计事项进行会计监督。即会计人员有权监督、检查本企业内部各部门的财务收支、资金使用和财产保管、收发、计量、检验等情况,各部门应大力支持和协助会计人员工作。

任何企业和个人对违反我国《会计法》和国家统一的会计制度规定的行为,有权检举。收到检举的部门有权处理的,应当依法按照职责分工及时处理;无权处理的,应当及时移送有权处理的部门处理。收到检举的部门、负责处理的部门应当为检举人保密,不得将检举人姓名和检举材料转给被检举企业和被检举人个人。

会计人员应当正确使用上述权限,同时广泛宣传和解释国家财经制度,以求在正确行使自己权限的同时取得更好的管理效果。各级领导和有关人员也要大力支持和保证会计人员正确行使自己的工作权限。本企业领导、上级机关和执法部门对会计人员反映的有关损害国家利益、违反财经法律等问题,要认真、及时地调查处理。如果反映的情况属实,不及时采取措施加以纠正,由领导人和上级机关负责。如果有人对会计人员坚持原则、反映情况进行刁难、阻挠或打击报复,上级机关要查明情况,严肃处理,情况严重的,要给予党纪国法处罚。上述法律责任的确立,能从法律上保护并鼓励会计人员为维护国家利益、维护财政制度和财务制度、保护社会主义公共财产、加强经济管理、提高经济效益而坚持原则,履行自己的职责。

(二) 会计人员应具备的素质

会计人员肩负着艰巨而光荣的任务,为了正确履行职责和行使权限,做好会计工作,完成会计任务,应具备以下基本的素质。

(1) 会计人员应热爱本职工作,认真贯彻执行我国《会计法》、财经法律、法规和有关财务制度,熟悉财经制度;从国家利益出发,忠于职守,廉洁奉公,抵制一切违法乱纪、贪污盗窃的行为,保持谦虚谨慎、艰苦朴素的工作作风。

(2) 会计人员应具备扎实的会计理论基础和核算监督能力。只有具备扎实专业知识,才能从日常经济业务中发现问题,解决问题,才能预测未来经济事项,为决策提供服务。积极钻研会计业务,精通专业知识,掌握会计技术方法。这是会计人员正确履行职责和行使权限的前提条件。

(3) 会计人员应具备较强的写作能力。有了较好的文字表达能力,才能对单位、部门的财务分析报告、业绩报告、计划、预算方案等用简洁、明确、有深度的文字表达出来。

(4) 会计人员应搞好公关与协调工作。企业的会计人员不可避免地会和金融机构、审计和税务等部门打交道,有些涉外业务活动也需要财务人员的参与。这些除了要将企业真实的经营情况和财务状况反映给相关部门以外,还要依赖财务人员流利的阐述、诚恳的态度以及与相关部门人员积极配合才能顺利完成会计任务。

（三）会计人员职业道德

会计职业道德规范是指从事会计职业的人员进行会计工作所应遵循的，与会计职业活动密切联系的，具有会计职业特征的道德准则和行为规范。它既是社会对会计职业行为的客观要求，也是这一职业取信于社会而建立的行为准则。

具备一定的会计职业道德是从事会计工作的前提。会计法律、法规和制度，不可能对一切经济行为都规定得面面俱到，会计职业道德作为会计法律制度的重要补充，可以配合国家法律制度，调整职业关系中的经济利益关系，维护正常的经济秩序。

会计人员在会计工作中应当遵守职业道德，树立良好的职业品质和严谨的工作作风，严守工作纪律，努力提高工作效率和工作质量。会计人员应具备的基本职业道德包括以下几个方面。

（1）热爱本职工作，努力钻研业务，使自己的知识和技能适应会计工作的要求。

（2）熟悉财经纪律、法规、规章和国家统一的会计制度，并结合会计工作进行广泛宣传。

（3）按照会计法律、法规和国家统一的会计制度规定的程序和要求进行会计工作，保证所提供的会计信息合法、真实、准确、及时和完整。

（4）办理会计事务时应当实事求是、客观公正。

（5）熟悉本企业的生产经营和业务管理情况，运用掌握的会计信息和会计方法，为改善单位内部管理、提高经济效益服务。正确处理监督与服务的关系，实现两者的统一。

（6）保守本企业商业秘密，除法律规定和企业领导同意外，不得私自向外界提供或泄露单位的会计信息。

（7）财政部门、业务主管部门和各企业应当定期检查会计人员遵守职业道德的情况，并作为会计人员晋升、晋级、聘任专业职务、表彰奖励的重要考核依据。

会计人员违反职业道德的，由所在企业进行处罚；情节严重的，由县级以上财政部门吊销会计从业资格证书。

（四）会计人员专业技术职务

为了加强对会计工作和会计人员的管理，促进企业配备合格的会计人员，提高会计队伍素质与会计工作水平，充分发挥会计工作在社会主义市场经济建设中的作用，会计法规明确规定，从事会计工作的人员，必须取得会计从业资格证书。会计人员应当具备必要的专业知识和专业技能，熟悉国家有关法律、法规、规章和国际统一会计制度，遵守职业道德。

按照国家劳动人事制度的规定，会计人员是从事经济管理工作的专业技术人员，应当按照工作需要和本人条件，分别任命或聘任一定的专业技术职务。我国的会计人员的专业技术职务分为高级会计师、中级会计师、初级会计师和会计员四种。

1. 会计员的基本条件

对会计员的基本要求：初步掌握财务会计知识和技能，熟悉并执行有关财务会计规章制度，能独立承担一个岗位的财务会计工作；具有大专或中专文化程度，在财务会计工作岗位上见习1年期满;已通过会计从业资格考试。

会计员的基本职责:负责审核和办理单位的财务收支;编制会计凭证,登记会计账簿,编制财务报表;办理其他会计业务。

2.初级会计师的基本条件

对初级会计师的基本要求:掌握一般的财务会计基础理论、专业知识和技能;熟悉并执行有关财经方针、政策和财务会计规章、制度,能够负担一个方面或某个重要岗位的财务会计工作;取得硕士学位或第二学士学位或研究生班结业证书,具有履行助理会计师职责的能力;大学本科毕业并在财务会计工作岗位上见习1年期满;大专毕业并担任会计员职务2年以上;中专毕业并担任会计员职务4年以上;已通过初级会计师专业技术职务资格考试。

初级会计师的基本职责:负责草拟一般的财务会计规定、制度和办法;解释、解答财务会计规章制度中的一般问题;分析和检查财务预算执行情况及某些项目的财务收支。

3.中级会计师的基本条件

对中级会计师的基本要求:较系统地掌握财务会计基础理论和专业知识,掌握并能正确贯彻执行有关财经方针、政策和财务会计规章、制度,具有一定的财务会计工作经验,能够负担一个企业或管理一个地区、一个部门的财务会计工作;取得博士学位并具有履行会计师职责的能力;取得硕士学位并担任初级会计师职务2年左右;取得第二学士学位或研究生班结业证书,并担任初级会计师职务2~3年;大学本科或大专毕业并担任会计员职务2年以上、中专毕业并担任初级会计师职务4年以上;掌握一门外语;已通过会计师专业技术职务资格考试。

中级会计师的基本职责:负责草拟比较重要的财务会计规定、制度和办法;解释、解答财务会计规章制度中的重要问题;分析和检查财务收支和预算执行情况;培训初级会计人才。

4.高级会计师的基本条件

对高级会计师的基本要求:较系统地掌握经济、财务会计理论和专业知识,具有丰富的财务会计工作经验和较高的政策理论水平,能够负担一个地区、一个部门或一个系统的财务管理工作;取得博士学位并担任中级会计师职务2~3年;取得硕士学位、第二学士学位或研究生班结业证书、大学本科学历并担任中级会计师职务5年以上;较熟练地掌握一门外语,了解国际财务会计工作状况;已通过高级会计师专业技术职务资格考试。

高级会计师的基本职责:在一个地区、一个部门或一个系统的范围内,负责草拟财务会计规定、制度和办法;解释、解答财经政策及业务技术问题;组织指导经济核算和财务会计工作;培训中级以上会计人才。

会计人员必须通过任职资格考试,取得专业技术职务的任职资格,然后由企业根据会计工作需要和本人的实际工作表现聘任一定的专业技术职务。

(五)会计主管人员或会计机构负责人

会计主管人员或会计机构负责人,是指一个企业内具体负责会计工作的中层领导人员,在企业负责人的领导下,会计机构负责人负有组织、管理本企业所有会计工作的责任。

应按照国家统一的会计法规、制度,根据本企业具体特点,主持制定本企业的会计制度和实施办法,科学组织工作,领导、督促会计人员贯彻执行;参与经营决策,主持制定和考核财务计划与预算;经常研究工作,总结经验教训,不断改进和完善会计工作;组织会计人员学习,提高会计人员素质,考核会计人员工作,合理配合会计人员。其工作水平的高低、质量的好坏,直接关系到整个企业会计工作的水平和质量,关系到国家财经政策在企业内的贯彻实施。如果会计机构负责人的素质好、业务水平高,具有较强的组织领导能力,不仅对于领导和组织本企业的会计工作十分有利,而且对于加强经营管理也十分有益。

除一般会计人员应具备的条件外,会计机构负责人还应具备较高的政治素质,遵纪守法、廉洁奉公;取得会计师以上专业技术职务资格或者从事会计工作 3 年以上;熟悉国家财经法律、法规、规章和制度,掌握财务会计理论及本行业业务的管理知识;具备一定的领导和组织能力,包括协调能力、综合分析能力;具备健康的身体,以适应和胜任本职工作。

（六）总会计师

总会计师是企业财会工作的主要负责人,主管本企业经济核算和财务会计工作,参与企业重大经济决策活动,属于企业行政领导成员,协助企业负责人工作,直接对企业负责人负责。

我国从 1961 年开始,在规模较大的国有企业中逐步实行总会计师制度。1978 年,国务院颁布的《会计人员职责条例》规定,企业要建立总会计师的经济责任制。大中型企业应设置总会计师,主管本企业的经济核算和财务会计工作。小型企业要指定一名副厂长行使总会计师的职权。国有和国有资产占控股地位或主导地位的大中型企业必须设置总会计师。1990 年,国务院发布的《总会计师条例》中,对总会计师任职资格、任免程序、职责权限作出具体规定。

总会计师是一个行政职务,而不是会计人员专业技术职务。总会计师应坚持市场定位的经营方向;坚持原则,廉洁奉公;具备本行业的基本业务知识及情况,有较强的组织领导能力;具有较高的理论水平,熟悉国家财经纪律、法规、方针和政策;在经济管理、会计、财务、审计、金融等方面具有扎实的专业技术知识;取得会计师专业技术资格后,主管一个单位或者企业内部一个重要方面的财务会计工作的时间不少于 3 年。

1. 总会计师的基本职责

（1）组织有关部门编制与执行预算、财务计划、信贷计划及资金计划。

（2）参与计划和主要经济合同及协议的审查,检查计划、经济合同的执行情况,考核生产经营成果。

（3）负责设置本企业的会计机构并配备会计人员,组织会计人员的业务培训和考核,支持会计人员依法行使职权。

（4）组织群众性的经济核算工作,强化成本管理,提高经济效益。

（5）监督本单位执行国家财经政策、法令、制度,遵守财经纪律。

2. 总会计师的工作权限

（1）对违反国家财经法律、法规和会计制度等的行为,有权制止或者纠正,制止或纠正无效时,提请企业主要行政领导人处理。

（2）有权组织本企业各职能部门、直属基层组织的经济核算、财务管理和成本管理工作。

（3）主管审批财务收支工作,签署企业预算、财务收支计划、成本费用计划、信贷计划、财务决算报表、涉及财务收支的重大业务计划、经济合同等。其中,除一般的财务收支可以由总会计师授权的财会机构负责人或者其他指定人员审批外,重大的财务收支必须经由总会计师审批或者由总会计师报企业主要行政领导批准。

（4）对财务会计机构负责人或者会计主管人员的人选进行业务考核和审批;会计人员的任用、晋升、调动、奖惩应当事先征求总会计师的意见。

企业的总会计师由本企业主要行政领导提名,政府主管部门任命或者聘任;免职或者解聘程序与任命或者聘任程序相同。

实践证明,不断完善总会计师制度,有利于协调企业内部的各项管理工作、改善经营管理、提高经济效益。

（七）会计人员的法律责任

会计人员在会计核算工作中,要承担一定的法律责任。

1. 违反我国《会计法》的法律责任

会计人员如有下列行为之一的,由县级以上人民政府财政部门责令限期改正,可以对企业并处三千元以上五万元以下的罚款;对其直接负责的主管人员和其他直接责任人员,可以处二千元以上二万元以下的罚款;属于国家工作人员的,还应当由其所在企业依法给予行政处分。

（1）不依法设置会计账簿的。

（2）私设会计账簿的。

（3）未按照规定填制、取得原始凭证或者填制、取得的原始凭证不符合规定的。

（4）以未经审核的会计凭证为依据登记会计账簿或者登记会计账簿不符合规定的。

（5）随意变更会计处理方法的。

（6）向不同的会计资料使用者提供的财务会计报告编制依据不一致的。

（7）未按照规定使用会计记录文字或者记账本位币的。

（8）未按照规定保管会计资料,致使会计资料毁损、灭失的。

（9）未按照规定建立并实施企业内部会计监督制度或者拒绝依法实施的监督或者不如实提供有关会计资料及有关情况的。

（10）任用会计人员不符合本法规定的。

2. 违反我国《刑法》的法律责任

（1）伪造、变造会计凭证、会计账簿,编制虚假财务会计报告,构成犯罪的,依法追究刑事责任。尚不构成犯罪的,由县级以上人民政府财政部门予以通报,可以对企业并处5 000元以上10万元以下的罚款;对其直接负责的主管人员和其他直接责任人员,可以处3 000元以上5万元以下的罚款;属于国家工作人员的,还应当由其所在企业或者有关企业依法给予撤职直至开除的行政处分;对其中的会计人员,并由县级以上人民政府财政部门吊销会计从业资格证书。

（2）隐匿或者故意销毁依法应当保存的会计凭证、会计账簿、财务会计报告,构成犯罪的,依法追究刑事责任。尚不构成犯罪的,由县级以上人民政府财政部门予以通报,可以对企业并处 5 000 元以上 10 万元以下的罚款;对其直接负责的主管人员和其他直接责任人员,可以处 3 000 元以上 5 万元以下的罚款;属于国家工作人员的,还应当由其所在企业或者有关企业依法给予撤职直至开除的行政处分;对其中的会计人员,并由县级以上人民政府财政部门吊销会计从业资格证书。

（3）授意、指使、强令会计机构、会计人员及其他人员伪造、变造会计凭证、会计账簿,编制虚假财务会计报告或者隐匿销毁依法应当保存的会计凭证、会计账簿、财务会计报告,构成犯罪的,依法追究刑事责任。尚不构成犯罪的,对企业处五千元以上五万元以下的罚款;属于国家工作人员的,还应当由其所在企业或者有关企业依法给予撤职、降级、开除的行政处分。

第三节　会计法规

会计法规是指国家以法律形式颁布实施的、各企业在组织和从事会计工作时必须遵循的各项会计规范。它是调整会计关系、规范会计活动的一项基本法规,是制定其他一切会计规章制度的法律依据。制定和执行会计法规,可以使会计规则适应社会主义市场经济发展的需求,有利于贯彻执行国家有关的财经政策,维护财经纪律,可以加强和规范会计工作,使会计工作有法可依,有章可循;可以保证会计人员依法行使职权,充分发挥会计在维护社会主义市场经济秩序,加强经济管理,提高经济效益的作用。

一、会计法规的意义和种类

会计工作是一项综合性的经济管理工作,为保证会计工作的顺利进行,会计任免的全面完成,会计工作必须做到有法可依,有章可循。制定和执行会计法规可以使会计工作符合预定的目标,有利于在经济活动中具体贯彻财经方针和政策,执行财经纪律;有了完善的会计法规,便能保障会计人员依法行使职权,充分发挥会计人员的作用;有了完善的会计法规,会计工作才能有法可依,有章可循,从而保证会计工作有组织、有秩序地进行。

我国现行的会计法规体系包括三个层次:第一层次是基本法,即《会计法》,它是会计核算工作最高层次的规范,由全国人民代表大会常务委员会制定,以国家主席的命令颁布,是各企业会计行为的最高准则,统驭会计准则和会计制度;第二层次是会计准则,它是根据《会计法》制定的,是处理会计事务的准绳,由国家财政部制定,报国务院批准后颁发,具体分为基本准则和具体准则两个层次,基本准则又对具体准则起指导作用;第三层次是指国家制定的各行业会计制度和行政、事业单位会计制度,是根据会计准则制定的,实际上是会计准则实施的具体规定,仅对具体使用企业具有约束力。

会计法规按照内容可以分为三类:第一类是关于会计的基本法规,如《会计法》;第二类是关于会计业务的法规,包括会计业务处理应遵守的基本准则,一般原则,具体方法、手续和程度等,如《国营企业会计工作规则》《会计基础工作规范》《会计档案管理办法》等;第三类是有关会计机构和会计人员的法规,包括对会计机构的设置,会计人员的配备、职责、技术职称、任免和奖惩等方面的规定,如《会计人员职权条例》《中华人民共和国注册会计师法》《总会计师条例》,以及有关会计交接工作的规定和会计人员技术职称等规定。

二、会计法

我国《会计法》是会计工作的根本大法,是制定其他一切会计法规、制度的法律依据。它用法律形式确定了会计工作的地位作用,确立了会计工作的管理体制,规定了会计机构和会计人员的主要职责,保证了会计人员依法行使职权,维护了社会主义市场经济秩序,发挥了会计工作在维护国家财政制度和财务制度、加强经济管理、提高经济效益中的作用,是我国会计工作经验和会计理论研究成果的概括和总结。

《中华人民共和国会计法》于 1985 年 1 月 21 日第六届全国人民代表大会常务委员会第九次会议通过,自 1985 年 5 月起施行。1993 年 12 月进行了第一次修订。1999 年 10月进行了第二次修订。现行的《会计法》于 2014 年进行了修订。全文共七章,五十二条。分别为总则,会计核算,公司、企业会计核算的特别规定,会计监督,会计机构和会计人员,法律责任和附则。

（一）总则部分

总则规定了《会计法》的立法宗旨,适用范围,会计人员行使职权的保障措施,会计工作的管理体制等内容。例如,《会计法》的立法宗旨是为了规范会计行为,保证会计资料真实、完整,加强经济管理和财务管理,提高经济效益,维护社会主义市场经济秩序;凡设在中华人民共和国境内的国家机关、社会团体、公司、企业、事业单位和其他组织均适用《会计法》,各企业办理会计事务时,必须严格遵守《会计法》;企业负责人对本企业的会计工作和会计资料的真实性、完整性负责;国务院财政部门管理全国的会计工作,地方各级人民政府的财政部门管理本地区的会计工作;国家统一的会计制度由国务院财政部门根据《会计法》制定并颁布。

（二）会计核算

会计核算规定了会计核算的基本内容。例如,款项和有价证券的收付;财物的收发、增减和使用;债权债务的发生和结算;收入、费用和成本的计算等。为保证会计信息的质量,《会计法》规定了对填制会计凭证、登记会计账簿、编制财务报表等会计核算全过程的基本要求。这是保证会计信息符合国家宏观经济管理的要求,满足有关各方了解企业财务状况和经营成果的需求,满足企业加强内部经营管理需要的重要条件。《会计法》还规定了会计期间和记账本位币;规定了会计核算的基本要求和对电算会计软件的要求;规定了会计核算的方法和程序;规定了会计档案的保管和销毁。

（三）会计核算的特别规定

会计核算的特别规定是对公司、企业进行会计核算时除遵守法规的基本条款外的特殊规定。公司、企业进行会计核算时不得有下列行为:随意改变资产、负债和所有者权益的确认标准或计量方法,虚列、多列、不列或少列资产、负债和所有者权益;虚列或隐瞒收入,推迟或提前确认收入;随意改变费用、成本的确认标准或计量方法,虚列、多列、不列或少列费用、成本;随意调整利润的计算、分配方法,编造虚假利润或隐瞒利润。

（四）会计监督

会计监督规定了会计监督的内容、方法和程序,包括内部监督和外部监督。会计机构、会计人员对违反国家规定的收支,应当制止和纠正;制止和纠正无效的,应当向企业行政领导提出书面报告,请求处理。企业领导自接到书面报告10天内作出书面决定,并对决定造成的后果承担责任。会计机构、会计人员对明知是违反国家规定的收支不予制止和纠正,又不向企业行政领导提出书面报告的,应当对其后果承担责任。

（五）会计机构和会计人员

会计机构的设置、会计人员的配备以及会计人员所必须具备的素质和会计机构、会计人员的职责等。例如,大中型企业、事业单位和业务主管部门可以设置总会计师,总会计师由具有会计师以上专业技术任职资格的人员担任。各企业根据会计业务的需要设置会计机构,或者在有关机构中设置会计人员并指定主管会计人员。会计机构内部应当设立稽核制度、会计档案保管和收入、费用和债权债务账目的登记工作。

（六）法律责任

法律责任规定了违反会计核算规定的法律责任;伪造、变造会计凭证、会计账簿、编制虚假财务会计报告的法律责任;授意、指使、强令会计机构、会计人员及其他人员伪造、变造会计凭证、会计账簿,编制虚假财务会计报告或者隐匿、故意销毁依法应当保存的会计凭证、会计账簿、财务会计报告的法律责任;企业负责人对依法履行职责、抵制违反本法规规定行为的会计人员实行打击报复的法律责任;财政部门及有关行政部门的工作人员在实施监督中滥用职权、玩忽职守、营私舞弊或者泄露国家秘密、商业秘密的法律责任等。

（七）附则

附则规定了《会计法》中一些用语的含义和施行时间。

三、会计准则

我国会计准则内容,主要反映企业会计实务处理的共同要求和一般规律,重点强调对会计工作指导意义的广泛性和普遍性。其目的在于统一企业会计核算方法,规范企业会计行为,使企业间会计信息具有可比性,提高会计信息的质量和使用价值。

（一）《会计法》与会计准则

《会计法》作为基本法,概括性地规范了会计核算内容和要求、会计核算的原则等内容。但《会计法》难以具体规范会计人员的行为,这必须依据会计准则。

会计准则是进行会计工作、处理会计事务的规范和标准,是根据《会计法》制定的、从属于《会计法》的各项规定。按照所起的作用,会计准则分为基本准则和具体准则两部分,基本准则应概括组织会计核算工作的基本前提和基本要求,说明会计核算工作的指导思想和基本依据、主要规则和一般程序,具有覆盖面广、概括性强等特点,企业会计的账务处理、方法等都必须符合基本准则的要求;具体准则规定了会计核算的具体业务,它体现了基本准则的要求,并保证各具体准则之间的协调性、严密性及科学性。

（二）《企业会计准则——基本准则》

我国会计的基本准则,是由国务院授权财政部于 1992 年 11 月 30 日颁布,从 1993 年 7 月 1 日起执行,2006 年 2 月 25 日再次修订,并由财政部于 2007 年 1 月 1 日颁布实施的《企业会计准则——基本准则》。它依据会计法制定,适用于中国境内所有企业。该准则共十一章五十条,主要就会计信息质量要求、会计要素的确认与计量、财务会计报告等作了规定。内容结构分为总则、一般原则、会计要素准则、财务报告准则和附则五部分。

（1）总则。它规定了制定准则的依据、目的、适用范围、会计核算的前提、记账方法和记账文字等。例如,会计核算的基本前提是会计核算工作赖以存在的前提条件,是企业选择会计方法的重要依据。这些基本前提尽管没有规定会计核算的具体办法,但在会计工作中起着重要作用。只有规定了这些会计核算的前提条件,会计核算才能正常顺利地进行。

（2）一般原则。它规定了我国会计核算的十三条原则,分别是客观性原则、相关性原则、可比性原则、一致性原则、及时性原则、明晰性原则、权责发生制原则、配比原则、谨慎性原则、实际成本原则、划分收益性支出和资本性支出原则、重要性原则和实质重于形式原则。这些原则是对会计核算的基本要求,是我国会计核算规范化建设的重要内容;不仅是衡量会计信息质量的基本要求,也是注册会计师审计会计报告公允性的参照标准。

（3）关于企业会计要素准则的规定。会计要素准则将企业会计要素划分为资产、负债、所有者权益、收入、费用和利润等六大要素;规定了对各项要素进行确认、计量、记录和报告时应当遵守的原则和基本要求。

（4）财务报告准则。对财务报告的意义、种类、编制要求、编制方法等进行了规范和说明;也对资产负债表、利润表、现金流量表、附表及财务报表附注和财务情况说明书的编报方法作了说明。要求会计报告除了满足企业主管机关和财政、税务等国家政府部门的需要,还必须满足企业各方面投资者、债权人,以及社会上投资者的需要。

（5）附则。它规定了本准则的解释权限和施行时间。

（三）具体准则

具体会计准则主要是用来规范企业的会计政策,即对企业经济业务的确认、计量和报告作出规定。

我国的具体会计准则分为三大类:第一类是各行业共同经济业务的准则,如应收款项、应付项目、存货、投资、固定资产、无形资产等;第二类是有关特殊经济业务的准则,其中包括各行业共有的特殊业务和特殊行业的特殊业务,前者如外币业务、租赁业务、清算业务等,后者如债务重组、或有事项、金融行业的存贷款业务等;第三类是有关财务报表的准则,如资产负债表、利润表、现金流量表、合并财务报表,以及资产负债表日后事项、前期事项的调整等。

第四节　会计档案

会计档案是企事业单位和机关团体在经济管理和会计活动中自然形成的,并按照一定的要求保存备查的会计信息载体(包括会计凭证、会计账簿、财务报表和其他会计核算专业资料),是记录和反映经济业务的重要史料和证据,是检查遵守财经纪律的书面证明,也是总结经营管理经验的重要参考资料。

建立会计档案可以防止会计资料的丢失,有利于提高会计档案资料的质量,有利于总结生产经营和管理中的经验和教训。因此,为促进企业财务管理的合理化、现代化,达到建立现代企业制度的根本目的,各企业必须加强对会计档案管理的领导,建立、健全会计档案的立卷、归档、保管、调阅和销毁等管理制度,实行有效的会计档案管理,以保证会计档案妥善保管、有序存放、方便查阅,严防毁损、丢失和泄密。

我国新《会计档案管理办法》自2016年1月1日起施行。新修订的《会计档案管理办法》肯定了电子会计档案的法律效力,使电子会计凭证的获取、报销、入账、归档和保管等均可以实现电子化管理,将大大推动电子凭证的在线传递和线上应用,为互联网创新经济发展提供了有力的政策支持。

一、定期整理归类

会计凭证是很重要的经济资料和会计档案。任何企业在完成经济业务手续和记账后,必须按照相关规定立卷归档形成会计档案资料。

会计部门在记账后,应定期(每天、每旬或每月)对各种会计凭证加以分类整理,将各种记账凭证按照编号顺序,连同所附的原始凭证折叠整齐,加盖封面、封底装订成册,并在装订线上加贴封签。在封面上,写明企业名称、年度、月份、记账凭证的种类、起讫日期、起讫号数,以及记账凭证和原始凭证的张数,并在封签外加盖会计主管的骑缝图章。如果采用单式记账凭证,在整理装订凭证时,必须保持会计分录的完整。为此,应当按照凭证顺序装订成册,不得按照会计科目归档装订。

对各种重要的原始凭证以及各种需要随时查阅和退回记账凭证,应另编目录,单独登记保管,并在有关的记账凭证和原始凭证上相互注明日期和编号。某些记账凭证所附的原始凭证数量过多,也可以单独装订保管,但应在封面上注明所属记账凭证的日期、编号、种类,同时在有关的记账凭证上注明"附件另附"和原始凭证名称和编号,以便查阅。

财务报表同会计凭证以及会计账簿,都是重要的会计档案。各企业的会计人员应在年度终了时,将已更换的各种活页账簿、卡片账簿以及必要的备查账簿连同账簿使用登记表,按时间先后顺序整理,装订成册,并加以封面,统一编号,归档整理,在有关人员签章后,与订本账簿一起归档保管。

二、造册归档

各企业每年形成的会计档案,由财会部门按照归档的要求,负责整理立卷或装订成册,编制会计档案保管清册。当年会计档案,在会计年度终了后,可暂由本企业会计机构保管1年。期满后,再交由本企业的档案部门统一保管。未设立档案机构的企业,应当在会计机构内部指定专人保管。出纳人员不得兼管会计档案。

财务会计部门和经办人员,必须将应归档的会计档案全部移交档案部门,不得自行封包保存。档案部门必须按期点收。移交本企业档案保管的会计档案,原则上应当保持原卷册的封装。个别需要拆封重新整理的,档案机构应当会同会计机构和经办人员共同拆封整理,以分清责任。会计档案必须进行科学管理,做到妥善保管,存放有序,查找方便,严格执行安全和保密制度,不得随意堆放,严防损毁、丢失和泄密。

新《会计档案管理办法》允许符合条件的会计凭证、账簿等会计资料不再打印纸质归档保存,符合条件的可只建电子档案:①形成的电子会计资料来源真实有效,由计算机等电子设备形成和传输;②使用的会计核算系统能够准确、完整、有效接收和读取电子会计资料,能够输出符合国家标准归档格式的会计凭证、会计账簿、财务会计报表等会计资料,设定了经办、审核、审批等必要的审签程序;③使用的电子档案管理系统能够有效接收、管理、利用电子会计档案,符合电子档案的长期保管要求,并建立了电子会计档案与相关联的其他纸质会计档案的检索关系;④采取有效措施,防止电子会计档案被篡改;⑤建立电子会计档案备份制度,能够有效防范自然灾害、意外事故和人为破坏的影响;⑥形成的电子会计资料不属于具有永久保存价值或者其他重要保存价值的会计档案;⑦电子会计资料附有符合《中华人民共和国电子签名法》规定的电子签名。其中,第①、第⑦项规定是确保电子会计档案的真实,第②、第③、第⑥项是确保电子会计档案的准确、完整、可用,第④、第⑤项规定是确保电子会计档案的安全。单位内部生成的电子会计资料仅以电子形式归档保存必须同时满足第①至第⑥项规定;单位外部接收的电子会计资料仅以电子形式归档保存必须同时满足第①至第⑦项规定。

三、制定使用及借阅手续

企业应设置"会计档案调阅登记簿",详细登记调阅日期、调阅人、调阅理由、归还日期等。调阅者在调阅会计档案应履行登记手续,一般应在档案室调阅。外企业调阅档案,原件不得借出,如有特殊需要,须报经上级主管部门批准,可以提供调阅或者复制,并办理登记手续,归还时清点。如遇特殊情况需要影印复制会计档案的,必须经本企业领导批准,并在"会计档案调阅登记簿"上详细记录会计档案影印复制的情况。调阅会计档案人员,不得在会计档案上作任何记录、勾画和涂改,不能抽换单据,违者应视情节轻重进行严肃处理。

四、严格遵守保管期限和销毁手续

(一)保管期限

为延长会计档案的寿命,长远利用会计档案,必须采取保护措施。首先,要严格执行安全和保密制度;其次,严格执行检查、保管制度。

国家档案局对机关和企业文件材料的定期保管期限进行了调整,《机关文件材料归档范围和文书档案保管期限规定》(国家档案局令第8号)、《企业文件材料归档范围和档案保管期限规定》(国家档案局令第10号)分别将企业管理类档案和机关文书档案的定期保管期限统一为10年、30年。为便于单位档案的统一管理,并结合会计档案的实际利用需求,新《管理办法》将会计档案的定期保管期限由原3年、5年、10年、15年、25年五类调整为 10 年、30 年两类。其中会计凭证、会计账簿等主要会计档案的最低保管期限已延长至 30 年,其他辅助会计资料的最低保管期限延长至 10 年。会计档案的保管期限,从会计年度终了后的第一天算起。

(二)销毁手续

会计档案保管期满,需要销毁的,可以按如下程序进行:

(1)由本企业档案部门提出销毁意见,会同财务会计部门共同鉴定,严格审查,编制会计档案销毁清册,列明销毁会计档案的名称、卷号、册数、起止年度和档案编号、应保管期限、已保管期限、销毁时间等。

(2)报本企业负责人批准,企业负责人签署意见后销毁。

(3)按规定销毁会计档案时,应由档案部门和财务会计部门共同派人员监督销毁。各级主管部门销毁会计档案时,还应有同级财政部门和审计部门共同派人员参加监销。

(4)监销人员在销毁会计档案以前,应当按照销毁清册所列内容认真清点核对;销毁后,在销毁清册上签名盖章,并将销毁情况报告本企业负责人。

但是,以下情况除外:①保管期内未了结的债权债务的原始凭证,应单独抽出,另行立卷,由档案部门保管到结清债权债务为止,单独抽出的会计档案应在会计档案销毁清册及会计档案保管清册中列明;②建设企业在建设期间的会计档案,不得销毁。

采用电子计算机进行会计核算的企业,应当保存打印出的纸质会计档案。具备采用磁带、磁盘、光盘、微缩胶片等磁性介质保存会计档案条件的,由国务院主管部门统一规定,并报财政部、国家档案局备案。企业因撤销、解散、破产或者其他原因终止的,在终止和办理注销登记手续之前形成的会计档案,应当由终止企业的业务主管部门或财产所有者代管或移交有关档案馆代管,法律、行政法规另有规定的从其规定。

企业分立后原企业存续的,其会计档案由分立后的存续方统一保管,其他方可查阅、复制与其他业务相关的会计档案;企业分立后原企业解散的,其会计档案应当经各方协商后由其中一方代管或移交档案馆代管,各方可查阅、复制与其他业务相关的会计档案。企业分立中未结清的会计事项所涉及的原始凭证,应当单独抽出由业务相关方保存,并按规定办理交接手续。

参 考 文 献

[1] 陈国辉,陈文铭,孙光国.基础会计[M].2版.北京:清华大学出版社,2007.

[2] 陈国辉,迟旭升.基础会计[M].大连:东北财经大学出版社,2007.

[3] 樊行健,熊哲玲.基础会计[M].北京:高等教育出版社,2000.

[4] 李海波.新编会计学原理[M].20版.上海:立信会计出版社,2019.

[5] 李现宗,董付君.基础会计[M].成都:西南财经大学出版社,2012.

[6] 柳延峥.会计学基础[M].大连:东北财经大学出版社,2007.

[7] 刘永立.基础会计教程[M].上海:立信会计出版社,2004.

[8] 娄尔行.基础会计[M].上海:上海财经大学出版社,2006.

[9] 孙铮.基础会计[M].上海:上海财经大学出版社,2007.

[10] 瞿灿鑫.会计学基础[M].上海:复旦大学出版社,2007.

[11] 师萍.基础会计学[M].广州:华南理工大学出版社,2007.

[12] 王珍义.基础会计学[M].武汉:武汉理工大学出版社,2007.

[13] 沃伦,等.会计学[M].杜兴强,等,译.北京:中国人民大学出版社,2008.

[14] 徐国辉,陈引.基础会计[M].上海:立信会计出版社,2007.

[15] 徐泓.基础会计学[M].北京:中国人民大学出版社,2007.

[16] 阎达五,于玉林.会计学[M].北京:中国人民大学出版社,2003.

[17] 杨德利.会计学基础教程[M].哈尔滨:哈尔滨地图出版社,2008.

[18] 杨雄胜.会计学概论[M].南京:南京大学出版社,2004.

[19] 余海宗.初级会计学[M].3版.成都:西南财经大学出版社,2013.

[20] 张文贤.会计学原理[M].3版.上海:复旦大学出版社,2007.

[21] 张献英,田晓佳.基础会计学[M].北京:机械工业出版社,2013.

[22] 财政部会计司.企业会计准则——基本准则[M].北京:经济科学出版社,2006.

[23] 朱小平,徐泓.初级会计学[M].4版.北京:中国人民大学出版社,2005.

[24] 崔智敏,陈爱玲.会计学基础[M].4版.北京:中国人民大学出版社,2012.

[25] 戈国莲,江易华,杨斌.基础会计学[M].北京:首都经济贸易大学出版社,2009.

[26] 刘益平.会计学[M].4版.北京:科学出版社,2013.

[27] 赵德武,会计学[M].5版.成都:西南财经大学出版社,2011.

[28] 戴德明,林钢,赵西卜.财务会计学[M].5版.北京:中国人民大学出版社,2010.

[29] 林钢,朱小平,于富生.会计学[M].2版.北京:中国人民大学出版社,2014.

[30] 武生均,聂会红,符蓉.成本管理学[M].北京:科学出版社,2010.

[31] 刘永立.基础会计教程[M].上海:立信会计出版社,2005.

［32］张肃珣,张胜强.基础会计(修订本)［M］.北京:清华大学出版社,2008.

［33］田红,陈耀敏.基础会计［M］.2 版.成都:西南财经大学出版社.2009.

［34］崔智敏,陈爱玲.会计学基础［M］.3 版.北京:中国人民大学出版社,2010.

［35］刘晓民,赵捷.基础会计学［M］.2 版.北京:清华大学出版社,2008.

［36］付丽,李琳.新编基础会计学［M］.北京:清华大学出版社,2008.

［37］梁丽.基础会计学［M］.南京:东南大学出版社.2008.

［38］孙铮.会计基础［M］.上海:上海财经大学出版社,2010.

［39］陈少华.会计学原理［M］.3 版.厦门:厦门大学出版社,2008.

［40］王艳茹.会计学原理［M］.北京:中国人民大学出版社,2008.

［41］唐国平.会计学原理［M］.上海:上海财经大学出版社,2008.

［42］李端生.基础会计学［M］.北京:中国人民大学出版社,2008.